성장하고 싶은 교사를 위한 안내서

에니어그램으로 보는
교사 속마음

한병복 감수

강소향, 김호순, 박소형, 신상아, 이성심 외 지음

여찬호 그림

본 도서의 예화는 유형과 스타일에 대한 이해를 돕기 위해서
실제 사례를 바탕으로 각색했음을 알려드립니다.

서문

교사로서 한 사람의 인생에 선한 영향력을 끼칠 수 있다는 점은 설레면서도 부담이 되는 일입니다. 그런데 좋은 교사가 되고 싶어 각자의 신념에 따라 열심히 애쓰면서 살아도 매년 반복되는 고민과 갈등, 학생의 불만을 겪다보면 수고한 보람도 없이 후회와 실망으로 학년말을 보내는 선생님들이 많습니다.

저자들도 그런 후회를 반복하다가 저마다의 인연을 통해 에니어그램을 만났습니다. 에니어그램은 자신과 타인을 존재 그대로 인식하는 데 탁월한 도움을 주는 도구입니다. 에니어그램을 공부하는 것은 마치 도토리가 껍질을 벗고 나와 마침내 참나무가 되어 더 넓은 세상을 품을 수 있는 것과 같습니다. 도토리인 채로는 아무리 껍질을 갈고 닦을지라도 껍질 밖 세상을 알 수 없습니다.

에니어그램을 통해 자신의 신념과 패턴을 알아차리게 되면 내면의 고통, 슬픔, 좌절, 외로움과 마주하는 어두운 터널을 지나는 시간이 찾아옵니다. 하지만 우리는 자신에 대해 알아차리고 성찰해 가는 시간을 통해 자신의 신념과 패턴을 뛰어넘어 '진정한 나'로 성장할 수 있었습니다.

이 책은 에니어그램을 공부하는 아홉 유형의 교사들이 각 유형의 말로 내면의 이야기를 풀어썼기에 더 큰 의미가 있습니다. 현직 교사들이 에니어그램을 공부하면서 성찰한 자신의 이야기가 담겨 있고, 학생들과 직접 만나 가르치며 코칭하는 과정을 구체적인 사례로 제시하였기에 각 성향의 학생들에게 실제로 적용할 수 있는 길잡이가 될 것입니다.

이 책이 교육 현장에서 오늘도 학생들의 이야기에 귀 기울이고 애쓰는 교사들에게 작은 위로와 희망, 기쁨이 되기를 바랍니다. 이 책을 보는 선생님이 자신을 새롭게 알아차리며 발견해가는 우리의 여정에 함께하기를, 그래서 참된 자유로움의 삶과 연결되기를 소망합니다.

끝으로, 이 책을 기획하고 모든 내용을 감수해주신 한병복 코치님, 저자로 함께해주신 모든 선생님, 저자로 참여하지 않았지만 내용에 도움을 주신 김정희·윤신영·이은규·조주현·주효림·최지은·최희정 선생님, 책을 아름답게 편집해주신 신지향 편집자님, 출판을 맡아주신 〈좋은교사〉, 삽화를 그려주신 여찬호 작가님, 이 책을 위해 기도해주신 모든 분께 감사드립니다.

저자 대표 강소향, 박소형

목차
Contents

1부

유형별 교사 속마음

5 관찰하는 선생님

오현명 선생님은 아이들이 집으로 돌아간 빈 교실에서야 비로소 편안히 숨이 쉬어집니다. 예측하기 힘든 아이들과 오늘의 일과에 집중되어 있던 긴장이 풀어지며 안도감이 듭니다. 잠시 교실을 정돈하고 나면 좋아하는 음악을 듣거나 차를 마시면서 오늘 관찰했던 아이들의 모습을 기록하기도 하고 앞으로 진행할 수업과 업무 등을 생각합니다.

수업이든 업무든 전체적인 큰 그림이 머릿속에 그려져야 세부적인 계획을 세우기 쉬운데 큰 그림을 그리기에는 오랜 시간이 걸리는 편이어서 일의 시작이 늦어지기도 합니다. 그래서 더 자기만의 시간과 독립된 공간에서 방해받지 않고 일하기를 원합니다.

오 선생님은 갑작스럽게 같은 학년 모임이나 회의가 생기면 마음이 불편합니다. 규칙적인 모임과 회의는 참여하지만, 예정에 없던 모임은 자유로운 시간을 빼앗긴 느낌입니다. 그 시간에 자신에게 중요한 업무가 있다면 모임 자리를 쉽게 거절합니다. 그런 일이 없을 때는 불편한 마음을 가지고 마지못해 모임에 참여합니다.

동료 교사들과 좋은 관계를 유지하려고 하지만 그들이 자신에게 개인적인 관심을 가지는 것을 원하지 않기에 자신도 되도록 다가가려고 하지 않습니다. 간단한 안부 인사를 주고받는 것도 불편해서 출퇴근도 사람들과 부딪치지 않는 시간에 하려고 합니다.

반면에 교실에서 만나는 아이들과 반 학부모님들에게는 깊은 관심을 가지고 대합니다. 학부모님들이 궁금할 내용에 대해 먼저 정보를 주면서 신뢰를 얻으려고 합니다. 아이들의 모습과 관계를 잘 관찰하고 도움이 필요한 부분을 찾아서 세심하게 돌봐줍니다. 교사로서 자신에게 부족한 점이 무엇인지 파악하여 실력을 갖추려고 합니다.

하지만 아이들과 활동하는 에너지는 부족한 편이고 개별적으로 깊은 관계는 잘 맺으려고 하지 않습니다. 어느 정도 거리를 유지하면서 필요할 때, 필요한 만큼만 다가가고 학년이 끝난 이후에 계속 연결되는 것을 불편하게 생각합니다.

이렇게 오 선생님은 인간관계의 어려움과 남들 앞에 서는 것을 힘들어하는 것 때문에 교직은 자신에게 맞지 않는 옷 같다는 생각을 자주 합니다.

나이성

선생님은 혼자 걷는 출근길과 고요한 교실이 좋습니다. 학생들이 오기 시작하면 긴장이 되어 학생들과는 인사도 없이 자신의 자리에서 컴퓨터 화면이나 책을 들여다봅니다. 일찍 온 학생들은 삼삼오오 서로 이야기하고 까르르 웃기도 하는데, 나 선생님은 학생들이 조용히 준비물이나 안내장을 제출하고 각자 자리에서 자기 할 일을 하면 좋겠다고 생각합니다.

나 선생님이 수업을 마친 오후에는 주로 교실에서 책을 읽거나 인터넷 정보를 검색하며 관심 분야를 탐색합니다. 수업을 마치고 선생님들은 잠시 차를 마시며 이야기를 하는데 그 시간이 평소 말썽부리는 학생, 주변 사람들 이야기 등 신변잡기로 채워질 때면 무의미하게 느껴집니다. 학기 초에는 그 모임에 몇 번 갔지만, 의미 없는 시간 낭비 같아서 이제는 모른 척 교실에 있습니다. 자신만 빼고 같은 학년 선생님들끼리 친해지는 느낌이지만 상관없습니다. 가끔 부장님께서 꼭 오라고 한 경우에만 업무 전달을 받기 위해 갑니다. 하지만 차를 준비하는 데에만 십여 분이 훌쩍 지나는 걸 보면 '각자 마실 차는 스스로 준비하면 안 될까'라고 속으로 생각하며 답답해합니다.

나 선생님은 수업, 학급경영, 생활지도 면에서 본인의 생각대로 시도한 것들에 대해 시행착오를 겪으며 근본적인 문제가 무엇인지 고민해왔습니다. 그래서 관심 분야 연수나 세미나라면 다른 지역일지라도 자비를 부담하면서 배우러 다녔습니다. 책을 통해서 감명을 받은 분야는 오프라인 연수가 있는지 수많은 정보를 검색해서 찾아냅니다. 모르는 분야를 알아가는 것은 알고자 하는 욕구를 충족하는 일이라 남들 신경 쓰지 않고 혼자서도 잘 즐깁니다. 호기심이 생기는 연수가 있으면 재빨리 신청하고 누구와 같이 갈 것인가는 신경 쓰지 않습니다.

이렇게 연수를 찾아 들으면서 수업이나 학급운영 등에서 자신이 갖고 있던 문제를 해결하고 싶은 마음이 크지만 뭔가를 배울 때마다 해결되지 않는 문제는 또 생깁니다. 그래서 나 선생님은 계속 근본적인 문제를 고민하고 그 해결을 위한 연수를 찾아다니다가 에니어그램을 만났습니다.

신지식

선생님은 중학교가 싫어서 얼마 전 고등학교로 이동했습니다. 쉬운 내용의 수학 문제를 푸는 것이 재미가 없을 뿐 아니라, 학습보다 생활지도가 더 큰 비중을 차지하는 중학생들에게 에너지를 소모하는 것이 큰 스트레스였기 때문입니다. 고등학교에 와서는 힘든 수학을 쉽게 풀어 잘 설명하고 어떤 어려운 문제도 막힘없이 풀어준다는 학생들의 평가에 신이 납니다. 학생들의 수학적 사고능력을 신장시키기 위해 수학 심화반을 운영하고, 자투리 시간을 활용하여 수학 문제를 푸는 교과동아리도 만들었습니다. 정신없이 바쁘지만, 학생들의 수학 실력이 점점 늘어나는 것을 보면 매우 기쁩니다.

신 선생님은 수업 준비를 하느라 바빠서 교무실에서 다른 동료 교사들과 대화를 잘 하지 않습니다. 일부러 말을 안 하기보다는 수업 준비에 집중하느라 동료 교사들이 눈에 들어오지 않습니다. 주변에서 하는 이야기를 못 들을 정도로 본인의 일에 몰두하고 있다가, 수업 준비가 다 되어서 안심이 되면 그때야 주변을 살핍니다. 수업이 없는 시간이라고 인터넷 신문기사를 보거나 동료 교사와 긴 시간 잡담을 하거나 집안일을 걱정하는 등 학교 일에 전념하지 않는 모습은 진정한 교사의 태도가 아니라고 생각하며 이를 경계합니다. 자신처럼 수업 준비에 열정을 쏟는 교사하고만 친합니다. 그런 동료 교사 한 명만 같은 교무실에 있으면 일 년을 외롭지 않게 지낼 수 있습니다.

신 선생님은 개학 첫날 학생들에게 온갖 설문지를 주어 작성하게 하고 빠르게 학생들을 파악하려 애씁니다. 개인 상담과 학부모 상담도 되도록 3월 내에 끝내도록 계획합니다. 학생들의 성향을 한 명 한 명 잘 알아야 학생들을 대하는 것이 겁나지 않고 자신감 있게 대할 수 있다고 생각합니다. 그리고 학부모에게 좋은 인상을 남겨야 일 년 동안 순조롭게 학급운영을 할 수 있다고 여깁니다.

신 선생님은 종례를 길게 하는 것을 좋아하지 않습니다. 자신도 학교 다닐 때 긴 종례를 무척 싫어하였기에 종례를 빨리 끝내주기를 바라는 학생들의 마음을 잘 압니다. 굳이 당일 보내지 않아도 되는 가정통신문이라면 다음날 나눠줄 때도 많습니다.

신 선생님은 학생들과 친해지기 위해 모둠 일기를 쓰게 합니다. 학생들이 쓴 글에 정성껏 답글을 달아 소통하고 그 관계를 바탕으로 학급운영을 합니다. 신 선생님은 학생 한 명 한 명과 깊이 친해지는 것을 좋아합니다. 그래서 졸업 후에도 선생님을 찾아오는 학생들이 많습니다.

오현명, 나이성, 신지식 선생님은 모두 에니어그램 5유형입니다. 5유형 선생님은 모든 것을 이해하고 원리를 파악하려는 내면의 동기는 같지만, 이들의 격정인 탐욕을 채우는 방식에 따라서 세 가지 다른 모습으로 나타납니다. 여기서 탐욕이란, 더 많이 가지려는 충동이 아니라 자신이 이미 보유한 시공간 및 신체적, 물질적 에너지를 비축하여 보유하는 것을 의미합니다.

오현명 선생님은 경계를 세우고 그 경계를 유지하기 위한 지식과 기술을 얻고자 노력하며, 나이성 선생님은 자신의 이상을 고수하기 위해 지식을 얻고자 하고, 신지식 선생님은 자신에게 이상적인 사람과 신뢰의 경험을 추구합니다.

같은 5유형이라도 자신의 어린 시절과 부모님의 유형, 양육방식, 교육환경, 의식 수준에 따라 또 다른 모습을 보일 수 있습니다. 겉모습은 여러 가지 다른 색깔로 나타날 수 있지만, 내면의 동기는 같습니다.

5유형 선생님이라 좋은 점

일반적으로

❤ 상황을 객관적으로 분석하고 이성적으로 파악한다.

❤ 상대방을 선입견 없이 있는 그대로 보고 그들의 스타일을 인정한다.

❤ 배우는 것을 좋아하고 새로운 것에 대한 호기심이 많다.

오현명 선생님은 좋은 연수가 있으면 비용과 형편을 따져보기도 전에 해야겠다고 생각해서 관련 정보를 수집한다. 그런 정보들을 잘 활용해서 아이들과 학부모에게 도움을 주려고 노력한다.

나이성 선생님은 퇴근 후나 방학 중에 관심 분야의 연수를 받기 위해 먼 거리도 마다하지 않는다. 탁월한 전문가가 속해 있는 모임이라면 지속적인 관계를 유지하면서 전문분야에 관해 이야기를 나눈다. 지방에 살고 있지만, 학기 중 한 달에 두 번, 방학 때는 며칠씩 서울에 가서 연수를 받는 일이 번거롭지 않고 즐겁다. 동료 교사들은 새로운 분야에 대해 한발 앞서 배우는 나이성 선생님에 대해 대단하다고 하지만 정작 본인은 늘 부족하다고 생각한다.

교실에서

❤ 학생들을 잘 관찰하며 학생들이 서로 바라보는 눈빛, 사소한 말투에서 문제를 미리 파악하고 상담하여 예방할 수 있다.

❤ 과정과 동기를 중요시하는 교사의 마음을 계속 전달하기에 학생들의 자발성을 유도한다.

❤ 창의적인 아이디어와 다양한 방법들을 사용하여 수업을 재구성하고 체계적으로 정리를 잘한다.

❤ 수업 자료를 잘 분류해두고 필요할 때 활용한다.

❤ 학생들이 자율적으로 학습할 수 있는 체계적인 시스템을 연구하여 적용한다.

관계에서

- ❤ 객관적이고 이성적으로 판단하며 학생들을 편견 없이 공정하게 대한다.
- ❤ 상대방의 행동에 대해 호기심을 가지고 관찰할 대상으로 보기에 갈등을 많이 일으킨 사람에 대해서도 흥미롭다고 생각한다.
- ❤ 동료 교사들은 5유형의 객관적인 상황 판단에 대해 신뢰한다.
- ❤ 다른 사람의 이야기를 쉽게 전하지 않는다.
- ❤ 학생과 동료들에게 통찰력이 뛰어나다는 평가를 듣는다.
- ❤ 학부모와 상담할 때 자녀 문제를 다른 관점으로 볼 수 있도록 제시한다.

오현명 선생님은 아이들의 피드백에서 '친절하다'는 평을 많이 듣는다. 아이들의 상황에 직접적인 개입은 최소화하려고 하지만, 갈등이 생겼을 경우 각자 입장을 최대한 표현할 수 있도록 기회를 주고 상대방에게 객관적인 전달을 잘해 준다. 해결에 시간이 걸리기는 하지만 하고 싶었던 말을 다 들어주기에 아이들은 선생님이 친절하다고 느낀다.

또 평소 선입견 없이 아이들을 관찰하며 어려움을 파악하려고 하기에 간혹 작년 담임선생님들에게서 좋지 않은 평가를 받아온 아이라도 새로운 시각으로 보려고 한다. 성급하고 충동적인 말과 행동으로 작년 선생님께 어려움을 주었던 아이를 만났을 때 아이가 자신의 답답한 마음을 언어적으로 수월하게 표현하기 어려웠던 문제가 있음을 알아냈다. 기다려 주고 충분히 들어주며 공감했을 때 누구보다 사랑스럽고 믿음직한 아이가 되었다.

학교 내 교사들과의 갈등 상황에서 공개적으로 표현은 거의 하지 않지만, 소그룹에서 사안에 대해 상대가 걱정하는 핵심을 전달하여 불필요한 오해를 줄일 수 있었다.

5유형 선생님이라 힘든 점

일반적으로

◆ 자신의 영역을 침범당한다고 느낄 때 경계하면서 거리를 둔다.

◆ 다른 사람들 앞에 나서게 되거나 주목받는 일이 매우 힘들다.

◆ 예상치 못한 일, 갑자기 끼어드는 일정에 대해 유연하게 대처하기 어렵다.

◆ 다른 사람의 의견은 중요하게 여기지 않고 자신의 신념을 고수한다.

나이성 선생님은 예상되는 어려움에 대해서는 머릿속으로 몇 번이고 시나리오를 짜고 그 상황을 처음부터 끝까지 그려보기 때문에 침착하게 대처할 수 있다. 하지만 학교에 갑작스러운 사고가 생기거나 시간적인 여유 없이 처리해야 하는 일이 생기면 얼어버린다. 수업 공개처럼 다른 사람이 보는 상황이 되면 긴장하여 평소보다 더 위축되고 표정이 굳어진다. 여러 사람 앞에 나가서 말하는 상황은 매우 긴장되어 몇 번씩 연습하는데도 온몸이 뻣뻣해진다. 잘 아는 분야에 대해서도 남들 앞에서 말하는 일이 긴장되기 때문에 배우고 아는 것을 혼자만 적용할 때가 많다.

교실에서

◆ 움직이는 활동(게임이나 놀이)을 꺼린다. 지나치게 흥분되거나 무질서한 행동이 수업에 방해가 된다고 생각하여 불편하다.

◆ 과제 해결을 우선시하다 보니 학생들의 상황과 감정을 고려하지 않고 마무리하지 못한 학습과제를 해결하도록 요구한다.

◆ 때때로 문제해결 과정을 학생들에게 자율적으로 맡기다 보니 학생들은 선생님의 설명이 부족하다고 느낄 수 있다.

◆ 학생들이 자율적으로 하는 부분을 당연한 것으로 여겨서 칭찬에 인색한 편이다.

◆ 같은 말을 반복해야 할 때, 학생들이 의존적으로 행동할 때, 학생들이 적당히 만족하지 않고 계속 요구하는 상황에서 날카롭게 반응하기도 한다.

관계에서

◆ 학생들의 감정을 읽어주지 못해 학생들이 위로받고 공감받는다는 마음을 갖기 어렵다.

◆ 감정을 말이나 행동으로 잘 표현하지 못한다.

◆ 새 학년이 되어 처음 만나는 선생님들과 편안해지기까지 시간이 오래 걸린다. 일 년이 지나도 개인적인 친밀감이 없을 때가 있다.

◆ 관심 있는 분야에 대해서는 다른 사람의 반응을 보지 않고 지나치게 말할 때가 있다. 지적으로 오만해 보여서 거부감을 주기도 한다.

◆ 업무나 학급에 힘든 일이 있어도 굳이 말하지 않는다. 문제의 원인이 자신의 무능함이라고 생각하며 소통하지 않아 주변 사람들이 거리감을 느낀다.

◆ 다른 사람의 필요를 잘 알아차리지 못하고 몸으로 움직이는 일에 둔하여 선뜻 나서서 도움을 주지 않기 때문에 이기적으로 보이기도 한다.

◆ 학생이나 학부모들은 문제 상황에서 이성적으로만 대하는 5유형 교사의 태도로 인해 거리감을 느낀다.

신지식 선생님은 발령받은 지 3개월이 다 되도록 옆에 있는 선생님과 사적인 대화를 한 적이 없다. 뭔가를 물어봤을 때 단답형으로만 대답했고, 그 외에 다른 말은 나눌 필요를 못 느낀다.

신 선생님은 일 처리가 늦어진 적이 많은데, 독촉하기 전에는 그게 다른 사람에게 피해가 된다는 것을 모른다. 교실에서 아이들을 관찰하고 소통하는 데 바빠서 다른 업무는 뒤로 모두 미뤄두기도 한다. 그러다 보면 다른 선생님들의 요청에 즉각적으로 반응하지 못하게 된다. 업무가 급한 선생님들은 신 선생님을 답답하게 생각한다.

5유형 선생님의 고민

✓ 학생들이 스스로 자기가 할 일을 잘하면 좋겠어. 나에게 도움을 요청하기보다는 친구들끼리 서로 배우고 협력할 수 있도록 하려면 어떻게 해야 할까?

✓ 나도 내 할 일을 잘하는 교사로 보이길 원해. 우리 학급에 문제가 생긴다면 내가 유능하지 않은 교사처럼 보일까 봐, 혹은 다른 사람이 내게 간섭하는 일이 생길까 봐 두려워서 말하지 않고 혼자 해결하고 싶어.

✓ 감정적인 표현이 많은 학생과 이야기하는 것이 힘들어. 어떻게 공감해 줘야 할지 잘 모르겠어. 문제의 핵심을 얘기하지 않고 감정적인 이야기만 하면 답답해.

✓ 학생들의 결과물을 있는 그대로 전시하면 안 될까? 미완성되었더라도 과정을 볼 수 있도록 말이야. 행사나 전시를 위해 보기 좋은 결과물을 만드는 일은 힘들어. 그런 일에는 에너지가 생기지 않아.

✓ 수업은 진지하면 좋겠어. 수업시간에 게임이나 놀이를 하면서 배울 수도 있겠지만 깊은 깨달음이 있으려면 진지한 대화와 탐구가 필요하지 않을까?

✓ 갑작스러운 돌발 상황이 생기면 심장이 두근두근하고 온몸이 경직돼. 그래서 일상수업이 아닌 체험학습이나 행사가 있으면 긴장돼. 돌발 상황에서도 침착하게 대응할 수 있으면 좋겠어.

✓ 다른 사람의 주목을 받는 상황은 생기지 않으면 좋겠어. 그럴 땐 정말 사라지고 싶어.

✓ 새 학기가 시작되어 새로운 선생님, 학생들을 만나면 나도 모르게 경직되어 버려.

✓ 나한테 속도를 강요하지 않았으면 좋겠어. 말하지 않았을 뿐 내가 알아서 잘하고 있는데 왜 자꾸 확인하는 걸까. 빨리하는 것이 전부는 아닌데.

5유형 선생님은 왜 그럴까요?

에니어그램 5유형에 속하는 사람들은 관심 있는 주제나 사람, 일의 모든 것을 파악하고 이해하고자 합니다. 문제의 근원을 계속해서 찾는 것도 이러한 이유에서 비롯됩니다. 그래서 정보를 탐색하고 분석, 저장하면서 알고자 하는 욕구를 끊임없이 충족하려하고, 많은 정보를 축적하여 유능한 사람이 되려고 합니다.

사람이나 상황에 대해서 관찰하고 분석하다 보니 생각 속에 빠져 자신의 몸과 감정, 다른 사람의 감정에 대해서 무감각해집니다. 몸을 움직이기보다는 생각 속에서 먼저 분석하는 일에 에너지를 지나치게 사용하기에 학생들과 함께 몸을 부대끼고 직접 소통하기보다는 한 걸음 떨어져서 관찰하고 분석합니다.

그런데 이들은 정보를 아무리 모아도 늘 부족하다고 여겨서 타인과 나눌 것이 없다고 생각합니다. 이들은 많은 돈이나 물질을 쌓으려는 것이 아니라 최소한의 생존에 필요한 것을 비축하고자 합니다. 타인과의 교류로 인해 에너지가 소진된다고 여기기 때문에, 최소한의 자원에 만족하면서 다른 사람에게 도움을 요청하지 않고 혼자 해결하려고 합니다. 이렇게 자신의 자율성과 통제력이 중요한 만큼 다른 사람들도 자율적으로 행동하고 자신의 행동을 통제할 수 있기를 바랍니다. 문제 상황이 생기면 학생들이 문제를 인식하고 스스로 해결할 수 있도록 객관적인 입장에서 해결방안을 탐색합니다.

5유형 선생님은 공감해주길 바라는 사람에 대해 불편함을 느끼고 자신의 감정을 표현하는 것도 어렵습니다. 사실 부정적이거나 과도한 감정에 휩싸이게 되면 자신이 그것을 어떻게 다루어야 할지 모르기 때문에 두려움을 느끼는 것입니다. 그래서 학생들의 감정 상태에 무심하고 냉담하게 반응하며, 되도록 거리를 두려고 합니다. 이렇게 관계에 거리를 두어 자신의 생활이 방해받지 않고 에너지와 자원이 소모되지 않게 하려는 것입니다.

5유형 선생님을 위한 실제적 제안

수업

▶ 수업 준비에 적절히 시간과 에너지를 분배하여 지치지 않게 하십시오. 하나를 가르쳐도 제대로 가르쳐야 한다는 생각으로 수업 준비에 지나치게 많은 시간과 에너지를 사용합니다. 혹 계획이 미흡하더라도 실행하면서 생각지 못한 더 좋은 아이디어를 얻을 수 있고, 완벽한 계획이어도 기대만큼 되지 않을 수 있습니다.

▶ 지적인 논리의 학습에 치중하다가 감각을 통한 경험과 배움을 놓칠 수 있습니다. 학생들의 성향에 따라 활동 중심의 수업이 더 도움이 될 수도 있습니다. 다양한 학습 방법을 시도하고 적용해 보십시오.

▶ 의존적인 학생들은 혼자 해결해야 하는 과제가 어려울 수 있습니다. 서로 도움을 받으면서 많은 배움이 일어날 수 있고 교사와의 상호작용이 도움이 되는 학생도 있습니다. 과제를 주고 관찰만 하기보다 학생들 속으로 들어가 직접 소통해 보십시오.

학급운영

▶ 학기 초에 학급 운영방식이 자리 잡도록 계획과 관리에 많은 에너지를 씁니다. 심사숙고해서 만든 방식을 고수하려는 경향이 있어 자칫 변화에 유연하게 대처하지 못하는 상황이 생길 수 있습니다. 학생들의 적응 시간과 방식이 각자 다를 수 있다는 점과 선생님의 계획이 완벽하지 않으므로 언제든 변화가 필요할 수 있다는 점을 염두에 두고 변화를 편하게 받아들이십시오.

▶ 학생들을 가까이할수록 너무 많은 요구를 들을 것 같아서, 또는 교사의 시간과 공간을 침범할 것 같아서 항상 일정한 거리를 유지하는 것을 편안하게 여깁니다. 그러나 학생들 안으로 조금 더 다가가 이야기를 들어주는 것만으로도 갈등과 문제의 많은 부분이 해결되고 예방되는 효과가 있습니다. 거리를 유지하려던 교사의 긴장감도 오히려 낮아질 수 있습니다. 다만 지나친 허용은 교사를 쉽게 지치게 할 수 있으므로 적당한 정도에서 교사의 마음을 표현하는 연습이 꼭 필요합니다.

▶ 교사가 준비한 활동이 학생들과 맞지 않을 때, 학생들의 높은 활동성과 기대를 충족시키지 못한다고 생각할 때 자신이 무능하다고 느낄 수 있습니다. 누구나 학생 모두를 충족시킬 수는 없습니다. 선생님에게도 장점이 있고, 학생 중 누군가는 선생님으로 인해 차분하고 안정된 학급 생활을 하고 있습니다.

인간관계 및 업무

▶ 잘 모르는 것이 있을 때는 부끄러워 말고 언제든지 주변 사람에게 물어보십시오.

▶ 감정을 느끼도록 노력하십시오. 학생들이 어려운 일을 이야기할 때 먼저 감정을 읽어주고 학생들에게 불편함이 느껴질 때 선생님의 감정도 솔직하게 이야기하십시오.

▶ 선생님의 의견이 있다면 표현하도록 노력하십시오. 본인의 생각이 받아들여지지 않을 수도 있지만, 누구도 생각하지 못한 최선일 수도 있습니다.

▶ 학생들을 칭찬하는 데 인색하지 않도록 노력하십시오. 필요한 그 순간 짧은 대답이나 반응이라도 좋으니 칭찬하십시오.

▶ 동료 교사에게 당신의 부족함이나 학급의 어려움을 공유하며 감정을 나누십시오. 상대방의 판단을 염려하지 말고 그들의 관심과 도움에 감사하십시오.

감정과 표현

▶ 자신의 필요를 중요하지 않게 여길 때가 많습니다. 하지만 내면의 필요와 욕구를 적절히 채울 때 더 풍성한 삶을 경험할 수 있습니다. 자신에게 필요한 것을 생각해 보고 원하는 것을 요구할 수 있도록 시도해보십시오.

▶ 당신의 생각을 표현하지 않는 것이 상대방에게 답답함과 거절, 분노 등을 느끼게 할 수 있습니다. '조금 생각해 보고 말할게요', '잘 들었습니다', '생각해 줘서 고마워요', '지금은 조금 불편해요' 등 짧더라도 마음을 표현할 수 있는 말을 준비해 두십시오. 미소 짓기와 밝은 인사만으로도 자신과 상대의 마음을 열 수 있습니다.

▶ 좋아하는 취미 생활과 운동이나 산책 등 신체 활동으로 건강한 에너지를 유지하기 위해 노력하십시오. 활동하는 것이 더 많은 활력을 일으킨다는 것을 경험해 보십시오.

진정한 나로 깨어나려면?

에니어그램의 궁극적 목표는 먼저 자신의 성격 패턴을 알아차린 후, 그 성격 패턴에서 벗어나기 위한 의지적 노력과 훈련으로 미덕을 실현하며 성장하는 것입니다. 그럴 때 우리에게 찾아오는 은혜로 현존하는 삶을 누리며 우리 자신의 모든 잠재력을 발휘하면서 더욱 진정성 있고 의미 있는 방식으로 살 수 있습니다.

5유형이 '진정한 나'를 발견하고 성장하기 위해서는 자신이 어떤 상황에서 감정을 무심하게 대하는지, 인간관계가 우선순위에서 밀리는 때가 언제인지, 행동하지 않는 이면에 어떤 두려움이 숨어있는지 등에 대해 스스로 내면을 관찰해야 합니다. 다음의 질문은 당신이 깨어나도록 도움을 줄 것입니다.

- 다른 사람들이 감정적인 요구를 하거나 나의 감정에 관해 물어볼 때 어떤 마음이 듭니까?
- 사람들의 요구를 회피하기 위해 어떤 행동을 합니까?
- 언제 자신의 감정과 거리를 두는 것을 느낍니까?
- 내가 가진 것을 나누지 않고 보유하고 비축해 두려는 마음을 알 수 있습니까? 나의 시간이나 에너지를 나누면 어떤 일이 생길까요?
- 다른 사람들과 어울리고 싶지 않을 때는 언제인가요?
- 사람들과 소통하는 일에 대해 어떻게 느끼십니까?
- 내가 두려움을 느낄 때는 언제입니까? 나는 두려움을 회피하기 위해 무엇을 합니까?

이러한 질문을 통해 5유형의 성격 패턴을 인식하고 자신의 자동적인 반응을 관찰할 수 있습니다. 습관적 행동의 원인, 과정, 결과에 관해 탐구한 후에는, 더욱 의식적으로 생각하고 느끼며 행동하면서 성장과 변화의 길을 걸을 수 있습니다. 5유형이 성장의 길을 걷는 데 도움이 되는 실천 사항 몇 가지를 다음과 같이 제시합니다.

● 나의 감정을 알아차리고 그 감정을 적절히 표현하기
● 긍정적 감정이 느껴질 때 편안하게 드러내기
● 부정적 감정이 느껴질 때 그 감정에 머물러 대면하고 다루기
● 나의 에너지와 자원, 지식을 다른 사람들과 가볍게 공유하기
● 관계의 소중함을 생각하면서 내 주변 사람들과 함께하기
● 사람들에게 도움을 요청하고 타인에게 먼저 필요한 도움을 주기
● 생각이 다 끝나지 않더라도 행동하고 나의 필요와 요구를 말로 표현하기
● 자신의 몸 상태를 인식할 수 있도록 운동하기

자신에게 들려주는 말

▶ 실수해도, 몰라도 괜찮아.
▶ 긴장할 수도 있어. 소심한 나여도 좋아.
▶ 준비가 덜 되어도 괜찮아. 생각만 하는 것보다는 해보는 게 나아.
▶ 생각보다 괜찮을 거야.
▶ 여기에 내 자리와 내 역할이 있어. 물러서지 않고 가보는 건 어때?

6 충성하는 선생님

김안전

선생님은 3월 신학기를 준비하기 위해 2월부터 무척 바쁩니다. 학급 운영에 대해 그동안 경험하고 모아둔 자료를 종합하여 1년의 운영계획을 세우고 수업 운영도 머릿속으로 시뮬레이션하며 필요한 물품이나 자료를 준비해야 하기 때문입니다. 학생들에게 필요한 정보를 미리 친절하고 자세하게 안내하여 김 선생님 반의 학생들은 우왕좌왕하는 일이 없습니다. 김 선생님은 규칙이나 질서를 매우 중요하게 생각하는 편이라 학생들에게 학교 전체의 생활 규정이나 학급에서 정한 규칙을 지키도록 강하게 요구하고 거기에 많은 에너지를 쏟습니다. 수업에서도 다양한 자료와 정보를 준비하여, 재미있고 활동적인 수업은 아니어도 체계적이고 안정된 수업을 진행합니다.

김 선생님은 학교나 학급에서 문제 상황이 생기지 않도록 잘 살피고 미리 대비하는데 신경을 많이 쓰지만, 간혹 문제가 생겼더라도 상황을 파악하여 깔끔하게 처리합니다. 그러나 마음속으로는 문제를 잘 해결하고 있는지 계속 고민하며 전전긍긍합니다. 문제를 해결한 후에도 예기치 못한 또 다른 문제가 발생할까 두려워하고, 자신의 방법이 과연 괜찮은지에 대해 의구심을 가지며 끊임없이 고민에 빠집니다.

김 선생님은 학생들에게 따뜻하게 대하며, 실제적인 도움을 적절하게 제공하기에 학생들은 믿고 따릅니다. 그러나 학생들이 과하게 선생님의 공간적 영역이나 심리적 영역으로 들어온다고 느끼면 불편해서 때로는 예민한 반응을 보이기도 합니다.

김 선생님은 책임감이 강하여 맡은 일을 성실하고 꼼꼼하게 하며 동료 선생님들을 잘 도와줍니다. 그런데 이것은 단순히 베풀기를 좋아하는 호의라기보다는, 평소에 주변 사람들에게 이렇게 잘해주어야 나중에 자신에게도 어려운 일이 생길 때 그들로부터 도움을 받을 것이라고 기대하는 마음이 있기 때문입니다.

최의무

선생님은 학교의 일을 최우선으로 둡니다. 학교에 오면 가정의 일은 잊어버리고 학교 업무에 매진합니다. 아침에 출근해서 자녀에게 연락해야 하는 일이 있을 때도 학교 일에 집중하다 보면 그 사실을 까맣게 잊어버릴 때가 많습니다. 최 선생님은 주어진 업무를 최대한 효과적으로, 빠르게 처리하는 것을 좋아합니다. 이렇게 업무를 잘 처리하면 빚을 청산한 것처럼 안도감을 느끼면서 뿌듯해합니다.

학교에서 부장 역할을 맡게 되면 일에 대한 책임감 때문에 부담스럽기도 하지만, 속으로는 그동안 자신이 해온 일에 대해 인정받는 것 같아서 좋습니다. 최고 책임자 자리에 오르는 것은 너무 부담스럽지만 믿을 만한 조직에서 참모 역할을 하는 것은 기꺼이 감당합니다. 의미가 있다고 생각하는 모임을 잘 이끌고 싶어도 리더의 자리는 너무 큰 책임감이 느껴지기 때문에 가능하면 피하고 싶고 2인자 역할 정도는 할 수 있다고 생각합니다.

학급을 운영할 때는 미리 시스템을 만들어서 상세히 규칙을 안내하고, 그것을 최대한 지키도록 지도합니다. 학생이 원칙에서 벗어난 행동을 했을 때, 최 선생님은 자신의 시스템이 무너진다고 느껴서 매우 힘듭니다. 그래서 때로는 격한 반응을 보이며 그 학생을 강하게 몰아붙이기도 합니다. 그랬다가 방금 했던 대처가 교육적으로 맞는 것인지 의심하면서 다시 학생을 불러 부드럽게 타이르기도 합니다.

최 선생님은 학교 업무나 학생과 관련하여 문제 상황이 발생하면 항상 지침서를 먼저 찾아봅니다. 지침서에 따라 상황을 처리하고자 하며, 상황이 잘 맞지 않으면 최대한 그 지침서에 맞도록 끼워 맞춰서 처리합니다. 만약 지침서가 없으면 자신이 생각하는 그 분야의 권위자에게 의견을 요청합니다. 최 선생님은 지침서를 지키고 있을 때 가장 편안함을 느끼기 때문입니다.

박당당 선생님은 동료 선생님들이 보기에는 전혀 소심하지 않고 당차 보이며 결정도 잘하고 어려운 일에도 잘 도전합니다. 공개수업을 누가 할지 정하는 자리에서 서로 눈치 보는 것이 싫어서 자신이 하겠다고 대답하기도 하며, 공모사업을 가져와 척척 해내기도 합니다. 그러나 사실은 소심하여 걱정과 불평을 끌어안고 삽니다. 이런 모습을 평소에는 잘 드러내지 않기 때문에 밖에서는 대범하고 유능한 교사이지만 가정에서는 가장 편안한 상대인 남편에게 괜히 트집을 잡거나 짜증을 내기도 합니다.

학교에서 남의 눈을 의식해서 다른 사람을 배려하다가 결국 어느 순간에는 화를 내거나 경직되어 같은 학년 분위기를 서먹하게 만들기도 합니다. 주로 자신이나 조직 전체에 부당하다고 느껴지거나 필요하다고 생각하는 일에 거침없이 의견을 냅니다. 학생이 교사의 권위에 도전하는 느낌을 받을 때도 강하게 대응하면서 제압합니다. 강한 분위기를 조성하고 필요한 경우에는 독설이나 물리적인 힘을 쓸 때도 있습니다. 하지만 돌아서면 내가 왜 그랬을까 자책하면서 위축됩니다. 다른 사람들은 박 선생님의 이런 속마음을 전혀 알 수 없습니다.

박 선생님은 다른 사람들의 생각을 짐작하는 경우가 많습니다. 짐작이 맞을 때도 있지만, 아닐 때도 있는데 이때 진위를 파악하지도 않고 혼자 불편해합니다. 이런 마음이 들 때 항상 자책으로 끝나게 되어 자신감이 바닥까지 추락하지만, 겉으로 보기에는 더 당차고 자신감 있는 모습을 유지하도록 신경을 씁니다.

박 선생님은 만나는 사람들과 두루 원만하게 지내는 것을 선호하지만 깊은 관계까지 가기는 어렵습니다. 애초에 사람에게 큰 기대가 없고, 신뢰하지도 않기 때문입니다. 같은 학년을 맡았을 때 친했던 선생님이었어도 다른 학년으로 바뀌면 관계가 소원해집니다.

교사와 생각이 다른 학생이 있을 수도 있는데 잘 따라오는 학생들은 보이지 않고 불만을 제기하는 몇 명의 학생만 보입니다. 그 몇 명 때문에 전체가 자신에게 불만이 있는 것처럼 느껴집니다. 학부모님들도 대부분은 박 선생님을 신뢰하고 좋아하는데, 조금이라도 박 선생님께 불만을 제기하고 뭔가를 요구하면 박 선생님은 커다란 위협으로 느끼고 방어적인 자세가 됩니다.

김안전, 최의무, 박당당 선생님은 모두 에니어그램 6유형입니다. 6유형 선생님은 안전을 추구하는 내면의 동기는 같지만, 이들의 격정인 두려움을 다루는 방식에 따라서 세 가지 다른 모습으로 나타납니다.

특히 6유형은 세 가지 하위유형 사이의 차이가 두드러지게 나타납니다. 김안전 선생님은 두려운 상황에서 도움이나 보호를 받을 수 있는 사람들과 안정적인 관계를 맺으려 하고, 최의무 선생님은 시스템이나 권위자 등 분명한 기준을 근거 삼아 두려움에 대처하며, 박당당 선생님은 강한 태도와 위협적인 자세로 두려움에 맞서고자 합니다.

같은 6유형이라도 자신의 어린 시절과 부모님의 유형, 양육방식, 교육환경, 의식 수준에 따라 또 다른 모습을 보일 수 있습니다. 겉모습은 여러 가지 다른 색깔로 나타날 수 있지만, 내면의 동기는 같습니다.

6유형 선생님이라 좋은 점

일반적으로

❤ 체계적으로 자세하게 설명하고 안내한다.

❤ 맡은 일에 대한 책임감이 강하고 공동의 일에 헌신적으로 참여한다.

❤ 긴급한 상황이나 문제 상황에서 객관적으로 상황을 파악하고 처리한다.

❤ 많은 것을 예비해 놓고 있기에 최악의 상황에서 차분하게 대처하며 객관적인 조언이 가능하다.

❤ 연수에 열심히 참여하며 효과적인 방법을 배우려고 노력한다.

김안전 선생님의 별명은 준비맨이다. 김 선생님은 체험학습 날에 큰 가방을 메고 온다. 가방 속에는 휴지, 물티슈, 검은 비닐, 지도, 안내자료, 물, 구급함, 양산 등등 모든 상황에 대비할 물품이 들어있다. 김 선생님은 체험학습 과정을 미리 시뮬레이션해보고, 각 단계에서 필요한 모든 것을 준비한다. 따라서 어떤 상황이 발생해도 차분하게 대처할 수 있다. 체험학습을 함께하는 같은 학년 선생님들도 김 선생님의 도움을 받을 수 있어 든든하게 생각한다.

교실에서

❤ 학생들의 필요에 관심을 가지고 지원하며, 자세히 안내하여 안정감을 느끼게 한다.

❤ 힘들어하는 학생이 있을 때 잘 이겨낼 수 있도록 구체적인 방법을 알려준다.

❤ 교육과정에 충실하며 세세하게 수업을 준비하고 체계적으로 진행한다.

❤ 학생들에게 물리적, 심리적으로 안전한 환경을 조성한다.

❤ 학생들에게 관심을 골고루 주며 평등하게 대하려 노력한다.

관계에서

❤ 믿을만한 선생님들과의 신뢰를 바탕으로 꾸준히 함께 일한다.

❤ 학생의 필요에 맞게 적절한 정보를 제공해서 학부모에게 신뢰감을 준다.

❤ 연민을 가지고 다른 사람들의 이야기를 경청하고 객관적으로 분석하므로 좋은 상담자 역할을 한다.

❤ 공동체의 성실한 구성원으로 자신의 몫을 다한다.

❤ 약속을 잘 지키고, 동료 교사가 도움이 필요할 때 잘 도와주어 상대방의 신뢰를 얻는다.

최의무 선생님은 방학이 되면 다음 학기의 수업을 미리 구상한다. 체계적으로 수업을 준비하고 교사 자신이 일관성 있게 수업을 진행하면 학생들도 혼란 없이 안정된 학습을 할 수 있다고 생각하기 때문이다. 그래서 학기 시작 전 정성을 들여 매 단원 수업 진행 방식을 결정한다.

최 선생님의 수업을 듣는 학생들은 학기 초에 한 학기 수업 전체의 진행계획을 안내받고, 과제와 평가 계획도 자세히 들을 수 있다. 그로 인해 안정감을 느끼고 수업에 더 집중할 수 있다.

또 최 선생님은 어려운 학습 내용에 대해서는 더 세부적으로 계획을 세워 준비한다. 학생들이 선생님의 자세한 지도를 따라가면서 더 쉽게 학습할 수 있도록 도움을 주기 위해서이다.

6유형 선생님이라 힘든 점

일반적으로

◆ 작은 문제도 확대 해석하여 걱정을 짊어지고 있다.

◆ 학교 일을 할 때 너무 사소한 것까지 확인하여 스트레스를 많이 받는다.

◆ 학생에 대한 지나친 책임감으로 실제보다 과도한 부담을 느낀다.

◆ 머리로는 이해하지만, 가슴으로 공감하기는 어렵다.

◆ 어떤 상황에서 긍정적인 부분보다 부정적인 부분을 먼저 생각하고 크게 본다.

최의무 선생님이 초등학교 1학년을 맡았는데 한 아이가 학교에 오기 싫다고 했다. 아이는 선생님은 좋은데 친구들이 거칠고 자기 마음대로 한다며 힘들어했다. 최 선생님은 이 모든 것이 자신의 책임인 것처럼 느껴졌다. 교사인 본인이 잘 지도하지 못하여 친구들 사이에 문제가 생긴 것 같았다. 그 아이가 학교에 오지 않는 날에는 마음이 힘들었고, 아이가 학교에 오는 날에도 친구들과의 관계를 살피며 온 신경을 곤두세웠다.

교실에서

◆ 불안이 많아 학생에게 잔소리를 계속하게 된다.

◆ 교사가 정한 틀에서 벗어나는 학생을 이해하지 못할 때가 있다.

◆ 정해 놓은 교육과정을 이수해야 한다는 생각이 강하다.

◆ 소수의 부정적 반응이 교실 전체의 부정적인 태도로 느껴진다.

김안전 선생님은 교실 '작품 전시란'에 모든 학생의 작품을 전시한다. 3월 초에는 언제나 아이들에게 자신의 모습을 그리게 하고 그 작품들을 게시한다. 그런 김 선생님에게 난처한 일이 생겼다. 자기 얼굴을 그리지 못하는 아이가 있는 것이다. 그림을 못 그리는 아이라도 교사가 얼굴형 정도를 그려주면 스스로 눈, 코, 입을 완성해서 작품을 내는데 웬일인지 그 아이는 심통을 부리며 급기야 책상에 엎드려 울기까지 하는 것이었다. '1학년 아이가 자기 얼굴도 그리지 못하다니.' 김 선생님은 이 문제를 심각하게 받아들였다. '말도 하지 못하고 울기만 하다니 의사소통이 안 되는 것일까? 아이의 가정에 문제가 있는 것일까? 친구들에게 피해를 주지 않을까? 앞으로 어떻게 지도하지?'

학생들이 웃고 있는 그림으로 채워진 밝은 게시판을 원했지만 이가 빠진 듯한 빈자리를 보면서 김 선생님은 한숨을 쉰다. 다른 선생님들이 한 아이의 작품을 게시하지 못한 자신을 능력 없는 교사로 생각할 것 같다. 학기 초 학부모들이 많이 오가는데 자녀의 작품이 전시되어 있지 않은 것을 보고 의문을 품을 것 같다. 열외가 된 아이를 보면 다른 학생들에게 교사의 권위가 서지 않을 수 있겠다는 위협감을 느꼈다. 그리고 무엇보다 자신의 얼굴도 그리지 못하는 그 아이가 정서적으로 많은 문제를 가지고 있을 것 같다는 걱정이 들었다. 이제 겨우 학기 초인데 김 선생님은 1년 동안 이 아이로 인해 벌어질 온갖 안 좋은 일들을 상상하며 대응 방안을 생각한다.

관계에서

◆ 논리적으로 이해되지 않는 감정적인 표현이나 반응을 공감하기 힘들다.
◆ 해결해주지 못하는 요구를 듣게 될 것 같아서 개인적인 만남을 어려워한다.
◆ 예외적인 요구를 하는 학생을 다른 학생들과 다른 방법으로 대하는 것이 어렵다.

박당당 선생님께 밤마다 힘들다며 문자를 보내는 아이가 있다. 처음 한두 번은 아이가 걱정되어서 장문의 답장을 보내고, 따로 불러서 이야기를 나누었다. 나름대로 구체적인 해결 방식을 안내하면서 아이가 그 상황을 벗어나길 기대했다. 그런데 시간이 지나도 아이의 고민은 줄어들지 않았고 계속 비슷한 내용으로 문자를 보내온다. 이제는 제안할 해결책도 없는데 박 선생님의 마음은 너무나 괴롭다.

6유형 선생님의 고민

✓ 학급에서 무슨 일이라도 일어나면 어떡하지?

✓ 내가 맡은 업무와 행사를 아무 일 없이 잘 처리할 수 있을까?

✓ 다른 학급은 모든 게 좋아 보이는데 우리 반은 왜 이렇게 문제가 많지?

✓ 어제 내가 했던 행동은 괜찮았나? 이 일로 더 나쁜 일이 생기면 어떡하지?

✓ 회의하는 자리에서 왜 다른 이야기를 하는 걸까? 빨리 안건을 처리해야 안심이 될 텐데.

✓ 내일 체험학습 때 비가 오면 어떻게 하지? 체험학습 차에 비닐봉지하고 휴지는 챙 겼던가? 내가 표는 제대로 구했나? 날짜는 맞나?

✓ 운동회 날에 누가 다치면 어떻게 해야 하지? 반창고를 준비해야 할까?

✓ 다른 사람이 불평하는 것을 듣기 싫어하면서 나는 왜 불평과 불만을 끝없이 말하 고 있을까?

✓ 왜 이렇게 믿을 만한 사람들이 없을까?

✓ 누가 어떤 말을 하면, 나는 왜 반대 입장을 말할까?

6유형 선생님은 왜 그럴까요?

에니어그램 6유형에 속하는 사람들은 자신과 주변이 안전하기를 바랍니다. 세상은 위험으로 가득 차 있다고 여기기에 주변에서 벌어지는 일들에 촉각을 곤두세우고 아주 작은 위험 신호도 크게 받아들입니다. 자신에게 닥칠 수 있는 일들에 대해 생각하며 만반의 준비를 하여 안전하게 처리하려고 노력합니다. 미리 대비하지 않으면 여러 가지 문제들이 생기고 그 문제를 그때그때 해결할 수 없을 것이라는 두려움이 있습니다. 그래서 아직 일어나지 않은 미래의 일에 대해 최악의 시나리오를 가정하고 그러한 일이 생기지 않도록 분주히 일합니다. 학생 간의 문제, 수업 시간의 작은 움직임까지도 신경을 쓰며 사소한 문제도 과도하게 해석합니다. 그리고 앞으로 어떤 일들이 생길지 알 수 없기에 도움이 될 만한 자료를 계속 수집합니다.

6유형 선생님은 무엇이 잘못될 수 있는가에 주의를 두며 그런 일이 생기지 않도록 규칙과 시스템을 만드는 데 에너지를 많이 쏟고 주변을 통제하려고 애씁니다. 정해진 방식이나 신뢰할 사람이 있다면 충실하게 잘 따르고 책임감이 강합니다. 그러나 자주 의심이 생겨 자신감이 떨어지고 불안이 커집니다. 이런 불안을 해소하기 위해 자꾸 확인하고 대비에 집중하다 정작 현재의 중요한 것들을 놓치는 경우가 있습니다. 어떤 6유형 선생님은 두려움이나 불안을 느끼지 못하기도 하는데 두려움이 느껴지기 전에 먼저 공격하듯이 상황에 대처하며 헤쳐나가고 있는 것입니다.

이들은 이러한 두려움과 불안을 해소하기 위해 자신만의 신뢰할 대상을 찾습니다. 권위를 중시하는 것도 이 때문입니다. 신뢰할 대상에게 권위를 부여하는데 어떤 선생님은 다른 사람들을 신뢰 대상으로 삼고, 어떤 선생님은 규칙과 시스템을 신뢰합니다. 또 어떤 선생님은 사람이나 시스템 모두 신뢰하지 않기 때문에 자신의 힘을 키우려고 합니다. 그 힘이 어떤 것인지는 사람마다 다를 수 있습니다. 보통 육체적인 강함이나 아름다움에서 오는 강함을 이야기하곤 합니다.

6유형 선생님을 위한 실제적 제안

수업

▶ 전체적인 수업 과정에서 일부가 계획대로 되지 않았다고 해서 수업이 실패한 것은 아닙니다. 잘된 부분을 기억하십시오.

▶ 수업이 원하는 대로 흘러가지 않을 때도 그것으로 인해 다른 좋은 결과가 생길 수 있습니다. 자신의 힘을 믿고 진행해 보십시오.

▶ 이것저것 좋은 요소를 모두 합쳐서 수업을 만들려고 할 필요는 없습니다. 자신이 잘 소화할 수 있는 한두 개의 요소만 중점을 두어 수업에 적용해 보십시오.

▶ 칭찬에 인색할 수 있습니다. 학생들의 단점에 집중하기보다 사소한 것이라도 장점을 찾아보고 칭찬을 해보십시오.

▶ 수업 목표에 도달하는 것도 중요하지만, 그 과정에서 이뤄지는 학생과의 관계도 중요합니다. 잘 따라오지 못하는 학생이 있어도 각각의 사정이 있을 수 있음을 기억하고 한 박자 천천히 가도 됩니다.

학급 운영

▶ 학생들의 생각은 모두 다릅니다. 교사 자신만의 해결 방법을 고수하지 말고 학생들이 원하는 것을 직접 물어보십시오.

▶ 때로 일부 학생을 예외적으로 돌보는 것이 평등에 어긋난 것이 아닙니다. 문자적인 평등의 의미에 집착하지 말고 개인의 필요를 채워주어도 괜찮습니다.

▶ 지도가 어려운 학생에 대한 경험이 누적되어 편견이 되는 것을 조심하십시오. 편견이 쌓여 자신도 모르게 그 학생이 한 행동보다 더 과하게 반응할 수 있습니다. 일어난 상황 자체에만 집중하고, 감정적으로 반응하지 마십시오. 감정을 조절하기 어려우면 심호흡을 하거나 물을 한 잔 마시는 것도 좋습니다.

▶ 학급에 문제가 생겼다고 모두 선생님의 책임과 잘못은 아닙니다. 과도한 책임감을 내려놓고, 자신이 할 수 있는 것만 선택하여 행동하십시오. 그것으로 충분합니다.

▶ 감정적인 학생들은 이야기를 경청해주기만 해도 큰 도움이 됩니다. 학생의 문제를 분석하여 다 해결하려고 할 필요는 없습니다. 그 학생이 원하는 것은 문제의 해결이 아니라 공감입니다. 깊이 공감하지 못하더라도 경청해주는 자세가 중요합니다.

인간관계 및 업무

▶ 다른 선생님이나 관리자, 학생들의 시선을 의식하기보다 본인을 신뢰하고 스스로 선택하여 행동해 보십시오.

▶ 모든 사람이 다 나와 같은 관점으로 생각하지는 않습니다. 사람마다 다양한 의견을 가질 수 있음을 인지하고 불편해하지 마십시오.

▶ 일하면서 실수해도 괜찮습니다. 실수하지 않으려고 집착하다 보면 더 크게 실수할 수 있고 본인이 생각하는 큰 실수가 다른 사람에게는 별일이 아닐 수 있습니다.

▶ 지나치게 학교 일에만 몰두할 필요는 없습니다. 자신의 필요를 먼저 챙겨도 괜찮습니다.

▶ 다른 선생님들이 칭찬했을 때, 칭찬의 의도를 파악하고 의심하기보다는 타인의 칭찬을 기쁘게 받아들이십시오. 당신은 잘하고 있습니다.

감정과 표현

▶ 머릿속에서만 여러 상황을 준비하고 생각하는 것에서 벗어나, 실제적인 행동으로 옮겨 보십시오. 행동하면 생각을 멈출 수 있습니다.

▶ 최악의 상황을 떠올리기보다는 제일 좋은 상황을 상상하는 여유를 가져보십시오. 혹시 일이 잘못되어도 헤쳐나갈 수 있다고 자신에게 말해주십시오.

▶ 오늘 이 순간이 가장 좋은 날임을 인식하고, 웃으며 하루를 시작해 보십시오.

▶ 불안이 올라올 때 짜증 내기, 남 탓하기, 화내기를 멈춰 보십시오. 불안을 가라앉히는 다른 선택을 연습할 필요가 있습니다. 깊은 호흡을 하거나, 거울 속의 자신을 바라보는 것도 좋은 방법입니다.

▶ 진심으로 존경할 만한 진정한 권위는 의외로 가까이에 있습니다. 마음을 열고 찾아보십시오.

진정한 나로 깨어나려면?

에니어그램의 궁극적 목표는 먼저 자신의 성격 패턴을 알아차린 후, 그 성격 패턴에서 벗어나기 위한 의지적 노력과 훈련으로 미덕을 실현하며 성장하는 것입니다. 그럴 때 우리에게 찾아오는 은혜로 현존하는 삶을 누리며 우리 자신의 모든 잠재력을 발휘하면서 더욱 진정성 있고 의미 있는 방식으로 살 수 있습니다.

6유형이 '진정한 나'를 발견하고 성장하기 위해서는 두려움이 몰려오는 순간이 언제인지, 믿을 만한 정보를 끊임없이 찾으려고 하거나 생각이 지나치게 많아지는 때가 언제인지, 그 이면에 어떤 두려움이 숨어있는지 등에 대해 스스로 내면을 관찰해야 합니다. 다음의 질문은 당신이 깨어나도록 도움을 줄 것입니다.

- 당신의 걱정이 실제로 일어난 적은 몇 번이나 됩니까?
- 최악의 시나리오에 대비해서 준비하는 것이 실제로 얼마나 도움이 되었습니까?
- 당신은 무엇을 신뢰합니까?
- 당신이 고수하고 있는 규칙이나 신념이 그렇게 중요한 것일까요?
- 외부에 의존하지 않고 나 자신을 신뢰하면 어떤 일이 생길까요?
- 상대방이 나의 어떤 점을 불편해한다는 생각이 들 때, 직접 확인하고 있습니까?
- 당신은 과거, 현재, 미래 중에 어디에 에너지를 많이 쏟고 있습니까?

이러한 질문을 통해 6유형의 성격 패턴을 인식하고 자신의 자동적인 반응을 관찰할 수 있습니다. 습관적 행동의 원인, 과정, 결과에 관해 탐구한 후에는, 더욱 의식적으로 생각하고 느끼며 행동하면서 성장과 변화의 길을 걸을 수 있습니다. 6유형이 성장의 길을 걷는 데 도움이 되는 실천 사항 몇 가지를 다음과 같이 제시합니다.

- 자신을 의심하지 않고 신뢰하기
- 의문을 제거해 보기
- 의무보다 즐거움 찾기
- 불확실성을 견디고 융통성 키우기
- 자신에게 부족함을 느끼더라도 있는 그대로 귀하게 보기

자신에게 들려주는 말

▶ 오늘도 괜찮았어. 내일도 좋을 거야.

▶ 실수해도 괜찮아.

▶ 준비가 없어도 헤쳐나갈 수 있어.

▶ 미래보다는 지금을 누리는 거야.

▶ 두려워도 괜찮아. 파도를 타는 거야.

▶ 최고의 일을 상상해 보자.

즐거움을 추구하는 선생님

한재치

선생님은 유쾌하고 발랄합니다. 주변의 분위기를 즐겁게 만들고 유머가 넘칩니다. 한 선생님은 동료 선생님들의 필요를 알아채고 적절하게 도움을 주기도 합니다. 다만 자신의 수고와 노력을 인정받고 싶어 하며, 인정받기 힘든 일은 하고 싶어 하지 않습니다. 혹시나 하기 싫은 일을 해야 할 상황에서는 구실을 만들어 빠져나옵니다.

한 선생님은 교장, 교감 선생님을 전혀 어려워하지 않습니다. 교장 선생님과 이야기하기 위해 교장실로 쉽게 들어갑니다. 자신이 필요한 것이 있으면 직접 교장 선생님께 가서 자연스럽게 대화를 유도하여 원하는 바를 얻어냅니다. 그래서 동료 선생님들이 한 선생님에게 대신 이야기를 전해달라고 부탁하는 일이 많습니다. 한 선생님에게는 너무 쉬운 일입니다.

한 선생님은 여러 모임에 소속되어 있습니다. 독서, 인형 만들기, 뜨개질 등 다양합니다. 모임을 주도적으로 만들지는 않지만, 관심사가 맞는 모임에 들어가면 한 선생님은 그 모임에서 주도적으로 활동합니다. 관련 정보를 찾고 활동에 필요한 물품도 사고, 모임에서 필요한 여러 일을 하며 즐거워합니다. 모임에 소속된 선생님들과 친해지면, 학교에서 그 선생님들을 위한 다른 일도 나서서 합니다. 단, 자신에게도 이익이 되어야 움직입니다.

한재치 선생님은 스스로 재미있는 수업을 하려고 합니다. 모임에서 배웠던 다양한 것을 수업에 적용하면서 학생들의 반응을 봅니다. 학생들이 즐거워하면 그 방식을 계속 시도하고, 지루해하면 바로 다른 대안을 생각해서 순발력 있게 진행합니다. 즐거운 수업을 하는 한재치 선생님을 좋아하는 학생들이 많은데, 한 선생님은 학생들과의 관계에 연연하지 않습니다. 졸업한 아이들과 연락하고 지내는 경우가 별로 없어도 그렇게 신경 쓰지 않습니다. 현재의 학생들에게 충실한 것이 더 중요하고, 그동안 아이들을 위해 했던 것에 스스로 만족하기 때문입니다.

왕열정

선생님은 밝고 에너지가 많습니다. 왕 선생님과 함께 있으면 재미있고 즐거워서 주변에 사람들이 많습니다. 각종 모임과 활동으로 바쁘고 약속도 많습니다. 주말에는 하루 두세 개씩의 약속을 잡기도 합니다.

학교에서 왕 선생님은 아이디어가 많고 새로운 학습 도구 사용도 겁내지 않으며 재미있는 수업을 하기로 유명합니다. 새로운 방식의 수업을 위해 다양한 연수에 참여하는 것을 즐깁니다. 아이들 눈높이에 맞는 소통을 하기에 아이들이 잘 따르고 좋아합니다.

컴퓨터를 잘하는 왕 선생님은, 동료 선생님들이 컴퓨터 작업 중 어려워하며 도움을 청할 때 마다하지 않습니다. 컴퓨터를 다루는 것도 재미있고, 좋은 사람이 되어야 한다는 자신의 이상에 맞게 다른 사람을 도울 수 있어서 만족스럽습니다.

그러나 인기 많은 왕 선생님도 문득 공허함이 밀려올 때가 있고, 폭은 넓지만 깊이가 부족한 인간관계에서 목마름을 느끼기도 합니다. 자유로운 사고방식과 틀을 깨고 싶은 마음이 강하여 새로움을 추구하다가도 어딘가에 소속되지 않은 자신을 볼 때 두려운 마음이 들기도 합니다. 색다른 것을 멋지게 시작하지만, 마무리를 잘하지 못하고 접어버릴 때가 많고, 자신감 넘치는 것 같으나 잘 해내지 못할까 봐 어려운 상황을 피합니다. 모두에게 인기가 많으나 군중 속의 외로움을 느끼기도 합니다.

오긍정

선생님은 오늘도 활기차게 출근합니다. 발걸음도 경쾌하게, 만나는 사람에게 밝은 미소로 인사합니다. 새로울 것 없는 반복되는 일상이 답답하게 여겨질 때도 있지만, 나를 즐겁게 해주는 무엇인가를 찾아 집중합니다. 목소리도 크고 분명하게 전달하는 편이며 재미 있는 말솜씨로 학생들의 열정을 불러 일으킵니다.

회의를 길게 하는 것은 딱 질색입니다. 회의를 주도할 때는 논의해야 할 사항을 적어놓고 빠르게 결론에 도달하며 계획했던 시간 안에 마무리합니다. 결론 없이 원론적인 이야기를 하거나 주제와 관련 없는 이야기를 할 때면 오래 기다리지 않고 '그래서 어떻게 할 건가요?'라며 핵심으로 돌아오도록 합니다. 결론에 집중하다 보니 놓치는 부분이 있다는 것을 뒤늦게 알아차리지만 그래도 역시 일은 속도가 중요하다고 생각합니다.

오 선생님은 수업이 끝나기 5분 전에 아이들에게 영상을 보여주곤 하는데, 아이들이 원해서가 아니라 자신이 좋아서입니다. 이처럼 좋고 재미있는 것을 선보여 자신의 흥미와 관심사의 세계로 아이들을 이끌고 싶습니다.

오 선생님은 학생들과 친하긴 하지만 어느 정도 거리를 유지하는 편입니다. 학생들, 학부모와 관계를 맺고 상담하는 것은 어렵지 않습니다. 긴장하지 않고 편안하고 솔직하게 이야기합니다. 상대방도 자신을 편안하게 여기고 신뢰하는 것을 느낍니다. 학생들과 대화할 때 공감은 잘하지 못해도 핵심을 잘 파악하여 조언하는 자신이 뿌듯합니다.

한재치, 왕열정, 오긍정 선생님은 모두 에니어그램 7유형입니다. 7유형 선생님은 즐거움을 추구하는 내면의 동기는 같지만, 이들의 격정인 탐닉을 채우는 방식에 따라서 세 가지 다른 모습으로 나타납니다. 여기서 탐닉이란, 하나를 더 경험하고자 하는 갈망으로, 무엇이든지 쾌락을 주는 것에 과도하게 빠진다는 의미입니다.

한재치 선생님은 만족을 주는 기회들이나 동맹을 통해 탐닉을 표현하며, 왕열정 선생님은 다른 사람에게 봉사함으로써 자신의 탐닉에 반하는 일에 집중하고, 오긍정 선생님은 일상의 현실보다 상상할 수 있는 이상적인 최고의 경험을 추구합니다.

같은 7유형이라도 자신의 어린 시절과 부모님의 유형, 양육방식, 교육환경, 의식 수준에 따라 또 다른 모습을 보일 수 있습니다. 겉모습은 여러 가지 다른 색깔로 나타날 수 있지만, 내면의 동기는 같습니다.

7유형 선생님이라 좋은 점

일반적으로

❤ 밝은 성격과 재치 있는 입담으로 사람들에게 호감을 준다.

❤ 아무리 어렵고 힘든 상황에서도 좋은 점을 잘 찾아낸다.

❤ 열정과 에너지가 있고, 재미있는 분위기를 만든다.

❤ 융통성이 뛰어나고 변화를 쉽게 받아들인다.

❤ 상황 파악이 빠르고 사람들의 표정과 상태가 한눈에 들어와 적절한 대응을 할 수 있다.

학생들은 오긍정 선생님을 친구처럼 생각한다. 멀리서 달려와 안기기도 하고 다른 선생님들께는 말하지 못하는 고민을 털어놓을 때가 많다. 격의 없이 깔깔 웃으며 재미있게 놀기도 한다. 오 선생님은 아이들과 이야기할 때 가르치려 들지 않으며, 어떻게 해야 아이들이 좋아할지 안다.

오 선생님은 수업 시간에 아이들의 표정이나 상태를 빠르게 알아차리고 힘들어 보이는 학생을 따로 불러 함께 먹거나 산책하면서 개인적인 관심을 보여준다. 간혹 '선생님이 어떻게 아셨어요?'라며 학생들이 깜짝 놀라기도 한다. 이러한 관계를 바탕으로 학생들은 오 선생님이 하는 조언을 진심으로 듣고 받아들이게 된다.

교실에서

❤ 학생들에게 재미있고 다양한 경험을 할 기회를 제공한다.

❤ 최소한의 규칙으로 편안하고 즐거운 학급 분위기를 만든다.

❤ 학생들에게 맞는 학습법을 개발하고 수업에 다양한 매체를 활용한다.

❤ 학생들의 표정이나 변화를 잘 파악하고 융통성 있게 수업내용과 방식을 조정한다.

❤ 밝고 다양한 표정, 조금은 과장된 몸짓, 활기찬 목소리로 학생들을 집중시킬 수 있다.

왕열정 선생님은 즐거움과 배움이 있는 수업을 추구하기에 전달할 내용에 신선한 아이디어로 재미를 입히고 새로운 방식을 접목한다. 동기유발을 잘해서 엎드려 자는 아이들도 일어나 앉을 정도로 에너지 넘치는 수업을 할 수 있다. 왕 선생님 덕분에 싫어하던 과목을 좋아하게 되었다거나, 수업이 기다려진다는 이야기를 많이 듣곤 한다.

학생들이 수업을 방해할 때 오히려 그 학생들의 에너지를 활용해서 수업을 즐겁게 만들다 보면 교실 분위기가 좋아진다. 평소 다른 선생님들에게 부정적인 평가를 받던 학생들도 왕 선생님 수업에 적극적으로 참여하면서 공부에 흥미를 느끼기도 한다.

관계에서

- ❤ 학생을 교사의 틀 속에 가두지 않고 이해하는 편이며, 학생의 감정 변화에 휘둘리거나 예민하게 반응하지 않는다.
- ❤ 권위적이지 않아 학생들이 언제든지 편안하게 다가갈 수 있고 학생들의 고민을 이성적이고 신속하게 정리해 해결책을 제시한다.
- ❤ 새로운 사람에 대한 호기심으로 누구와도 쉽게 친해지며, 다양하고 폭이 넓은 주제로 대화할 수 있다.
- ❤ 밝은 에너지와 유머 감각을 사용해서 학생들과 상호작용을 즐겁게 하고 갈등 상황에서 유머러스하게 분위기를 전환한다.
- ❤ 학부모와의 관계를 두려워하지 않으며 편안하게 상담할 수 있고 권위자에게도 재치 있게 할 말을 한다.

한재치 선생님은 새로운 학교로 옮길 때마다 신나고 살짝 흥분된다. 새 학교에 대한 걱정과 두려움보다는 새로운 사람들과 학교가 어떨까 상상하며 설렌다.

새로운 곳에 가서도 밝은 성격과 적극적인 태도, 유머 감각으로 사람들과 금세 가까워진다. 그 누구랑 어떤 주제로 이야기해도 대화가 되고, 깊진 않지만 다방면의 지식을 갖고 있어서 정보통이라고 불린다. 관리자에게도 스스럼없이 다가가서 친근하게 지내며 인기가 많다.

7유형 선생님이라 힘든 점

일반적으로

◆ 학교의 보수적이고 권위적인 분위기가 갑갑하다.

◆ 세밀하고 반복되는 업무를 답답해한다.

◆ 꼼꼼하지 못하여 실수를 자주 한다.

학부모 총회 날 왕열정 선생님은 간편한 복장으로 학교에 갔다가 교장 선생님으로부터 교사다운 옷을 입고 오라는 지적을 들었다. 옷차림이 아이들을 가르치는 데 그렇게 중요한 것일까? 일도 열심히 하고 수업도 잘하고, 아이들과도 소통을 잘하는데… 학교의 조직문화와 경직된 생각이 갑갑하고 힘들다고 느껴져 도망가고 싶다.

교실에서

◆ 학습 목표와는 다른 이야기를 하다가 수업의 맥을 놓칠 때가 있어서 수업이 산만해지거나 마무리를 허둥지둥할 때가 있다.

◆ 스스로 재미없는 수업을 못 견디고 학생들의 반응이 없을 때나 과제에 대해 피드백하는 것이 힘들다.

◆ 허용되는 범위가 지나치게 넓어, 학생들에게 적절한 경계를 잡아주지 못하고 방관하기도 한다.

◆ 새로운 아이디어와 이벤트가 많아 차분한 수업 분위기를 원하는 학생들에게 부담을 준다.

◆ 학생들의 문제나 갈등 상황에 깊이 개입하기 싫어하여 훈육을 회피하기도 한다.

오긍정 선생님은 학기 초, 수업마다 과제 검사를 빠짐없이 하고 퀴즈 채점을 미루지 말자고 다짐한다. 준비물, 지각, 수업 태도 등도 꼼꼼하게 기록하리라 결심하지만, 어느덧 채점하지 못한 시험지가 쌓이고 지각자 기록하는 것도 잊고… 꼼꼼함과 꾸준함을 요구하는 이런 일들이 힘들다.

조금 있으면 중간고사. 시험 범위도 꽤 많이 남아 있는데, 재미있는 활동 위주로 수업을 하다 보니 진도가 느린 편이다. 이제 시험이 2주 뒤, 시간이 없다. 허겁지겁 다른 선생님 시간을 빌려 진도를 맞춘다. 왜 매번 막판에 이러는지….

관계에서

◆ 상대방의 이야기를 듣기보다 자기가 하고 싶은 이야기에 치중한다.

◆ 말을 많이 하다 보니 불필요한 말로 상대의 기분을 상하게 하거나 상대의 진지한 이야기를 가볍게 치부해 버린다.

◆ 발이 넓고 아는 사람은 많으나 깊이 있는 관계가 되기 어렵다.

◆ 모임에서 가라앉은 분위기가 어색하면 재미있게 해야 한다는 부담을 갖는다.

◆ 학생들이 고민을 털어놓을 때 심각하게 듣지 않아 자주 잊어버린다.

한재치 선생님은 동료와 금방 친해지지만 다른 학교로 옮기게 되면 곧 소원해진다. 옆에 있는 사람과는 잘 지내나 눈에서 멀어지면 잊어버린다. 사람들과 즐겁게 지내지만 구속되고 싶지는 않다. 그래서 본의 아니게 소중한 사람을 외롭게 하거나 섭섭하게 한다.

한 선생님은 학생들이나 동료 선생님들이 고민을 이야기할 때 장황하게 계속되는 이야기가 듣기 힘들어 자기 방식의 해결책을 빨리 주려고 한다. 상대의 상황과 성향은 고려하지 않고 '화해하면 되지, 직접 이야기를 해, 툭 털고 일어나' 등 자신이 문제를 해결하는 방식을 알려준다. 간혹 진심으로 듣지 않는 것을 들켜서 본의 아니게 상대에게 상처를 줄 때도 있다.

7유형 선생님의 고민

✓ 어떻게 해야 수업이 재미있고 흥미로울까? 학창 시절을 생각하면, 수업을 지루하게 하는 선생님 시간에는 아예 귀를 닫고 듣지도 않았잖아.

✓ 수업 계획서대로 하고 싶지만, 생각만큼 되지 않네. 중간에 다른 방법으로 바꾸는 게 더 낫지 않을까?

✓ 이 학생 버릇없긴 한데 또 뭐 그럴 수도 있는 것 아니겠어? 혼내야 하는 거야, 아니면 그냥 넘어가야 하는 거야?

✓ 친구 같은 교사가 되고 싶은데 학생들이 선을 넘네?

✓ 어디까지 허용해 주고 무엇을 혼내야 하지? 규칙을 꼭 지키게 해야 할까?

✓ 결론이 나지도 않는 회의를 언제까지 할 생각이지? 진행자가 정리를 제대로 하면서 빨리 결정을 내리는 게 낫겠어.

✓ 학교에서는 왜 작은 일에 연연할까? 넘어가도 될 일인데 왜 굳이 문제 삼을까. 사소한 일에 일일이 신경 쓰는 건 너무 피곤해.

✓ 틀에 박힌 생활이 숨 막히는데 나는 교사를 정년까지 할 수 있을까? 내가 더 재밌게, 잘할 수 있는 일이 있지 않을까?

7유형 선생님은 왜 그럴까요?

에니어그램 7유형에 속하는 사람들은 즐겁고 재미있는 삶을 추구합니다. 유쾌하고 열정이 많으며 하고 싶은 것도 많습니다. 놀이, 음식, 영화, 드라마 등 자신이 좋아하는 것은 다른 사람들에게도 알려주고 같이 경험하고 싶어 합니다. 다른 사람들을 내가 경험한 즐거움의 세계로 이끌고 싶습니다. 가끔은 상대가 그것을 원하지 않아도 강요할 때가 있습니다.

7유형은 자유가 제한되는 것을 견디기 어려워하여, 어떤 상황에서 내가 하고 싶은 것을 하지 못하면, 마치 내가 누려야 할 것을 빼앗긴 느낌이 듭니다. 틀에 매이기 싫어하다 보니 반복되는 일상을 지루해하고 규칙을 지키는 것을 어려워합니다. 꼭 그래야 한다는 말을 들으면 반항심이 먼저 올라옵니다. 그래서 아무리 내게 좋은 일이라고 해도 거절하게 됩니다. 그러다 보면 좋은 기회도 놓칠 수 있습니다.

7유형 선생님은 마음과 시선이 미래에 가 있어서 현재의 일과 사람에 집중하지 못합니다. 새로운 것, 새로운 경험을 추구하기에 어느 정도 익숙하다 싶으면 지루함을 느끼고 새로운 경험으로 옮겨가곤 합니다.

갈등과 고통, 힘든 상황을 부정적인 것으로 여겨 문제를 축소하거나 회피합니다. 힘든 상황이 생기면 문제를 직시하지 않고 그 속에서도 밝은 면을 찾아 만족합니다. 새로움을 추구하는 것이 지금의 어려움을 회피하는 방법이기도 합니다. 하는 일이 어려울 때 어떻게 이것을 극복해 나갈 것인지를 고민하기보다는, 노력과 인내 없이 당장 얻을 수 있는 즐거움과 흥밋거리를 찾습니다. 그러다 보니 7유형 선생님은 하루 24시간이 부족할 만큼 많은 계획과 약속들로 매일 바쁜 날들을 보내지만, 정작 지금 해야 할 고민과 해야 할 일들을 미루게 됩니다.

7유형 선생님을 위한 실제적 제안

수업

▶ 말수를 줄이고 꼭 필요하며 적절한 말을 하는 훈련이 필요합니다. 수업이 가벼워지는 것을 인지하십시오. 건들거리지 않게 발을 땅에 붙이고 깊이 호흡하며 말을 가볍고 빠르게 하지 않도록 배에 힘을 주고 소리를 내어보십시오.

▶ 처음 세운 계획이 중간에 바뀔 수는 있지만, 수업 계획서를 자주 보며 내용을 잊지 않고 큰 틀에서 벗어나지 않는 선에서 변화를 주는 것이 필요합니다.

▶ 즐겁고 재미있는 수업만이 좋은 수업이 아닙니다. 학생들에게 꼭 필요한 학습 내용을 놓치지 않도록 균형을 잡으십시오.

▶ 수업을 계획할 때, 학생들이 익숙해질 때까지 일관성을 갖도록 지속하는 것이 중요합니다. 계속 바뀌는 수업방식에 불안을 느끼는 학생이 있음을 기억하십시오.

학급운영

▶ 너무 많은 것을 하고 싶어서 각종 이벤트와 다양한 활동을 계획할 때, 그것이 학생들에게 정말 필요한 것인지 고민해 보십시오. 당신의 즐거움을 뒤로 미뤄두십시오.

▶ 학생들이 상담을 요청할 때 나중으로 미루지 말고 먼저 시간을 내어주십시오. 학생들이 털어놓는 고민에 대해 별일 아니라고 여기는 태도를 버리고 경청하십시오.

▶ 학기 초에 했던 계획을 중간에 포기하지 말고 끝까지 마무리하십시오. 미리 계획된 일정과 학생들과의 약속은 소중합니다.

▶ 학생들에게 자유를 주려는 마음은 이해하지만, 규칙의 중요성을 잊지 마십시오. 꼭 필요한 규칙은 만들어야 하고, 정해진 규칙은 지키도록 지도해야 합니다. 예외를 두다 보면 규칙이 무너집니다. 일관성 있게 지도하도록 유의하십시오.

▶ 학생들 사이에 갈등이 생겼을 때, 가만히 둔다고 저절로 해결되지 않습니다. 갈등을 지켜보는 것이 7유형 교사로서 힘들어 도망가고 싶더라도 힘을 내어 적절히 개입하는 것이 필요합니다.

인간관계 및 업무

▶ 미래에 대해 계획하지 말고 지금 해야 할 업무부터 시작하십시오.

▶ 업무의 결과물을 제출하기 전에 실수를 줄이는 방법으로 한 번 더 확인하십시오.

▶ 사소한 일이 중요할 수 있습니다. 그냥 지나치지 말고 한 번 더 확인해 보십시오.

▶ 말하는 것은 반으로 줄이고 상대의 말을 들어주십시오. 조금 더 웃겨 보려다가 실수하게 됩니다.

▶ 직설적으로 말을 하려고 할 때 한 번 더 상대의 기분을 배려해 보십시오. 상대의 진지한 이야기를 가벼운 농담으로 넘기려는 태도를 조심하십시오.

▶ 소중한 사람과 시간을 함께 보내십시오.

감정과 표현

▶ 사람들과 만나는 시간을 3분의 1로 줄이고 혼자만의 시간을 가져보십시오. 글로 본인의 생각과 마음을 정리해 보는 것도 좋습니다.

▶ 힘든 일은 피하는 것이 아니라 직면해야 함을 기억하십시오. 힘든 일을 통해서 당신이 성장할 수 있습니다.

▶ 부정적인 감정이 왔을 때 빨리 떨치려 하지 말고 왜 그런 감정이 올라왔는지 생각하고 다뤄야 합니다. 부정적인 감정이라고 해서 나쁜 것은 아닙니다. 그 감정을 수용할 때 더 자유로워집니다.

▶ 밝은 면만 보이려다 보면 표면적인 관계에 머무를 수 있습니다. 당신의 고민이나 어두운 면을 이야기할 때 더 깊은 관계로 나아갈 수 있음을 기억하십시오.

▶ '조금만 더, 조금만 더'하면서 끝없는 만족을 추구하는 것을 알아차리십시오. 자신과 타인을 해치지 않는 건강한 방식으로 즐거움을 찾아야 합니다.

▶ 건강하고 규칙적인 생활 습관을 만들어 보십시오.

진정한 나로 깨어나려면?

에니어그램의 궁극적 목표는 먼저 자신의 성격 패턴을 알아차린 후, 그 성격 패턴에서 벗어나기 위한 의지적 노력과 훈련으로 미덕을 실현하며 성장하는 것입니다. 그럴 때 우리에게 찾아오는 은혜로 현존하는 삶을 누리며 우리 자신의 모든 잠재력을 발휘하면서 더욱 진정성 있고 의미 있는 방식으로 살 수 있습니다.

7유형이 '진정한 나'를 발견하고 성장하기 위해서는 불편한 감정이 들 때 그 근원이 무엇인지, 계속해서 찾고 있는 즐거움의 끝이 무엇인지, 자기 중심성이 얼마나 강한지 등에 대해 스스로 내면을 관찰해야 합니다. 다음의 질문은 당신이 깨어나도록 도움을 줄 것입니다.

- 무엇을 위해서 바쁘게 삽니까? 일과가 무엇으로 채워져 있습니까?
- 재미를 추구하는 방식이 건강합니까? 자신과 주위의 사람들을 모두 이롭게 합니까?
- 원하는 것을 하거나 갖게 되었을 때 그 즐거움은 얼마나 갑니까?
- 당신은 쾌락을 찾고 있습니까, 가치 있는 즐거움을 추구하고 있습니까?
- 소중한 사람과 얼마나 시간을 보내고 있습니까?
- 다른 사람이 당신으로 인해 힘들 수 있다는 것을 알고 있습니까? 어떤 부분이 상대를 힘들게 한다고 생각합니까?
- 화가 나거나 답답할 때, 그 근본적인 이유를 찾아보았습니까?

이러한 질문을 통해 7유형의 성격 패턴을 인식하고 자신의 자동적인 반응을 관찰할 수 있습니다. 습관적 행동의 원인, 과정, 결과에 관해 탐구한 후에는, 더욱 의식적으로 생각하고 느끼며 행동하면서 성장과 변화의 길을 걸을 수 있습니다. 7유형이 성장의 길을 걷는 데 도움이 되는 실천 사항 몇 가지를 다음과 같이 제시합니다.

- 새로운 것이나 즐거운 것을 시도하지 않아도 괜찮다는 것을 깨닫기
- 머릿속에 있는 수많은 계획을 내려놓고 지금 내가 있는 곳, 내가 하는 역할에 집중하기
- 하고 싶은 것을 기어이 해내고, 갖고 싶은 것을 가져도 이것 또한 잠깐의 즐거움이라는 것을 알고 널뛰는 마음을 차분하게 다독이기
- 나에게 부정적인 피드백이 왔을 때 귀 기울여 들어본 후, 잘못한 부분을 인정하고 사과하기
- 합리화하고 있는 자신을 인지하고, 변명하지 않기
- 내가 원하는 방식이 아니어도 무엇인가 세상에 줄 수 있는 일을 찾아서 해보기

자신에게 들려주는 말

▶ 평범함이 비범함이야.
▶ 어렵고 힘든 일이 있는 건 인생에서 자연스러운 일이야.
▶ 답답해 보이는 구속이 때로는 너를 보호할 수 있어.
▶ 세상이 내 중심으로 움직이는 것은 아니야. 주변에 있는 사람들을 돌아봐야 해.
▶ 내 에너지는 한계가 있어. 자신을 잘 돌보자.
▶ 내가 생각하는 것만큼 내가 괜찮은 사람이 아닐 수도 있어. 다른 사람들이 나 때문에 힘들어할 수 있다는 것을 기억해.

주장하는 선생님

나만족

선생님은 물질적으로 필요한 것을 즉각적으로 해결합니다. 그래서 나 선생님 교실에는 학급에 필요한 물건들이 사물함에 가득 넘치도록 채워져 있습니다. 언제든 필요할 때 즉시 쓸 수 있어야 합니다. 학년 체험학습이 있는 날, 아침 일찍 나 선생님은 학급 아이들에게 학교 급식을 꼭 먹여 출발해야 한다고 고집을 피워 전체 일정에서 시간 조절이 어려웠습니다. 교통체증을 피해서 30분만 일찍 출발해도 하루 일정이 원활하다는 다른 선생님 의견에 꿈쩍도 하지 않습니다. 버스에서 간식을 주고 조금 일찍 목적지에 도착해서 점심을 먹자고 하는 동료 선생님들의 의견을 들어 주지 않습니다. 나 선생님에게는 타협이란 있을 수 없습니다.

나 선생님은 학급을 조용히 장악합니다. 목소리를 크게 내지도 않고 강하게 힘을 보이지도 않지만, 학기 초 첫 만남만으로 학생들은 알아서 잘합니다. 학교 규칙에 어긋난 행동을 하면 확실히 벌을 주는데 학생들은 아무 말 없이 따를 수밖에 없습니다. 그런데 나 선생님 자신은 학교 규칙이 그다지 중요하지 않습니다. 체육대회에서 나 선생님 학급만 단체 유니폼을 맞추어 입게 하여서 다른 선생님들에게 불편함을 주었지만 "왜, 안됩니까? 우리 반 일인데 그럴 수도 있지." 단호하게 한 마디로 끝내고 맙니다. 동료들은 이런 나 선생님에게 대항하려 하지 않고 슬슬 피합니다. 나 선생님은 상을 줄 때도 확실하여 체육대회에서 1등을 한 날 학급 전원을 데리고 고기뷔페를 가기도 했습니다.

나 선생님은 조용하게 힘을 사용하고 호들갑 피우지 않으면서도 일이 되게 하는 법을 알고 있습니다. 짝이 마음에 안 들어서 어려움을 호소하는 학생에게 "뭐가 문제야? 그냥 앉으면 되지."라고 합니다. 학급의 질서를 세우는 데 우선하느라 속이 상해 있는 학생의 감정을 대수롭지 않게 여기고 신경 쓰지 않습니다. 학생들의 요구에 일단 "안돼." 거절부터 합니다. 그럴 때, 아무런 말을 못 하는 학생의 속마음은 생각하지 못합니다. 일단 상황이 나 선생님의 뜻대로 종료된 것에 만족합니다. 학생이나 동료들은 카리스마 있는 나 선생님을 추진력이 있다고 좋아하기도 하지만, 겁을 먹고 가까이 가는 것을 회피하는 사람도 있습니다.

정의감

선생님은 매사에 사명감이 투철합니다. 자신이 정의롭다고 생각하는 일은 전력을 다해 추진하기에 학교에서 정의롭지 못한 경우가 생기면 참지 못하고 바로잡기 위해 주저 없이 나섭니다. 그래서 관리자에게도 하고 싶은 말을 솔직하게 잘합니다.

학급 운영에서도 학생들의 관계에서 문제가 발생하면 바로잡고 해결해야 하므로, 즉시 개입해야만 직성이 풀립니다. 교사 간에 문제가 생겼을 때도 바로 나서서 해결하려고 합니다. 나의 일과 남의 일을 가리지 않습니다. 그래서 학교에서 불합리한 일이 생길 때 동료 교사는 정의감 선생님을 찾습니다. 주로 학교의 해결사 역할을 많이 합니다.

정 선생님은 학생들에게 사회 정의에 대한 인식을 심어주기 위해 노력합니다. 학생들에게 정의로 세상을 변화시킬 수 있어야 한다고 가르칩니다. 특히 요즘은 환경 문제나 세상의 불합리함에 대해서 더 목소리 높여 지도합니다.

정 선생님은 친한 교사가 많지는 않습니다. 업무 면에서는 도움을 많이 주지만 편한 감정으로 사람을 잘 만나지 못합니다. 동료 교사들도 주로 일로 만납니다. 동료들의 평범한 대화나 사소한 이야기에 관심이 없습니다. 자기주장을 잘 표현하고 의견이 명확하기에 정 선생님을 불편해하는 동료들도 있습니다. 정 선생님은 목표를 향해 일을 추진해 나가는 것을 가장 중요하게 생각하기에 사소한 감정에 얽매이기 싫어합니다. 교육과정 운영에서 소극적이고 소심한 동료 교사를 힘들어하고 무능하거나 게으르다고 생각하며 잘 이해하지 못합니다. 동료 교사들은 정 선생님을 좋아하기도 하지만 부담스러워하기도 합니다.

학급에서는 적극적으로 활동에 참여하고 리더십이 있는 학생을 좋아합니다. 그러다 보니 자기 표현이 서툰 학생에게 소홀할 때가 있습니다. 소심하거나 내성적인 학생을 긴 호흡으로 지도하는 것도 힘들어합니다. 학생들의 사소한 감정 변화에 무심하고, 일상적인 소소한 요구에 큰 관심이 없습니다. 그래도 학급 학생들을 보호하는 데 모든 힘을 쏟습니다.

강도전

선생님은 소유욕이 강합니다. 주변 사람들이나 학급 상황 전체를 모두 적극적으로 지배하려는 경향이 있습니다. 학급의 아이들에게 힘을 행사하여 자기의 통제 아래 두고자 합니다. 야간자율학습을 자율신청으로 운영할 때도 강 선생님은 반 학생들을 모두 남겨서 야간 자율학습에 참여시킵니다. 그러한 강제성에 반발하는 학생이나 학부모의 항의가 있어도 강 선생님은 강렬한 말투와 힘으로 그들의 항의를 모두 무마시킵니다. 학급의 아이들은 모두 선생님을 따라야 하고 선생님 편이 되어야 합니다.

다른 담임 선생님들이 학급 학생들을 위해 자잘한 간식을 나누어 줄 때, 강 선생님은 학급 전원을 데리고 중식당에 가서 모두에게 짜장면을 사주는 배포를 보입니다. 이를 통해 선생님은 학생들을 위해 무언가를 줄 수 있는 존재라는 강한 우월감을 드러냅니다.

강 선생님은 수업할 때 연기하듯 재미있는 말투를 사용하고 여러 가지 예화를 들어 학생들의 집중력을 높입니다. 그래서 선생님의 방과후수업은 항상 조기 마감이 됩니다.

교무실에서도 강 선생님은 다른 사람 눈치 볼 것 없이 하고 싶은 말을 다 합니다. 다른 사람들이 어떻게 생각하든 신경 쓰지 않습니다. 무엇을 하든, 강 선생님은 자기중심으로 돌아가길 원합니다. 몇 년 동안 교무실의 총무를 맡아 회비를 본인이 정하여 걷고, 체험학습 때마다 나오는 선생님들의 출장비도 학년 회비로 사용할 것을 제안했습니다. 교무실의 다른 선생님들은 굳이 부딪치고 싶지 않아서 제안을 받아들였습니다. 강 선생님은 어느 식당에서 회식할지도 본인이 정합니다. 다른 선생님이 가고 싶은 곳을 추천하여도 자신이 좋아하는 메뉴가 아니면 바로 거절하고 다른 곳을 가자고 강하게 이야기합니다. 학년 부장도 이미 강 선생님의 강한 성격을 알기에 웬만하면 그 의견을 수용해줍니다.

강 선생님은 교무실에 반드시 한 명의 친한 선생님이 있어야 합니다. 그래야 편안함을 느낍니다. 친한 동료와 산책하며 대화하고, 함께 맛있는 음식을 먹으러 가는 것을 매우 좋아합니다. 다른 사람에게는 강한 모습만을 보이려 하나 친밀한 동료에게는 자신의 연약함도 표현합니다.

나만족, 정의감, 강도전 선생님은 모두 에니어그램 8유형입니다. 8유형 선생님은 강한 힘으로 지배하고 통제하려는 내면의 동기는 같지만, 이들의 격정인 정욕을 채우는 방식에 따라서 세 가지 다른 모습으로 나타납니다. 여기서 정욕이란, 모든 자극에 대해 과도하거나 강렬하게 신체적으로 만족을 추구하는 것을 의미합니다.

나만족 선생님은 생존을 위해 자신에게 필요한 것들을 과하게 추구하는 데 힘을 쓰고, 정의감 선생님은 약한 사람들을 보호하고 불의를 행하는 자들에게 강하게 맞서기 위해 힘을 쓰며, 강도전 선생님은 자신의 강렬함을 과시하여 사람들을 자신에게 끌어들이는 데 힘을 씁니다.

같은 8유형이라도 자신의 어린 시절과 부모님의 유형, 양육방식, 교육환경, 의식 수준에 따라 또 다른 모습을 보일 수 있습니다. 겉모습은 여러 가지 다른 색깔로 나타날 수 있지만, 내면의 동기는 같습니다.

8유형 선생님이라 좋은 점

일반적으로

❤ 자신이 정의롭다고 생각하는 것을 위해 전력을 다해 추진한다.

❤ 강력한 카리스마로 사람들을 이끈다.

❤ 자신과 같은 편의 연약한 사람은 잘 보호한다.

❤ 자신감이 있어서 어려운 일도 결단하고 해낸다.

❤ 권위자에게 솔직하게 하고 싶은 말을 잘한다.

강도전 선생님은 학생들을 위해서 해야 할 일을 추진할 때 에너지가 올라오며, 온 힘을 다해 그 일을 감당한다. 함께 일하는 것보다 혼자서 일하는 것을 더 선호하지만 불가피하게 함께 일을 해야 할 경우, 마음이 맞는 사람들과 함께한다. 자신이 생각하는 방향으로 주도할 수 있다는 자신감이 있어서 다른 의견을 가진 사람들을 크게 의식하지 않는다. 그래서 업무를 맡을 때 어떤 일이든 두려워하지 않는다.

교실에서

❤ 교실에서 일어나는 여러 돌발 상황에 자연스럽게 대처한다.

❤ 학급 학생들의 단합을 높이는 데 탁월하고, 학급 내 약하거나 소외되는 학생이 없도록 꾸준히 살피고 지도한다.

❤ 직접 체험할 수 있는 활동을 많이 계획하여, 학생들이 다양한 경험을 할 수 있도록 한다.

❤ 강력한 힘으로 학생들의 울타리가 되어 준다.

❤ 학급 공통의 목표를 설정하고 달성할 수 있도록 끊임없이 학생들을 독려한다.

나만족 선생님은 학급을 경영할 때 학급 내 약자에게 관심이 많으며, 학생들이 약한 친구들과 잘 지내기를 원한다. 학생 전체를 이끌 때는 카리스마가 있지만, 학생 개개인을 만날 때는 부드럽고 친절하다. 특히 그 학생이 학급 내에서 소외당하거나, 장애가 있는 학생, 형편이 어려운 학생이면 더 챙긴다.

관계에서

- ❤ 추진력과 결단력이 강해서 주변 사람들을 잘 이끌어 나간다.
- ❤ 뛰어난 문제 해결 능력으로 신속하고 빠르게 학생이나 동료의 문제를 해결한다.
- ❤ 자기주장을 잘하고, 의견을 명확하게 제시한다.
- ❤ 직관적인 표현을 사용하여 상대가 상황을 정확하게 파악하도록 돕는다.
- ❤ 학부모들은 학생을 보호하려는 교사의 태도에 안정감을 느끼며, 자신감 있는 모습을 신뢰한다.

에너지가 높은 정의감 선생님은 학부모들과 관계 맺는 걸 어려워하지 않고 학급 운영도 학부모와 함께하고자 한다. 학부모들과 신뢰 관계를 잘 형성하여 다양한 학급행사도 함께 추진한다. 일의 추진력도 강하고 일의 규모도 상당해서 학급행사도 모든 학부모가 다 참석하도록 설득하여 진행한다. 한 번은 학급만의 추억만들기 행사에 50명이 넘는 학부모가 모두 참석하여 함께 식사도 준비하고 아이들을 위한 행사를 수월하게 치르기도 했다.

8유형 선생님이라 힘든 점

일반적으로

◆ 자신도 모르게 표정이나 말투로 주변 사람들을 위축시킨다.

◆ 자신이 원하는 대로 하기 위해 모든 것을 통제하려고 한다.

◆ 말과 행동이 거침없어서 공격적으로 보인다.

◆ 문제가 발생했을 때, 타협하지 못하고 투쟁적으로 행동한다.

교실에서

◆ 교사의 말이나 수업에 집중하지 않는 학생을 보면 거침없이 강하게 화를 내어 학생들이 주눅 들고 학급 분위기가 얼어붙는다.

◆ 교사의 의도와 다르게 행동하거나 교사 지시에 반응이 느린 학생들을 잘 이해하지 못하고 답답하게 생각한다.

◆ 임기응변에 강한 편이라 간혹 수업 준비를 소홀히 할 때도 있다.

◆ 학급목표를 지나치게 많이 설정하여, 그것에 따라가는 것을 힘들어하는 학생들이 있다.

◆ 추진력이 약한 학생들의 불안감이 이해되지 않고 답답하다.

정의감 선생님은 교실에서 선생님이 무언가 해주기를 바라는 소극적인 학생을 힘들어한다. 선생님의 관심을 바라는 눈빛으로 바라보는 학생이 너무 힘들어 애써 외면하는 일이 많았다. 미안한 마음은 있지만, 예민하거나 자기표현이 서툰 학생들에게 어떻게 다가가야 할지 잘 모른다. 그래서 학생들의 감정과 마음을 읽어주는 것보다 신체적 활동이나 경험을 더 많이 하게 하려고 한다.

관계에서

◆ 학생들의 감정을 읽어주지 못해 위로하고 공감해주기 어렵다.

◆ 표현이 너무 강하여 주변 사람들을 힘들게 한다.

◆ 거침없이 화를 내고, 표정이나 말투로도 주변을 불편하게 한다.

◆ 학생을 지도할 때 학부모와 의견이 다를 경우 이를 수용하기 어렵다.

강도전 선생님은 회의 시간에 자신의 의견을 강력히 표현하고, 자기 의견을 관철하려는 경향이 강하다. 강 선생님을 의식하여 의견을 적극적으로 내지 못하는 동료도 많다. 물론 강 선생님은 회의 자리를 벗어나 뒤에서 다른 말을 하는 것을 싫어하며, 그런 동료를 이해하지 못하고 비난한다.

나만족 선생님의 학급 운영은 무조건 '나를 따르라'이다. 나 선생님은 학급에서 간간이 일어나는 학생들 간의 크고 작은 시비나 갈등을 용납하지 않는다. 학생들은 시시비비를 가리려고 하다가도 나 선생님의 일방적인 큰 소리에 없던 일처럼 조용해지고 만다. 간혹, 학생 중에 그런 결과가 이해가 안 되어 작은 불평이라도 표현할 기미가 있으면 학생들을 단체로 운동장에 집합시킨다. 나 선생님의 힘찬 구령 소리에 맞추어 몇 바퀴를 돌게 되면 학생들은 제풀에 꺾여 전의를 상실하고 어떤 불만의 소리도 내지 못한다. 학생들은 자신의 감정이나 생각에 공감하지 못하는 담임 선생님과의 관계에 어려움이 생기지만 나 선생님은 이런 학생을 개별적으로 어떻게 지도할지 감이 안 잡힌다.

8유형 선생님의 고민

✓ 학생들이 좀 열정적으로, 빠릿빠릿하게 움직이면 좋겠는데 그게 왜 안 되는 걸까?

✓ 예민하고 잘 우는 아이들은 어떻게 대해야 하는지 모르겠어.

✓ 나는 그냥 말을 하는 것인데 아이들은 화났냐고 물어보네. 내가 별일을 하지도 않았는데 위축되는 아이들에게 어떻게 다가가야 할까?

✓ 나는 불공정하거나 나의 의견에 사람들이 따르지 않을 때, 속이 부글부글 끓어. 표현하지 않고는 견딜 수가 없는데, 어떻게 잘 표현할 수 있을까?

✓ 우리 반 아이가 다른 반 선생님에게 지적을 받으면 화가 버럭 나. 그럴 땐 어떻게 생각하는 게 좋을까?

✓ 약한 사람들을 돕는 것이 당연하고 나의 일이라고 생각해. 그런데 부담을 느끼고 힘들다고 말할 때 상처를 받아. 왜 나의 도움을 힘들다고 할까?

✓ 사람들 앞에서 하고 싶은 말을 다 하는 것이 편해. 앞에서 말하지 못하고 뒤에서 다른 말을 하는 것이 이해가 안 돼.

8유형 선생님은 왜 그럴까요?

에니어그램 8유형에 속하는 사람들은 넘치는 힘이 있고 도전적이며 강렬합니다. 강한 의지가 있고 독립적이며, 어떤 상황에서든 주도권을 내려놓지 않습니다. 자신의 힘을 표현하고 그 힘으로 사람이나 환경을 통제하려 합니다. 놀든 일하든 많은 에너지를 쏟고 열정적으로 살아가는 것이 가치 있다고 여깁니다. 힘에 대한 직관이 있어서 사람들의 약점을 잘 알아차리고, 누가 힘이 있는 사람인지 아주 잘 파악합니다.

8유형에게 세상은 전쟁터와 같고 그 속에서 살아남기 위해서는 강력한 힘이 필요합니다. 그래서 강한 힘을 길러 왔는데 상대가 자신의 말에 따르지 않으면 자신에게 도전하는 것으로 여겨 화가 납니다. 상대를 굴복시키기 위해서 소리를 크게 지르거나 거친 행동을 해서 결국 자신의 의도대로 일이 돌아가게 합니다.

8유형 선생님은 언제나 강한 모습만을 보여야 한다고 생각하기에 자신이 연약해지는 모든 상황을 피합니다. 다른 사람에게 도움을 요청하거나 도움받는 것도 약한 사람의 증거라고 생각해서 아예 염두에 두지 않습니다. 자신이 모든 상황을 책임지려 하며 자신의 통제력 안에 두려고 하는 것, 보호받기보다는 보호하는 사람이 되려고 하는 이유도 힘 있는 사람이 되고 싶기 때문입니다. 이들은 감정 자체를 연약하다고 생각하기에 자신의 감정이나 타인의 감정 모두 외면합니다. 그래서 감정적으로 예민한 아이나 우는 아이를 달래는 것이 어려워 우는 이유를 다그치며 버럭 큰소리를 지릅니다.

그런데 이들이 이렇게 강함을 추구하는 근본적 이유는, 자신 안의 연약함을 보이지 않으려는 전략이기도 합니다. 사실 자신은 강하지 않다고 여기기에 더 세게 행동하여 연약한 자신을 들키지 않으려는 것입니다. 겉으로 보이는 모습이 강하면 강할수록, 이들 내면에 있는 연약함을 본인이 의식하지 못할 수 있습니다. 왜냐하면 이들은 힘이 있고 그 힘을 부릴 때 살아있다고 생각하기 때문입니다.

8유형 선생님을 위한 실제적 제안

수업

▶ 선생님의 지시를 잘 따르기에 학생들이 수업에 집중하고 있다고 생각할 수 있지만, 사실은 그저 위축된 상태일 수 있습니다. 더 세밀하게 학생들의 개별 상황을 살펴 보십시오.

▶ 학생들은 선생님의 명확한 수업 목표와 방향 설정을 좋아합니다. 다만 그에 따라 진행되는 수업 내용에 대해 더 세밀한 안내가 필요합니다. 조금은 더 구체적인 수업 계획과 내용을 설계해 보십시오.

▶ 수업을 통해서 학생들을 통제하고자 하는 선생님의 동기가 무엇입니까? 때로는 자유롭고 편한 수업을 시도해 보는 것도 좋습니다. 학생들이 열린 마음으로 수업에 임할 때 생각하지 않은 창의적 배움이 일어날 수 있습니다.

학급 운영

▶ 학기 초에 이미 아이들에게는 선생님 자체가 너무 강렬하게 보일 수 있습니다. 그런 선생님을 좋아하고 잘 따르는 아이들도 있지만, 자기표현을 하지 못하거나 기가 약한 아이들은 주눅 들어서 마음을 더 닫을 수 있습니다. 조금은 힘을 빼고 아이들을 대해 보십시오.

▶ 아이들은 학급 전체를 이끄는 선생님의 탁월한 카리스마를 좋아하지만 학급운영 계획에 모든 학생을 개별적으로 만나 상담하는 것도 포함해 보십시오. 학생 개개인의 구체적이고 실제적인 의견을 들어보는 일도 중요합니다.

▶ 선생님의 의도대로 학급 운영이 진행되지 않을 때, 더 강렬한 힘을 발휘하려고 할 수 있습니다. 그러나 그럴수록 아이들의 마음은 선생님에게서 멀어집니다. 힘을 부리기보다 선생님의 부드러운 모습, 숨겨왔던 감정을 드러내 보십시오. 그럴 때 아이들이 오히려 선생님께 가까이 다가오는 놀라운 경험을 할 수 있습니다.

인간관계 및 업무

▶ 다른 사람의 업무 처리가 느릴 때 그럴 수 있다고 자연스럽게 수용해 보십시오. 모든 사람의 속도는 같지 않습니다.

▶ 선생님의 지시나 의견을 따르지 않는 사람들이 있을 때, 자신에게 대항하는 것이 아님을 인지하십시오. 의견 충돌이 일어나면 잠시라도 그들의 생각을 들어보려고 노력하십시오. 그렇지 않으면 사람들은 점점 더 멀어질 수 있습니다.

▶ 학생이나 동료 교사를 바라볼 때, 통제의 대상이 아니라 이해의 대상으로 볼 수 있도록 하십시오. 선생님도 다른 사람의 도움을 받고 보호를 받을 수 있는 사람임을 인정하십시오.

▶ 선생님의 에너지에 한계가 있음을 인정하십시오. 큰 에너지를 쏟지 않고도 만족할 만한 결과를 낼 수 있습니다. 분별하여 에너지를 분배하는 연습을 하십시오.

감정과 표현

▶ 선생님의 감정에 대해서 건강하게 표현하도록 노력하십시오. 불같이 화가 날 때, 잠시 숨을 고르며 심호흡을 해 보십시오. 화를 쏟아내기 전에 화가 난 이유에 대해 차분히 생각하고 상대에게 설명해 보십시오.

▶ 선생님의 연약한 모습을 남에게 표현하는 것이 어렵겠지만, 가까운 사람에게 한번 시도해 보십시오. 연약한 자신을 드러낼 때, 동료들도 아이들도 더 호감을 느끼게 될 겁니다.

▶ 자연 속에서 보내는 시간을 주기적으로 가지십시오. 분노 외에도, 일상 속에서 느낄 수 있는 다양한 감정이 있습니다. 자연 속에서 새로운 감각이 살아나는 것을 경험해 보십시오.

진정한 나로 깨어나려면?

에니어그램의 궁극적 목표는 먼저 자신의 성격 패턴을 알아차린 후, 그 성격 패턴에서 벗어나기 위한 의지적 노력과 훈련으로 미덕을 실현하며 성장하는 것입니다. 그럴 때 우리에게 찾아오는 은혜로 현존하는 삶을 누리며 우리 자신의 모든 잠재력을 발휘하면서 더욱 진정성 있고 의미 있는 방식으로 살 수 있습니다.

8유형이 '진정한 나'를 발견하고 성장하기 위해서는 자신이 어떤 상황에서 분노하는지, 힘을 부리려고 하는 순간이 언제인지, 분노를 느끼는 이면에 어떤 감정이 숨어있는지, 왜 자신의 연약함을 부정하는지 등에 대해 스스로 내면을 관찰해야 합니다. 다음의 질문은 당신이 깨어나도록 도움을 줄 것입니다.

- 당신은 왜 강함이 중요한가요? 강하지 않으면 어떤 일이 생길까요?
- 당신이 사람들과 소통하는 방식에 대해 어떻게 생각합니까?
- 언제, 무엇 때문에 당신은 분노를 느낍니까?
- 당신은 무엇 때문에 과하게 화를 냅니까? 그 이면에는 어떤 감정이 있으며 그것을 어떻게 다룹니까?
- 당신에게는 왜 자신을 돌보는 것이 필요하지 않다고 생각합니까?
- 당신이 책임지고 통제할 수 있는 범위와 에너지가 어디까지일까요?
- 당신의 힘을 어디에 어떻게 쓰는 것이 가장 좋을까요?

이러한 질문을 통해 8유형의 성격 패턴을 인식하고 자신의 자동적인 반응을 관찰할 수 있습니다. 습관적 행동의 원인, 과정, 결과에 관해 탐구한 후에는, 더욱 의식적으로 생각하고 느끼며 행동하면서 성장과 변화의 길을 걸을 수 있습니다. 8유형이 성장의 길을 걷는 데 도움이 되는 실천 사항 몇 가지를 다음과 같이 제시합니다.

- 자신의 약한 모습을 자연스러운 것으로 수용하기
- 분노를 느낄 때 반응 속도 조절하기
- 자신의 주장만 따라야 하는 것이 아니라 다른 사람의 주장도 수용하기
- 타인을 통제하거나 보호하려고 하기보다 인간관계의 소중함을 생각하고 함께 시간 보내기
- 자신에게 있는 숨겨진 부드러움을 알아차리기
- 자신의 몸을 소진하지 않도록 돌보기
- 자신도 사랑받아야 하는 존재임을 인식하기

자신에게 들려주는 말

▸ 강해 보이려고 애쓰지 않아도 괜찮아.
▸ 화가 나는 것은 자연스러운 일이지만 화를 낸다고 모든 일이 해결되지 않아. 분노를 건강하게 표현해 보자.
▸ 다른 사람을 보호하는 것도 중요하지만, 나 자신도 돌봐야 해.
▸ 연약함을 다른 사람에게 보여도 별일이 일어나지 않아. 한번 표현해 보자.
▸ 모든 것을 나의 통제 아래 두지 말고 상대의 마음을 느껴본 후에 움직이자.

평화를 추구하는 선생님

김평화

선생님은 학기 초마다 무표정하다는 이야기를 듣습니다. 첫인상만으로 학생들은 김 선생님이 무서운 선생님일 거라고 짐작하지만, 일주일이 지나기도 전에 선생님이 부드럽고 온화한 분이라는 것을 알게 됩니다. 김 선생님은 너무 빠르게 들켜버려 큰일이라고 걱정하면서도, 이내 편안한 모습이 좋은 거라고 마음을 바꿉니다. 시간이 흘러 학기 말 설문조사를 하면서 학생들에게 '무서웠던 첫인상과 달리 따뜻하고 편한 분'이라는 이야기를 듣게 되면 역시 나다운 모습으로 학생들을 대하는 것이 통했다는 생각을 합니다.

학생들은 김평화 선생님과 친해지면 선생님이 어떤 말이라도 잘 들어주기에 편안하게 속마음을 잘 털어놓습니다. 그렇지만 김 선생님은 마음을 터놓기 위해 다가오는 학생들과 깊은 관계를 맺을 자신이 없어 은근히 이런 학생들이 부담스럽습니다. 가끔 김 선생님을 너무 편하게 생각한 나머지 학생들이 버릇없게 굴 때도 있지만 어느 정도 선생님께 지켜야 할 선은 지킵니다. 김 선생님이 한 번 목소리를 크게 내거나 표정을 바꾸면 아주 무섭기 때문입니다.

김 선생님은 맡은 일을 철저히 하는 편인데, 팀을 이루는 것보다 혼자서 처리하기를 선호합니다. 자신의 계획대로 일하는 게 편하기도 하고, 겉으로 잘 드러내지 않지만, 주관이 강한 편이어서 그걸 다른 사람들에게 일일이 설명하는 것이 피곤하기 때문입니다. 어떤 학교에 가든지 동료 선생님들과 사이가 좋지만, 회식 자리를 좋아하는 편은 아닙니다. 그보다는 빨리 집에 가서 편히 쉬고 싶습니다. 모임 자리를 갖는다면 정말 마음이 맞는 선생님 몇 명과 이야기하길 좋아합니다. 이미 학교에서 사람들과 충분히 시간을 보냈기 때문에 집에서 에너지를 충전하고 싶은 마음이 더 큽니다.

회의 시간에 김 선생님은, 사람들의 의견은 모두 다르고 각각의 이유가 있는데 굳이 이 시간에 모든 것을 결정하려고 할까 하는 생각을 많이 합니다. 가장 중요한 방향만 정하면 나머지는 실무를 맡는 부서에서 의논하여 결정하고 다른 사람들은 그걸 지지해줘야 한다고 생각합니다. 최대한 시간을 단축해서 논의를 끝내고 집에 갔으면 하는 마음이 큽니다. 물론 표정으로는 불편함이 드러나지만, 이런 마음을 말로 표현하지는 않습니다.

박참여 선생님은 학교에서 조직의 올바른 성장을 위해 헌신합니다. 사사로운 마음으로 일하는 경우는 별로 없습니다. 손이 많이 가는 행사를 준비하는 다른 선생님을 보면 "선생님, 제가 무엇을 할까요?"라고 먼저 말하면서 도와주곤 합니다. 그래서 박 선생님에게 부탁만 잘 하면 다른 사람의 업무까지 책임지고 해주는 경우가 많습니다. 박 선생님은 야근하는 사람들을 위해 퇴근 후의 자기 시간도 기꺼이 쓸 준비가 되어 있습니다. 사람들에게 칭찬받고 싶어서가 아니라 공동체를 위해 필요한 일이기 때문입니다.

박 선생님은 개인적인 일보다는 조직을 위한 일에 더 마음이 쓰입니다. 그래서 가끔 자신의 우선순위를 잊어버리고 눈에 보이는 다른 사람들의 일부터 하는 경향이 있습니다. 박 선생님은 바지런하여 쉬는 시간에도 계속 무엇인가를 하는데, 별일 없으면 회의 탁자 정리나 교무실에서 다 같이 쓰는 사물을 정리하며 즐거워합니다.

박 선생님에게는 학교에서 간혹 정말 부당한 일이 생기면 항의하여 상황을 바꾸는 행동력도 있습니다. 불만은 있지만 목소리를 내지 못하는 사안에 대해 사명감을 가지고 목소리를 냅니다. 주로 공동체의 발전을 위해 꼭 필요하다고 생각하는 사안에는 표현합니다. 회의 자리에서는 중립적으로 사회도 잘 봅니다. 굳이 나서지는 않지만, 남들이 이런 일을 맡기 싫어하면 자연스럽게 몸이 먼저 반응하여 사회자 역할을 하게 됩니다. 참여하는 모임도 많아서 퇴근해도 바쁩니다. 박 선생님은 모임의 중심에 있을 때 더 즐겁고 힘이 생깁니다.

학생들도 박 선생님을 좋아합니다. 박 선생님은 의미 있는 배움을 위해 열의를 가지고 수업을 준비하며, 그 내용을 바탕으로 실제 수업에서 학생들과 자유롭게 대화하며 수업을 만들어 갑니다. 다른 말을 하는 학생도 무시하지 않고 재치 있게 반응해서 분위기를 화기애애하게 만드는 것이 선생님의 특기입니다. 자칫 산만해질 수 있는 수업 분위기를 적절히 조절할 수 있는 이유는, 박 선생님이 편안함과 동시에 단호함도 지니고 있기 때문입니다.

학급 운영을 할 때는 학생들의 다양한 의견을 모두 듣고 그중에서 가장 합리적이며 선생님의 교육 철학에 맞는 의견을 반영하여 일을 진행합니다. 한 달에 한 번 학급회의 안건을 정하여 설문조사를 하고 여기에 나온 학생들의 의견을 적극적으로 학급 운영에 반영합니다. 그렇게 하는 것은 학생들과의 소통이 매우 중요하기 때문입니다.

이하나

선생님은 동료들과 학생들에게 부드럽고 친절한 분으로 알려져 있습니다. 이 선생님이 특별히 친절하게 행동하는 것은 아닌데도 이야기를 나누다 보면 의도했건 안 했건 간에 깊이 있는 속마음을 터놓을 수 있어서 나이를 불문하고 다가오는 선생님들이 많습니다. 이 선생님도 이런 대화의 자리를 즐거워하고 자신과 공통의 관심사가 있거나 비슷한 경험을 나누게 되면 그 사람에게 특별한 친밀감이 생겨 이 선생님에게는 그 사람이 아주 중요하고 의미 있는 사람이 됩니다.

이 선생님은 대규모의 인원이 모이는 자리를 좋아하지 않습니다. 전체 모임보다는 마음이 통하는 두세 명의 교사와 진솔한 이야기를 나누는 것을 좋아합니다. 거절하지 못해서 어쩔 수 없이 가는 회식 자리에서 이 선생님은 최대한 자신과 친한 선생님 근처에 앉으려고 합니다. 불편한 모임에서도 친절한 모습이지만 이야기에 집중하지 못해 자주 뜬금없는 화제를 꺼내거나 피곤해하기도 합니다. 그래서 여럿이 대화하는 자리에서는 조용히 듣고 있는 편입니다. 그래도 말할 기회가 생겨서 한번 이야기를 풀어내기 시작하면 이분에게 원래 하고 싶은 이야기가 이렇게 많았나 할 정도로 많은 이야기를 합니다.

새 학년이 되어 이 선생님을 만난 학생들은 긴장을 풀고 편안한 마음으로 새 학기를 시작합니다. 평화롭고 즐거운 학급 분위기를 중요하게 생각하는 이 선생님은 학생들의 기분을 살피고 몸 상태가 안 좋아 보이는 학생에게 먼저 다가가 이야기를 겁니다. 그러다 보니 그동안 친구가 없었거나 학교생활에 적응하지 못했던 학생은 이 선생님의 특별한 관심을 받아 변화되는 일이 종종 있습니다. 이 선생님은 학생 개개인과 소통하면서 행복해하지만, 그러다가 학급공동체의 중요한 문제를 못 볼 때가 있습니다. 이 선생님은 학생들 한 명 한 명을 주목하는데 편애한다는 오해를 받기도 합니다. 교실 안에 갈등이 생기면 세세한 사건 과정을 따져보기 전에 버럭 화를 내기도 합니다. 그랬다가 금세 자신이 화낸 것을 후회하고 학생들의 마음이 상했을까 봐 미안해합니다.

이 선생님은 여러 가지 업무를 순발력 있게 처리하는 것보다 한 가지 업무를 완전히 이해하고 끝내길 좋아합니다. 수많은 메신저 쪽지를 그때그때 읽고 처리하는 것이 어려워서 수업이 끝난 후 한 번에 읽고 처리하려다 놓치는 업무도 생깁니다. 그때마다 자책하기도 하지만 행동 패턴을 바꾸는 일에는 소극적입니다. 이 선생님은 소소한 일은 나중에 처리해도 되고, 현재 집중하고 있는 일을 우선으로 해야 한다고 생각하기 때문이지만 소소하다고 생각했던 일이 다른 사람에게는 급하고 중요한 일이어서 미안한 경우도 생깁니다. 그래서 이 선생님은 신속하게 처리하고 형식을 갖춰야 할 업무보다는, 의미 있는 내용을 추진하는 업무에서 빛을 발합니다.

김평화, 박참여, 이하나 선생님은 모두 에니어그램 9유형입니다. 9유형 선생님은 평화를 추구하는 내면의 동기는 같지만, 이들의 격정인 나태를 표현하는 방식에 따라서 세 가지 다른 모습으로 나타납니다. 여기서 나태란, 내면의 감정, 욕구를 알아차리는 데 에너지를 사용하지 않고 변화에 저항하며 노력하기를 싫어하는 것을 의미합니다.

김평화 선생님은 자신의 신체적 편안함을 추구하고, 박참여 선생님은 자신이 속한 그룹의 필요를 충족시키고자 노력하며, 이하나 선생님은 자신에게 중요한 사람의 생각과 의견을 자신의 것으로 여깁니다.

같은 9유형이라도 자신의 어린 시절과 부모님의 유형, 양육방식, 교육환경, 의식 수준에 따라 또 다른 모습을 보일 수 있습니다. 겉모습은 여러 가지 다른 색깔로 나타날 수 있지만, 내면의 동기는 같습니다.

9유형 선생님이라 좋은 점

일반적으로

❤ 사람들의 다양한 의견을 존중하고 수용해 준다.

❤ 갈등이 생겼을 때 한쪽으로 치우치지 않게 중재한다.

❤ 심각한 갈등 상황에서도 본질을 파악하여 의견과 상황을 조율하고 진정시킨다.

❤ 함께 있으면 편안함을 주며, 지지받는 느낌을 준다.

교장 선생님이 학교 경영에서 급진적 변화보다는 안정을 추구하시는데, 선생님들은 보수적인 학교 문화를 바꾸고 싶어 해서 갈등이 일어난 적이 있다. 박참여 선생님은 양측의 입장이 모두 이해가 되어 교장 선생님의 입장을 선생님들께 설명하고, 교장 선생님께는 선생님들의 입장을 설명했다. 덕분에 양측은 자신들이 보지 못했던 상대의 시각을 알게 되어 서로를 조금씩 이해하게 되었다. 박 선생님은 갈등을 적극적으로 해결할 의도는 없었지만, 함께 대화할 수 있는 장을 마련했고 심각한 갈등으로 발전할 수 있었던 일이 무사히 해결되었다.

교실에서

❤ 학생들이 차별받지 않는다고 느끼도록 중립적으로 대한다.

❤ 소외된 학생, 능력이 떨어지는 학생에게 연민을 갖고 성장할 수 있도록 조언한다.

❤ 학급 운영을 하면서 즐겁고 편안한 공동체가 되도록 신경 쓴다.

❤ 교사로서의 권위를 내세우지 않으며, 학생들과 마음을 터놓고 의사소통한다.

❤ 문제 행동에 대해 처벌하기보다는 행동의 동기를 이해하려고 한다.

이하나 선생님은 선입견 없이 학생들을 대하려고 노력하며, 자신의·눈앞에서 학생이 하는 행동만 보고 판단하려고 한다. 새 학기가 되었을 때도 맡은 학생들에 대해 미리 정보를 입수하려고 하지 않으며, 경험하면서 학생에 대해 파악하려고 하는 편이다.

직관적으로 학급의 학생 중에 자존감이 낮은 학생이나 소외된 학생이 이 선생님 눈에 들어온다. 애쓰지 않아도 그런 학생에게는 신경이 쓰여서 따로 상담하기도 하고, 수업 시간에도 꾸준히 칭찬과 용기를 준다. 그 덕분에 눈에 띄게 성적이 향상되거나 수업 태도가 긍정적으로 바뀐 학생들이 있다. 이런 학생들은 졸업 후에도 이 선생님을 기억하고 자주 찾아와서 선생님으로서 보람을 느끼게 해준다.

관계에서

❤ 상대가 원하는 것을 맞춰 줄 수 있는 마음의 여유가 있다.

❤ 사람들이 고민이나 걱정을 잘 털어놓게 만드는 푸근함이 있다.

❤ 사람들에게 뭔가를 강요하거나 지시하지 않는다.

❤ 학부모에게 자녀의 긍정적인 점을 알려주고 안심하게 할 수 있다.

❤ 자신이 속한 공동체의 방향성을 제시하고 큰 흐름에서 벗어난 부분을 찾을 수 있다.

9유형 선생님이라 힘든 점

일반적으로

◆ 갈등이 있는 상태인데도 미봉책을 써서 나중에 크게 터질 수 있다.

◆ 해야 할 일을 최대한 미룬다.

◆ 움직이지 않고 가만히 있으면서 멍할 때가 있다.

◆ 생각이 온갖 영역에 분산되어 집중하기 어려울 때가 많다.

김평화 선생님은 스트레스를 많이 받은 상태에서는 침대나 소파와 몸이 일체가 되어 자거나 계속 누워서 지낸다. 자고 일어나면 괜찮아지기도 하지만, 심각한 상황에서는 며칠 내내 일어나지 않으려고 한다. 누워서 마음에 둔 생각을 곱씹으며 고민하고, 해결되지 않을 일에 대해서 반복하여 생각만 한다. 정말 일어나지 않을 수 없는 상황이 닥쳐야만 자리에서 일어나는데, 그럴 때조차 다른 사람이 강요하면 절대 움직이지 않는다.

교실에서

◆ 여러 의견을 듣다가 학급이 소란스러워지면 통제력을 잃을 수 있다.

◆ 명확한 지시를 내려주길 원하는 학생에게는 모호하게 보일 수 있다.

◆ 너무 장황한 설명을 하다가 수업시간이 늘어질 수 있고 느긋하게 교육과정을 운영하다가 학기 말에 진도를 급하게 나간다.

◆ 교실을 전체적으로 통제하려고 하나 원하는 대로 되지 않아서 스트레스를 받는다.

◆ 긍정적으로 보고 따라와 주는 다수보다 교사인 나를 부정적으로 대하는 한 명에게 더 많은 에너지를 쓴다.

이하나 선생님은 전체 학생들에게 제안하는 말을 할 때, 입을 삐죽대거나 시큰둥해하는 몇몇 아이들 표정이 신경 쓰인다. 했던 말을 번복하더라도 아이들의 의견을 들으며 조율하려 하지만 모두가 찬성하는 대안은 없다. 분위기를 수습해 처음의 제안으로 돌아가려 하면 부정적인 피드백을 하는 학생들이 많아져 스트레스를 받는다.

수업공개 후에는 긍정적인 피드백이 많음에도 불구하고 부정적인 피드백 하나에 걸려 계속 고민하며, 자신을 향한 개인적인 공격으로 받아들인다. 학급 운영을 하면서도 학생이나 학부모에게 부정적인 말을 들으면 마음에 담아두고 자괴감에 빠진다.

관계에서

◆ 개별적인 친근함을 기대하는 학생이 부담스럽다.

◆ 상황을 오해하여 화를 내거나 성급한 판단을 내려 억울한 학생이 나올 수 있다.

◆ 고심 끝에 강하게 의견을 표현했는데 상대는 아주 약한 수준으로 받아들여 반영되지 않는 경우가 많다.

◆ 본심과는 다르게 동의는 했으나, 실행을 미루거나 안 하는 방식으로 거절의 의사를 표현한다.

◆ 인간관계에서 문제라고 생각하는 것, 불편하게 생각하는 것을 깊이 생각하지 않거나 알면서도 쌓아두기만 한다. 그러다가 나중에 폭발하여 관계를 망친다.

◆ 다른 사람들의 의견에 동조하다가 자신의 의견을 잃어버리는 일이 있다.

이하나 선생님은 자기 생각보다는 중요한 어떤 사람의 생각에 동의하거나 영향을 받는 경향이 있다. 동료 교사 중에서도 끌리는 한 사람의 학급경영 방침, 학생들을 대하는 태도, 사소한 말 하나하나에 대해 주의 깊게 보고 따르려고 한다. 새로운 학교에 가면 또 다른 동료에게 집중한다. 이 선생님은 다른 사람의 장점을 관찰하고 수집하기는 하지만 그것을 자기 것으로 체화시키는 데에는 소극적이다. 언젠가는 체화할 거라는 생각으로 끝없이 미루는 면이 있다. 이 선생님은 다른 사람과 상관 없이 자신의 주관을 세우고 싶다는 생각을 한다.

9유형 선생님의 고민

✔ 학생들이 안전하게 지내려면 질서와 규칙을 지키게 하긴 해야지. 하지만 굳이 이런 규칙까지 필요할까? 어느 선까지 단호하게 지키도록 해야 할까?

✔ 저 학생은 왜 저렇게 튀는 행동을 할까? 나한테 도전하는 건가?

✔ 우리 반이 하나가 되도록 하려면 어떤 방법을 써야 할까? 생일파티나 캠프를 할까?

✔ 저 애들은 왜 저렇게 싸우는 거지? 마음에 안 들면 다른 친구랑 놀면 될 텐데.

✔ 더 의미 있고 재미있게 수업하려면 어떻게 해야 할까?

✔ 우리 학교는 너무 일을 많이 벌이는 것 같아. 단순하게 살고 싶은데.

✔ 손뜨개 동아리를 하고 있는데 배드민턴 동아리도 참여하고 싶네. 제안이 들어오면 덥석덥석 잘 반응하는 내가 문제인가?

✔ 교직원 회의에서는 해당 안건의 본질을 토론하는 것이 필요하지 않을까? 시간이 걸려도 목적에 모두 동의하는 것이 필요해.

✔ 단기간에 가시적인 효과를 내기 어려운 것이 교육인데, 성취 지향적인 목표만 따라가는 것은 진정한 교육이 아니지 않을까?

✔ 학생들이 성장하도록 도움을 주는 본질적인 방법은 무엇일까?

9유형 선생님은 왜 그럴까요?

에니어그램 9유형에 속하는 사람들은 평화를 유지하고 다른 사람들과 잘 지내고 싶어 합니다. 이들은 갈등을 나쁜 것으로 생각하며 주변과의 연합을 중시하기 때문에, 주변에 있는 사람들과 사이좋게 지내기를 바랍니다. 이들은 상황에 대한 적응력이 뛰어나며, 수용적이고 친화적인 태도를 지니고 있어서 사람들을 편안하게 해줍니다. 갈등이 있을 때 핵심을 쉽게 꿰뚫어 보고, 서로 다른 관점을 이해하여 중재하면서 논쟁을 해결할 수도 있습니다. 9유형 선생님들은 학생들의 단합을 강조하면서 이벤트 같은 활동적인 방안을 찾고, 소외된 학생들이 없도록 고민합니다. 일부러 튀는 학생들에 대해서는 반감을 갖게 됩니다.

9유형이 추구하는 것은 겉으로는 안락함이나 평온한 상태인 것처럼 보이지만, 실제로는 '융합'이라는 말로 표현될 수 있습니다. 이들은 신체의 안락함이나 특별한 일이 일어나지 않는 차분하고 고요한 상태를 유지하기 위해 외부 환경 즉 사람, 음식, 공동체 등 관계된 모든 것과 융합하려고 합니다.

그러나 이렇게 주변에 자신을 맞추려고 애쓰다 보면 자신은 지워지게 됩니다. 그래서 9유형은 안락함을 주는 음식이나 책, TV, 잠에 쉽게 빠져 자신이 해야 할 일을 망각합니다. 타인과의 관계를 유지하기 위해서 자신의 의사를 표현하지 않을뿐더러, 자신이 원하는 것을 아예 생각하지 않거나 쉽게 자기 것을 양보합니다. 공동체의 발전을 위해서 묵묵히 일만 하다가 건강을 잃기도 합니다. 이들은 의식, 무의식적으로 주변을 편안히 만드는 것에 초점을 두고 살면서 자신의 진정한 욕구, 관심, 감정이 무엇인지 돌아보지 않습니다. 자신에 대해 무지(無知)한 상태로, 그저 가만히 있으면 괜찮은 것이라고 위안합니다.

'연합'을 방해하고 끊을 가능성이 있는 모든 것을 회피하기 때문에, 대체로 9유형은 갈등 자체를 만들지 않으려고 합니다. 웬만하면 폭넓은 융통성으로 다른 의견을 수용하고, 갈등이 있을 것 같은 자리는 처음부터 가지 않습니다. 자신의 의견을 표현할 때 상대와 맞지 않는다면 갈등이 생길 수도 있고 관계가 끊어질 수도 있으니, 속으로는 다르게 생각하더라도 겉으로는 무조건 받아들이는 편입니다. '모난 돌이 정 맞는다', '가만히 있으면 중간은 간다'는 생각으로 조용히 있으려고 합니다. 다른 사람들의 요구에 제대로 거절을 하지 못해서 업무를 떠맡거나 불편한 부탁을 들어줄 때도 많습니다. 자신의 욕구와 관심에 대해 잘 모르며 타인을 우선시하기 때문에 생겨나는 일입니다.

이러한 내면으로 인해, 9유형 선생님들은 갈등을 다루는 일을 힘들어합니다. 질서 있게 지내길 원하지만 그걸 위해서 학생들을 통제하는 것은 자신의 성향과 맞지 않는 일이라서 에너지가 많이 들어갑니다.

9유형 선생님을 위한 실제적 제안

수업

▶ 수업과 관련된 좋은 연수를 많이 듣는 것이 수업을 풍요롭게 할 수 있습니다. 다만, 자신의 수업으로 정착시키기 위해서는 더 꾸준히 활용해 보고 피드백을 받아서 정교하게 다듬어야 합니다.

▶ 수업을 치밀하게 계획하는 편이 아니라 즉흥적으로 진행할 때가 있습니다. 의미 있는 수업을 위해서는 수업의 목표와 내용을 더 유기적으로 연결해 보십시오.

▶ 계획한 대로 수업을 진행했다면, 학생들의 부정적 반응에는 너무 신경 쓸 필요 없습니다. 9유형 선생님은 모든 학생의 반응이 좋은 이상적인 수업을 바라지만 모든 수업이 이상적일 순 없습니다.

▶ 한 가지 수업 방법에 실패했을 때 다른 방법으로 가려는 유혹을 뿌리치고, 실패한 수업 방법의 원인을 보완하여 계속 실행해 보십시오. 스스로 만족하는 수업이 많아질수록 자신감이 생깁니다.

학급 운영

▶ 2월에 미리 1년의 학급 운영 목표와 월별 활동을 계획하고, 중간에 점검하면서 1년을 그대로 끌고 나가도록 연습하는 것이 좋습니다. 오리엔테이션 때 학생과 학부모에게 계획을 알리면 스스로 끝까지 실천하도록 만드는 동력이 됩니다.

▶ 학급 규칙은 3월에 학생들과 함께 충분히 토의하여 결정해서, 학생들이 자치적으로 지키도록 지도해 보십시오. 학생들에게 1인 1역을 맡기면 선생님이 놓칠 수 있는 부분을 보완해 줍니다.

▶ 상담 시, 이야기할 내용에 대해 미리 안내하고 선생님도 그 주제에 집중해서 진행하면 두서없이 늘어지는 것을 방지할 수 있습니다.

▶ 1년의 결과물을 만들 수 있도록 3월부터 사진을 찍거나 학생들의 글을 모아두어 학기 말에 공유해 보십시오. 학생들에게 추억을 줄 수 있을 뿐만 아니라, 스스로 뿌듯함을 느낄 수 있습니다. 단, 혼자 다 하려고 하면 힘드니, 학생들에게 역할 분담을 해두어야 합니다.

▶ 학급 운영을 하면서 아쉬운 점들이 계속 나온다고 한꺼번에 개선하려고 하지 마십시오. 중요한 한두 가지만 개선하여 더 나은 결과를 볼 수 있도록 해야 쉽게 지치지 않습니다.

▶ 다른 학급에서 적용하고 있는 방법을 그대로 사용하고 싶다면 잠깐 멈추어 생각해 보십시오. 나에게 맞는 방법인지, 내가 끝까지 끌고 갈 수 있는 방식인지 생각할 필요가 있습니다. 여러 가지를 하고 싶어 하다 보면 에너지가 소진되기 쉽습니다. 꼭 필요한 것을 끝까지 할 수 있도록 미리 계획하여 실행하십시오.

인간관계 및 업무

▶ 학교에서 어떤 일을 맡을 때, 주는 대로 맡지 말고 당신의 의견을 표현하십시오. 하기 싫은 업무라면 특히 분명하게 의사를 밝히십시오. 나중에 그 업무를 하게 되더라도 당신의 의견을 말한 것에 큰 의미가 있습니다.

▶ 9유형 선생님은 머리를 쓰지 않는 단순 업무부터 하는 경향이 있습니다. 중요도가 높은 일이나, 하기 싫지만 꼭 해야 할 일을 미루거나 기한을 넘기지 않도록 매일 확인하십시오.

▶ 눈에 보이는 곳에 '오늘의 할 일' 목록을 적어 놓고, 몇 개는 꼭 하고 퇴근하십시오.

▶ 좋아하는 음악을 들으면서 일할 때 능률이 올라간다면, 좋은 헤드폰을 장만하여 활용하십시오. 편하고 기쁠 수 있습니다.

▶ 동료들과 이야기할 때 듣지만 말고 당신의 문제를 꺼내 보십시오.

▶ '잘 모르겠는데', '다 좋아'라고 말하기보다 '생각을 해보고 알려줄게'라고 말해보십시오.

▶ 당신의 의견과 감정을 표현할 수 있도록 자신에게 더 민감해져 보십시오. 원하는 것을 모르겠다면, 원치 않는 것을 먼저 제거해보는 것도 방법입니다.

▶ 짜증이나 불평, 판단하는 마음이 생길 때 자신 안에 있는 분노를 의식해 보십시오. 분노의 이유가 무엇인지 살펴보고 그것을 해결하기 위해 행동해야 합니다.

▶ 모두에게 깊은 관계를 기대하지 마십시오. 괜히 실망하고 허무감에 빠질 수 있습니다. 깊은 관계는 원래 소수의 사람과 나누는 것이 일반적입니다.

▶ 모임에서 말이 없거나 어울리지 못하는 사람에게 너무 신경 쓰지 마십시오. 모임 안에서 자신이 즐거운지, 모임을 통해 자신이 성장하고 있는지에 집중하십시오.

▶ 자신에게 의미가 있는 사람, 학문, 취미 등에 몰입하는 9유형이 있습니다. 몰입이 깊어지면 문제해결을 자신이 편하게 생각하는 방향으로 진행하다 객관성을 잃게 되고, 내적으로 힘들어질 수 있습니다. 과하게 몰입할 때를 인식하고 객관화해서 바라보는 연습을 하십시오.

감정과 표현

▶ 혼자 있는 시간을 가지십시오. 자신에게 만족감, 성취감을 주는 활동이나 취미를 발견하고 누리십시오. 혼자만의 시간을 잘 보내야 다른 시간에 자기 역할을 잘할 수 있습니다.

▶ 맛있는 음식, 술, 텔레비전, 독서, 영화, 잠자는 것 등으로 지금 해야 할 일을 외면하려고 하지 마십시오. 이것을 해결하지 못하면 아무리 편히 쉬고 잘 먹어도 긍정적인 에너지가 생기지 않습니다.

▶ 당신에게 있는 재능을 부인하지 마십시오. 누군가 당신을 칭찬할 때, 거부하지 말고 수용하십시오.

▶ 지속적인 운동은 9유형의 삶을 깨어나게 합니다. 등산, 요가, 댄스, 산책, 마라톤, 수영, 탁구, 배드민턴 등 어떤 것이든 좋으니 마음에 드는 운동을 찾아 꾸준히 해 보십시오.

▶ 아픈 곳이 있는데도 괜찮다고 생각하며 그냥 지나치지 마십시오. 원인을 탐색하고 병원에 가서 치료하십시오.

▶ 자신에게 궁금한 점을 글로 써 보십시오. 요즘은 어플이나 책을 통해 자신에 관해 쓰는 도구들이 많이 나와 있으니 그걸 활용해도 좋습니다. 자신을 이해할수록 다른 사람들에게 표현하기도 쉽고, 자신에 대해 잘 인식하게 됩니다.

▶ '나는 무엇이든 괜찮아'라고 말하지 마십시오. 자신에게도 필요한 욕구가 있음을 찬찬히 돌아보고 진심으로 자신이 원하는 바를 말할 수 있도록 훈련하십시오.

▶ 갈등 상황이 싫어서 자신도 모르게 감정을 오랜 시간 쌓아두다 보면 엉뚱한 곳에서 한꺼번에 폭발할 수 있습니다. 자주 자신의 감정을 돌아보고 적절하고 건강하게 표현하도록 노력하십시오. 기분이 좋을 때는 좋은 감정, 벅찬 감정을 느껴보도록 내면에 귀 기울여 보십시오.

▶ 평화로운 상태에 오래 머물고 싶어서 지금 해야 할 일을 미루고 있습니까? 당신에게는 세상을 변화시킬만한 힘과 의지가 있습니다. 이것을 의식적으로 드러내도록 하십시오. 더 풍성한 삶을 누릴 수 있습니다.

진정한 나로 깨어나려면?

에니어그램의 궁극적 목표는 먼저 자신의 성격 패턴을 알아차린 후, 그 성격 패턴에서 벗어나기 위한 의지적 노력과 훈련으로 미덕을 실현하며 성장하는 것입니다. 그럴 때 우리에게 찾아오는 은혜로 현존하는 삶을 누리며 우리 자신의 모든 잠재력을 발휘하면서 더욱 진정성 있고 의미 있는 방식으로 살 수 있습니다.

9유형이 '진정한 나'를 발견하고 성장하기 위해서는 자신이 어떤 상황에서 본인의 욕구에 무감각하게 되는지, 갈등을 회피하는 순간이 언제인지, 수동적인 공격을 할 때 어떤 분노가 숨어있는지 등에 대해 스스로 내면을 관찰해야 합니다. 다음의 질문은 당신이 깨어나도록 도움을 줄 것입니다.

- 다른 사람이 당신에게 무엇을 원하는지 물었는데 잘 모를 경우, 어떤 느낌이 듭니까?
- 해야 할 일이 분명한데도 별로 중요하지 않은 일들 때문에 주위가 분산되는 때를 알아차립니까? 무엇을 회피합니까?
- 짜증이 나거나 퉁명스럽게 고집을 부리고 있을 때, 그 속에 숨은 분노를 인식합니까? 분노의 이유가 무엇입니까?
- 긴장을 완화하기 위해 어떤 방법을 쓰고 있습니까? 갈등을 피하려고 어떤 시도를 합니까? 편안함을 유지하기 위해 어떤 행동을 합니까?
- 갈등과 위협을 느낄 때 어떤 마음이 듭니까? 그런 마음을 어떻게 처리합니까?
- 어떤 것을 결정할 때 마음속에서 어떤 일이 일어납니까? 결정하지 못하고 우물쭈물하면 어떤 일이 벌어집니까?

이러한 질문을 통해 9유형의 성격 패턴을 인식하고 자신의 자동적인 반응을 관찰할 수 있습니다. 습관적 행동의 원인, 과정, 결과에 관해 탐구한 후에는, 더욱 의식적으로 생각하고 느끼며 행동하면서 성장과 변화의 길을 걸을 수 있습니다. 9유형이 성장의 길을 걷는 데 도움이 되는 실천 사항 몇 가지를 다음과 같이 제시합니다.

- 자신의 마음, 생각, 상태를 살펴본 후 표현하기
- 자신이 필요로 하고 원하는 것이 무엇인지 본인에게 물어보기
- 우선순위에 따라 행동하도록 의식적으로 노력하기
- 분노를 자연스러운 감정으로 받아들이고 건강하게 표현하기
- 갈등의 필요성을 인정하고, 갈등을 다루는 법을 배우기

자신에게 들려주는 말

▶ 나는 충분히 그걸 할 능력이 있어.
▶ 나는 존재 자체로 귀한 사람이야.
▶ 불편함을 말해도 괜찮아. 갈등은 필요한 거야.
▶ 내가 원하는 걸 말해도 괜찮아.
▶ 일단 뭐든 해보자. 경험해봐야 알 수 있어.

1

완벽을 추구하는 선생님

나완벽

선생님은 이름처럼 모든 면에서 올바르게 하기를 추구합니다. 작은 일도 꼼꼼하게 하고 세부적으로 검토할 내용을 잘 찾아내며 사소한 비난이나 지적도 받고 싶지 않습니다. 자신의 주변이 제대로 되어있지 않으면 그렇게 해내지 못하는 자신을 먼저 비난합니다. 바르게 하지 못하는 아이들에게도 따뜻하게 대하지만 마음은 불편합니다.

나 선생님은 자기 기준에 미치지 못하는 상대에게 불편함을 느낍니다. 그러나 그것을 표현하는 것은 예의가 아니라고 여겨 더 친절하게 대하곤 합니다. 다른 사람들은 나 선생님의 불편한 상태를 모를 수 있지만 나 선생님의 몸은 긴장되어 있고 짜증 섞인 까칠한 말투가 나옵니다.

주변이 깨끗하고 모든 것이 제자리에 정돈되어야 하며, 정해진 규칙이라면 제대로 지켜야 하고, 작은 일도 절차에 맞게 바르게 되어야 한다고 생각합니다. 그렇지 않은 모습을 보면 불편하고 답답해집니다. 모든 일이 잘되어 가고 있음에도 불구하고 부족한 부분이 생길까 봐 염려하며 최선의 노력을 합니다.

나완벽 선생님의 학급 대청소 시간입니다.
"자, 오늘은 청소부터 하겠습니다. 청소하기 전에 청소에 필요한 것들을 준비해야 합니다. 청소기, 고무장갑, 수세미, 칫솔, 옷걸이, 마른 수건, 젖은 수건…"
"선생님 칫솔이나 옷걸이는 왜 필요해요?"
"그건 말이지, 화장실 세면기에 걸린 머리카락을 뽑을 때는 철사로 된 옷걸이를 사용하는 게 최고지. 세면기 밑의 배관 거름망을 열고 칫솔로 휘저어 머리카락을 뽑아내야 해.""꼭 그렇게까지 해야 해요?""그렇지 않으면 머리카락으로 배관이 막히고, 그러면 세면기 물이 안 빠져. 그리고 석회 성분이 있는 수돗물 때문에 뿌옇게 된 거울은 수세미로 잘 문지르고 물로 깨끗이 씻어낸 다음 마른 수건으로 반드시 닦아야 해. 그것까지 다 해야 제대로 청소가 된 거야."
"와!"
아이들의 탄성이 나옵니다. 나완벽 선생님은 청소 하나에도 이렇게 세부 사항까지 신경을 씁니다.

이방식

선생님은 자기 책상이나 방이 정돈되어 있지 않아도 괜찮습니다. 교실 책상 줄이 잘 맞추어 있지 않아도 괜찮습니다. 그렇다고 무질서한 것을 좋아하진 않습니다. 눈에 보이는 깔끔함보다는 이 선생님이 생각하는 방식으로만 잘 정리되어 있으면 됩니다. 이 선생님이 중요하게 여기는 것은 '방식의 완벽함'이기 때문입니다.

이 선생님은 이미 스스로 완벽하다고 무의식중에 생각하고 있습니다. 말한 것을 삶으로 살아내는 것을 중요히 여겨서 훌륭한 모범을 보여주려고 하기에, 아이들에게 한 사람의 온전한 멘토가 되어 주는 것은 당연합니다. 모든 상황에서 본보기가 되고자 하며, 누군가를 가르치고자 하는 교사의 마음을 가지고 있습니다. 그래서 아이들 각자의 눈높이에 맞는 방식을 제공하는 것이 어렵지 않습니다.

이 선생님은 무슨 일이 있어도 학생들을 위하는 일에 앞장서고 학생들에 대해 강한 책임 의식을 갖습니다. 이 선생님에게는 특히 가르침의 방식이 중요합니다. 자신이 옳다고 생각하는 방식에 동의하지 않거나 그 기준에 따라오지 않으면 순간적으로 분노를 느끼지만 반쯤은 분노를 억제합니다. 이때, 이 선생님은 억제된 분노로 인해 차가운 모습이 됩니다. 이런 이 선생님을 사람들은 침착하다고 합니다.

어느 날, 이방식 선생님이 동료 교사 박 선생님과 함께 해외 연수에 학생들을 인솔하게 되었습니다. 이 선생님은 인솔 책임자 박 선생님의 학생 관리 방식이 마음에 들지 않았습니다. 박 선생님은 절약을 위해 학생들이 교사 방 세탁기만 사용하여 빨래하게 했습니다. 하지만 이 선생님은 교사가 필요 이상으로 아이들 치다꺼리를 하게 되는 것이 교육적으로도 옳지 않다고 생각해서 코인 세탁기를 활용하자고 했습니다.

"박 선생님! 아이들이 직접 세탁기를 돌리면 안 되는 건가요? 도대체 교육은 왜 하는 거죠? 언제까지 아이들 뒷바라지만 하고 이 아이들을 무능하게 하는 거죠? 코인 몇 개 넣으면 되는데 그거 아끼게 하면 부자 되나요?"

이 선생님은 일사천리로 박 선생님에게 가르치듯 쏟아 놓습니다. 이 선생님의 표정은 차갑고 냉랭하며 아무도 대항할 수 없을 정도의 완고함이 보입니다.

"이방식 선생님은, 언제나 자신의 방식이 중요하고 자신의 교육 방법은 언제나 옳습니까?"

드디어 박 선생님도 한 마디 하게 되어 큰소리가 났습니다.

이렇게 이 선생님은 지위 고하와 관계없이 옳다고 생각하는 말을 하며, 다른 사람이 일하는 방식에 맞추지 않아 갈등이 생길 때가 있습니다.

남개선

선생님은 열의가 많아 무슨 일이든 열과 성을 다해서 합니다. 무엇보다 학생들에 대한 애정이 많고 그들이 좀 더 나은 삶을 살기를 바라며 그 부분을 위해 적극적으로 영향을 주고자 합니다. 평소 학교의 질서와 규칙들을 잘 지켜야 한다고 아이들에게 강조하지만, 규칙들이 아이들의 삶과 동떨어져서 학생들을 힘들게 한다고 느끼면 관리자에게 과감하게 의견을 주장하기도 합니다. 남 선생님은 교사로서 주장을 강하게 하며 학생들의 행동을 개혁하거나 주어진 기준에 맞게 주위 환경을 개선하는 것을 잘합니다.

남 선생님 반이 학력 평가에서 꼴찌를 했습니다. 그것도 남 선생님이 가르치는 교과 학급성적이 학년 평균 이하입니다. 이것은 도무지 있을 수 없는 결과입니다. 물론 학습이나 생활 전반에서 학생들의 개인차가 크게 있는 아이들로 반 구성이 되었지만 남 선생님은 받아들이기가 너무 어렵습니다. 이것은 곧 본인의 성적표 같다고 생각하기 때문입니다.
"이제부터 우리 반 표어는 '나 너 책임질게, 너 나 책임져!'이다. 모든 것은 짝과 함께 한다."

남 선생님은 모든 학습과 생활을 고려하여 2인 1조로 짝을 만들어주었습니다. 과제나 준비물, 시험 준비 모두를 서로서로 챙기고 학습 성적을 둘이 합한 평균점으로 평가하여 자체적인 보상을 하겠다고 학생들과 약속했습니다. 둘의 평균이 지난 시험보다 많이 오르거나, 둘 중에서 한 사람의 성적이 오르면 다른 한 사람의 공로도 함께 인정해주었습니다. 수업에 필요한 준비물을 빼먹거나 규칙을 어기면 그 짝도 함께 불이익을 경험했습니다. 무엇을 하든 학급 안에서는 2인 3각 경기를 해야 했습니다.

처음에는 공부를 잘하는 학생은 짝을 가르쳐야 하는 시간에 자기 혼자 공부하는 것이 낫다고 불평하고, 공부를 못하는 학생은 짝에게 미안해서 못하겠다고 했습니다. 그러나 그런 불평이 남 선생님을 설득하지는 못했습니다. 성적이 잘 나온다고 실력이 좋은 것이 아니라는 것, 친구에게 미안하니까 미안하지 않도록 최선을 다하라는 선생님의 이야기에 아이들은 더는 말을 하지 못했습니다.
6개월 후, 학력 평가에서 남 선생님 반이 최고로 우수한 성적을 냈습니다.

나완벽, 이방식, 남개선 선생님은 모두 에니어그램 1유형입니다. 1유형 선생님은 완벽함을 추구하는 내면의 동기는 같지만, 이들의 격정인 분노를 표현하는 방식에 따라서 세 가지 다른 모습으로 나타납니다. 여기서 분노란, 일이 완벽하게 진행되지 않을 때 생기는 감정을 의미합니다.

나완벽 선생님은 자신과 주변의 모든 것을 완벽하게 통제하려고 하고, 이방식 선생님은 자신이 바르다고 생각하는 방식을 고수함으로써 완벽의 모델이 되고자 하며, 남개선 선생님은 다른 사람을 올바르게 개선하려고 합니다.

같은 1유형이라도 자신의 어린 시절과 부모님의 유형, 양육방식, 교육환경, 의식 수준에 따라 또 다른 모습을 보일 수 있습니다. 겉모습은 여러 가지 다른 색깔로 나타날 수 있지만, 내면의 동기는 같습니다.

1유형 선생님이라 좋은 점

일반적으로

❤ 매사 완벽을 추구하여 자신과 사람들을 최상의 모습으로 이끌어 간다.

❤ 학생들에게 더 나은 교육환경을 만들기 위해 열심히 일한다.

❤ 옳고 그름에 대한 분별력이 뛰어나고 적절한 해결책을 제시한다.

❤ 합리적이고 책임감이 강하다.

❤ 양심적이고 공정하며 정직함으로 아이들을 대한다.

이방식 선생님은 학생마다 다른 차이를 인정하고 그 눈높이에서 어떻게 학생들을 최상의 모습으로 이끌어가야 하는지를 안다. 이 선생님은 지각을 자주 하는 학생에게는 벌칙으로 운동장을 돌게 하는데 학생과 함께 운동장을 돌아준다. 이때 학생은 벌이라는 느낌보다는 '선생님은 널 사랑해'라는 느낌을 받고, 내일은 늦지 말아야지 하는 마음을 갖는다.

이 선생님에게 중요한 것은 옳고 그름에 대한 분명한 기준과 판단으로 학생들을 위한 이상적인 교육환경을 만들어 가는 것이다. 가끔 학급이나 학교의 규칙이나 규정을 지키지 않는 아이들로 인해 어려움이 생기면 이 선생님은 규칙이 중요하긴 하지만 규칙을 위한 규칙인지, 학생을 독려해야 하는 것인지 그 타당성을 검토한다. 그래서 필요한 경우, 해당 교사들과 학생들과 함께 밤샘 토론을 해서라도 보완된 새 규칙을 만들기도 하고 학생들로 하여금 그 규칙의 당위성을 알고 스스로 지키고자 하는 동기를 갖게 한다.

교실에서

❤ 학생들에게 정직, 최선, 책임 등 올바른 도덕적 품성을 강조한다.

❤ 학생들에게 정리 정돈, 청소 잘하는 법을 잘 알려준다.

❤ 규칙 준수에 대해 구체적이고 체계적인 방법으로 지도한다.

❤ 공정하고 정의롭게 학급을 운영한다.

❤ 뛰어난 직관으로 학급의 상황을 잘 파악한다.

이방식 선생님은 엊그제 학급에서 일어난 불미스러운 사건의 중심이 된 아이에게 반성문을 쓰게 했다. 그런데 아무래도 반성문에서 수상한 냄새가 난다. 이럴 땐 어떤 방식으로 해야 하는지 본능적으로 안다. 아무런 말도 없이, 수업을 마치며 한마디 했다.

"반장, 지금 즉시 국어 노트 걷어 오도록!"

걷어 온 노트를 빠르게 훑어보면 바로 그 반성문의 대필자를 알게 된다.

"한결아, 너 반성문 아르바이트하고 얼마나 받지?"

한마디 변명도 못 하고 귀밑까지 빨개진 아이의 대답은 더 필요치 않다.

문제의 진욱이를 불러서 "넌 반성문도 아르바이트를 쓰나?" 대뜸 한마디 하면 이 아이 역시도 미처 말을 잇지 못한다.

"임마, 알바를 공짜로 고용하는 사람이 어디 있나? 도대체 얼마를 주기로 한 거냐?"

"아, 아니에요."

"아, 그래? 그럼 공짜로 그냥 써 준거라고? 그럼 노동력 착취지."

이쯤에서 진욱이는 손바닥을 싹싹 빌며 "선생님, 한 번만요!"를 외친다.

촉이 좋은 이 선생님 앞에서는 아이들이 쉽게 거짓말을 하지 않으려고 조심한다.

관계에서

❤ 아이들의 상황을 본능적으로 파악하여 아이들과의 관계 형성이 쉽다.

❤ 동료 교사들 사이에서 카리스마 있게 상황을 잘 주도한다.

❤ 스스로 말한 대로 살고자 하며 모범을 보여주기에 아이들이 잘 따른다.

❤ 학부모에게 자녀와 관련하여 체계적으로 안내하여 신뢰감을 준다.

❤ 학부모나 아이들은 현실감과 이상적인 기준이 동시에 있는 교사의 판단에 안심한다.

1유형 선생님이라 힘든 점

일반적으로

◆ 높은 기준을 세워서 자신뿐만 아니라 사람들이 기대에 못 미칠 때 스트레스를 받는다.

◆ 지나친 책임감으로 인해 세세하게 아이들을 지도하면서 힘들어한다.

◆ 신경이 날카롭고 걱정이 많으며 매사에 지나치게 진지하다.

◆ 스스로 충분히 잘하고 있다는 만족감을 느끼기가 쉽지 않다.

◆ 아이들이나 동료들이 예의 없게 행동하면 화가 난다.

등교 시간, 삼삼오오 재잘거리며 아이들이 몰려온다. 그 속에서 용케도 나완벽 선생님은 긴 머리카락에 숨겨진 아이의 귀고리 하나를 발견한다.

"아, 잠깐만."

처음 발견한 것은 귀고리인데 자연스럽게 C컬을 한 머리도 보이고 운동화 속에 뒤집어 신은 양말도 보인다. 한마디로 복장 상태 불량이다. 나 선생님 눈에만 이런 상황이 왜 잘 보일까? 아이는 겸연쩍어하고 옆에 서 있던 왕열정 선생님은 신기하다는 듯이 앞에 세운 아이와 나 선생님을 번갈아 본다. 아이를 훈계하여 보내고 왕 선생님에게 이런 것이 안 보이냐고 물었다. 왕 선생님은 깔깔 웃으며 진심으로 안 보인다고 한다. 다른 선생님들은 그저 아이들이 예뻐만 보인다는데, 이럴 때마다 나 선생님은 너무 힘들다. 등교 복장 지도 시간은 눈을 감고 싶다.

교실에서

◆ 교실이 정리 정돈이 되어있지 않으면 마음이 불편하다.

◆ 과제 완성도에 대한 높은 기준을 가지고 있어서 학생들에게 칭찬을 잘 하지 않는다.

◆ 교사의 지시대로 하지 않을 때 아이들을 일방적으로 통제한다.

◆ 융통성 없이 세세한 부분까지 간섭하며 화를 내기도 한다.

◆ 지나치게 틀을 강조하여 학생들이 창의성을 발휘할 기회를 주지 못한다.

관계에서

◆ 학생들의 감정을 읽어주기보다는 엄격하게 훈육하여 학생들을 힘들게 한다.

◆ 훈계가 필요한 상황에서 무표정하고 무뚝뚝하게 자기의 생각을 표현하는 학생의 말이 불편하다.

◆ 다른 사람들의 생각이나 의견은 고려하지 않고 자신의 신념이 옳다고 생각하기에 이에 따르지 않는 사람을 힘들어 한다.

◆ 다른 사람들과 구별된 이상적 방식의 삶을 살고자 하다 보면 완고하게 보일 수 있다.

◆ 옳음의 기준과 틀이 강하여 학생과 동료들이 쉽게 다가가기 어렵다.

남개선 선생님은 아이들을 훈육할 때 지나치게 엄격해서 학생들이 힘들어한다. 얼마 전에도 선생님에게 버릇없이 군 학생을 교무실로 불렀다.

"선생님 죄송합니다."라는 한마디를 진정성 있게 안 했다고 여러 차례 혼을 냈다. 남 선생님은 형식적인 반성이나 뉘우침은 진정한 교육이나 진정한 사과가 아니라고 생각해서 강도 높은 반성을 요구한다. 이런 남 선생님을 동료 교사들과 학생들은 '뭘 그렇게까지……'하는 마음으로 바라보며 지나치게 깐깐하다고 생각한다.

1유형 선생님의 고민

✓ 교사는 학생들에게 완전한 것을 주어야 해. 어떻게 다 갖추지? 나는 시간이 부족해.

✓ 교사의 교육 방식에 대해 학생들이 불만을 품을 수 있나? 내가 무엇이 부족한가?

✓ 학생들의 실수나 실패가 곧 나 자신의 실수나 실패처럼 느껴지는데 어떻게 해야 하지?

✓ 학급 운영에서 원칙대로 되지 않을 때 올라오는 짜증과 분노를 어떻게 처리할까?

✓ 융통성이 없고 경직된 교사로 비추어질 수는 없어. 어떻게 부드러움을 표현할까?

✓ 우리 반은 공부도, 합창대회도, 체육대회도 모두 잘하는 완벽한 반이어야 해. 그렇게 되기 위해 아이들을 어떻게 지도해야 할까?

✓ 규칙과 기준을 지키지 않은 학생들에게 목소리를 낮추고 말해도 학생들은 나를 차갑고 완고하다고 해. 어떻게 자상하고 따뜻하게 느끼게 할까?

✓ 새로운 선생님을 만나면 나도 모르게 본능적으로 판단부터 하게 돼.

✓ 왜 사람들은 이만큼도 하지 못하는 거야. 교사라면 누구나 그 정도는 해야 하는 거 아닌가?

✓ 나는 모든 일을 올바르게 만드는 데 개인적인 책임을 느껴. 어떻게 해야 하지?

1유형 선생님은 왜 그럴까요?

에니어그램 1유형에 속하는 사람들은 모든 것을 더 나은 상태로 개선해서 완벽하게 만들고자 합니다. 주변에서 계속해서 결함이나 허점을 찾는 것도 이러한 이유에서 비롯됩니다. 올바른 삶을 살기 위해 이상적 기준을 목표로 하고 자신에게도 엄격한 기준을 적용합니다. 학생을 관리하고 지도할 때, 학생의 실패나 실수도 자신의 실수나 실패로 느끼고 완벽한 교사에 미치지 못하는 자신의 부족함을 용납하기 힘듭니다.

그런데 이들은 아무리 완벽해지려고 애써도 완벽해지지 않음을 알게 됩니다. 1유형은 '어느 정도'라는 것이 없습니다. 언제나 최선의 최선을 다하여서 올바르게 살고자 합니다. 이들은 자신이 생각하는 옳은 방식이 중요하고 그 방식의 일관성을 유지하려고 합니다. 그 방식을 적용하고 그것이 지켜지지 않을 때 분노합니다.

1유형은 끝없이 올바르지 않은 것을 고치고 수정하여 높은 이상에 도달하고자 하지만, 그럴 수 없다는 사실에 좌절하면서 분노를 느낍니다. 그러나 분노를 표현하는 것은 완벽한 사람의 모습이 아니라고 여겨서 어떤 1유형은 분노를 숨기고 오히려 더 친절하게 대합니다. 다른 1유형은 분노를 반쯤 억압하여 냉정하고 침착한 태도를 보이며 또 다른 1유형은 완벽을 위해서 화를 내는 것을 불편하게 생각하지 않습니다.

1유형 선생님들에게 분노는 가장 자연스러운 감정입니다. 자신은 애써서 하고 있는데 다른 사람들은 노력하지 않는 것에 대한 비판적 판단을 그렇게 표현하는 것입니다. 그래서 학생들에게도 자기 기준의 깐깐함으로 대하려고 하는 경향이 있습니다. 이들은 실수하면서 생기는 분노의 감정을 경험하지 않으려고 자기만의 규칙을 정하는데 그것이 자신에게 더 많은 책임을 지게 합니다. 자기가 책임지는 부분만큼은 실수가 없고 완벽할 수 있다고 여기기 때문입니다.

1유형 선생님을 위한 실제적 제안

수업

▶ 학생들의 수준을 높이려고 세세하게 계획을 세우고 그것을 따라가게 할 수도 있지만, 준비되지 않은 학생들은 너무 일방적이고 강압적으로 느낄 수도 있습니다. 학생들이 높은 수준을 갖게 하는 올바른 방법은 다양하게 있음을 받아들이십시오.

▶ 완전 학습이라는 이상적인 학습 목표를 위한 교사 주도적 수업 진행은 학생들에게 긴장감을 주고 진정한 배움의 기회를 잃게 할 수도 있습니다. 학생들의 성향에 따라 다양한 학습 방법을 시도하고 적용해 보십시오.

▶ 교육에는 궁극적으로 옳거나 완벽한 방식이 없음을 기억하십시오. 수업을 통해서 학생들을 완벽하게 하고자 하는 교사의 동기가 무엇인지를 생각해 보고 학생들과 놀이를 통한 재미를 추구하는 수업을 의도적으로 해보십시오.

학급 운영

▶ 학기 초에 이미 선생님의 학급 운영 방식을 완벽히 세워놓을 수 있습니다. 그러나 이런 방식이 불편해서 학기 초부터 너무 숨차게 따라오는 학생은 없는지 느긋하게 여유를 갖고 돌아보는 것이 필요합니다.

▶ 학생들을 대하면서 한 명 한 명 다른 학습 계획과 교육 방식을 적용하고 끌어가는 선생님을 학생들은 신뢰하게 됩니다. 그러나 학생 개개인에게 맞는 방식으로 각자의 이상적 목표에 도달하도록 다루고 관리하는 것은 교사에게 엄청난 에너지를 쓰게 합니다. 너무 과도한 책임을 갖지 않아도 된다는 것을 생각하고 선생님의 에너지를 조절하십시오.

▶ 선생님의 의도대로 학급운영이 진행되지 않을 때, 선생님 자신의 실패로 생각하여 스트레스를 받을 수 있습니다. 그러나 그런 선생님의 긴장된 모습은 학생들을 오히려 불안하게 할 수 있습니다. 의도적으로 유머를 익히고 선생님의 허점을 보여주면 학생들은 어느새 선생님의 다른 매력에 빠져서 즐거운 학급 생활을 하게 됩니다.

인간관계 및 업무

▶ 잘 안 되는 것이 있는 게 당연합니다. 완벽한 것은 없습니다.

▶ 선생님의 똑 부러지고 단호한 말투는 상대에게 지적받는 느낌을 줄 수 있습니다. 부드럽게 말하거나 부드러운 어조의 메모로 전달해 보는 것은 어떨까요?

▶ 선생님의 감정에 대해서 건강하게 표현하도록 노력하십시오. 화나지 않은 척해도 다른 사람들은 선생님이 화난 것을 알고 있습니다. 오히려 솔직하게 화난 것을 인정하고 건강하게 표현해 보십시오.

▶ 학생들을 칭찬하는 것을 연습하십시오. 선생님이 정한 높은 기준이 아닌, 작은 변화에도 진정성 있는 선생님의 칭찬이 학생들을 변화시킬 것입니다.

▶ 결함을 이야기할 때, 비판이 아닌 개선이 목적이라는 것을 다른 사람에게 인지시키십시오.

▶ 다른 방식으로 일을 처리하는 것에 대해서 인정하고 존중해보십시오. 사람들에게는 원래 서로 다른 많은 방식이 있습니다. 다름에 대해 호기심을 가지십시오.

감정과 표현

▶ 선생님은 겉으로 친절하지만 속은 부글부글 끓어오르기도 합니다. 분노를 표출한다고 해서 잘못된 것은 아님을 알아차리십시오. 오히려 건강하게 표현하는 것이 깨어있는 것입니다.

▶ 분노의 밑바닥에 또 다른 감정이 있는지 살펴보고 그 감정에 대해서 표현해 보십시오. 자신의 감정을 중요하게 여기고 다양한 감정을 느껴 보십시오.

▶ 자연 속으로 가십시오. 대자연 속에서 당신의 또 다른 감정을 느껴보십시오. 숲, 하늘, 바다, 바람 속을 걷는 동안 어느새 쉼을 얻고 쉼 속에서 평온, 경이로움, 감사의 다양한 감정을 경험할 수 있습니다.

진정한 나로 깨어나려면?

에니어그램의 궁극적 목표는 먼저 자신의 성격 패턴을 알아차린 후, 그 성격 패턴에서 벗어나기 위한 의지적 노력과 훈련으로 미덕을 실현하며 성장하는 것입니다. 그럴 때 우리에게 찾아오는 은혜로 현존하는 삶을 누리며 우리 자신의 모든 잠재력을 발휘하면서 더욱 진정성 있고 의미 있는 방식으로 살 수 있습니다.

1유형이 '진정한 나'를 발견하고 성장하기 위해서는 자신이 어떤 상황에서 분노하는지, 인간관계를 중요하지 않게 생각하는 순간이 언제인지, 분노를 느끼는 이면에 어떤 감정이 숨어있는지, 어떻게 행동하는지 등에 대해 스스로 내면을 관찰해야 합니다. 다음의 질문은 당신이 깨어나도록 도움을 줄 것입니다.

- 당신은 왜 옳고 그름이 중요한가요? 올바르지 않으면 어떤 일이 생길까요?
- 당신이 사람들과 소통하는 방식에 대해 어떻게 생각합니까?
- 언제, 무엇 때문에 분노를 느낍니까?
- 화가 나면 어떻게 하나요? 편하게 화를 내요, 아니면 억누르나요? 그 이면에는 어떤 감정이 있으며 그 분노의 감정을 어떻게 다룹니까?
- 화를 내는 것이 받아들여지지 않을 때, 그 감정이 어떻게 새어 나오는지, 목소리와 억양이 어떻게 바뀌는지 알고 있나요?
- 당신은 왜 많은 책임을 떠안으려고 합니까? 그 책임 이면에 당신이 느끼고 있는 감정과 생각은 무엇일까요?
- 긴장하고 있는 상태가 당신의 몸에 어떤 영향을 주고 있습니까?

이러한 질문을 통해 1유형의 성격 패턴을 인식하고 자신의 자동적인 반응을 관찰할 수 있습니다. 습관적 행동의 원인, 과정, 결과를 탐구한 후에는 더욱 의식적으로 생각하고 느끼며 행동하면서 성장과 변화의 길을 걸을 수 있습니다. 1유형이 성장의 길을 걷는 데 도움이 되는 실천 사항 몇 가지를 다음과 같이 제시합니다.

- 불완전한 것을 자연스러운 것으로 수용하기
- 분노를 느낄 때 건강하게 표현하기
- 올바른 방식이 다양하게 존재함을 이해하기
- 자신에게 덜 엄격하게 대하며, 있는 그대로의 자신을 수용하기
- 관계의 소중함을 생각하고 건강한 소통의 방식을 찾기
- 즐거움과 놀이, 유머를 잘 활용하기
- 신체적 긴장을 이완시키고 몸을 돌보기
- 휴식하기

자신에게 들려주는 말

▶ 실수해도 괜찮아.
▶ 과도한 책임감에서 벗어나서 쉬어도 괜찮아.
▶ 너무 진지하지 않아도 돼.
▶ 있는 그대로의 내 모습도 완벽해.
▶ 내가 원하고 필요로 하는 것을 요구해 보자.

도와주는 선생님 2

이다정

선생님은 친절한 말투로 아이들을 대합니다. 학생들은 이 선생님이 잘 챙겨 줘서 좋다고 말합니다. 아프다고 교무실로 찾아온 아이들이 있으면 손을 꼭 잡으며 어디가 아픈지 상냥한 목소리로 묻습니다. "어제 무엇을 하느라 그랬니? 공부하느라 스트레스를 많이 받았구나. 참 힘들겠다."는 위로의 말과 함께 따뜻한 눈빛으로 아이를 바라봅니다. 수학여행 기간 학생들의 예쁜 모습을 사진에 담아 교실 벽 한쪽을 여행 사진으로 꾸며 놓습니다. 나중에 개인 사진들은 각자 가져가게 하고, 단체 사진들은 간단한 게임을 해서 이긴 사람에게 줍니다. 세심한 이벤트에 감동한 학생들이 "선생님 최고!"라고 좋아하면, 선생님은 뿌듯한 미소를 짓습니다.

선생님의 애정 공세는 여기서 끝나지 않습니다. 학생들과 함께한 1년을 잊지 못할 추억으로 만들어 주고 싶은 생각에, 생일에는 직접 쓴 카드를 준비하고 소풍 때는 게임을 함께하며 체육대회나 축제 때는 같이 춤을 추기도 합니다. 아이들을 친밀하고 격의 없는 모습으로 대하다보니 선생님을 친구처럼 여기는 학생도 있습니다.

이다정 선생님이 아이들로부터 받는 최고의 말은 "지금까지 제가 만난 선생님 중에 다정 선생님이 최고에요."입니다. 헤어짐을 아쉬워하는 아이들을 볼 때 뿌듯함을 느낍니다.

선생님이 가장 힘들어하는 학생은 자기주장이 강하고 청개구리처럼 행동하는 아이들입니다. 이런 학생들을 만난 초임 시절에는 학생들 앞에서 그 아이를 제압하려고 하였으나 그 방법이 자신에게 맞지 않음을 인정했습니다. 이제는 그런 학생을 만나면 오히려 따로 불러 더욱 다독이고 관심을 표현하여, 아이가 스스로 선생님을 따르게 합니다.

한 해를 무사히 마치고 올려보낸 아이들은 스승의 날이 되면 함께 찾아와 이다정 선생님에 대한 무한 애정을 표현합니다. 이 선생님은 그동안의 모든 고생이 눈 녹듯 사라지는 것처럼 느껴집니다. 이 순간이 교사 생활을 하면서 가장 기쁜 순간입니다.

박도움

선생님에게 학생들이 "와~" 박수와 함께 분홍색 큰 종이를 건넵니다. 교탁 위엔 예쁜 케이크와 자그만 꽃다발이 놓여 있습니다. 종업식 날, 선생님에게 고맙다는 인사를 하기 위해 준비한 조촐하고 깜찍한 이벤트입니다. 선생님은 분홍 롤링 페이퍼를 펼쳐서 정성스러운 글씨로 깨알 같이 써놓은 글을 읽습니다.

'언제나 세세하게 신경 많이 써주셔서 감사해요, 쌤.', '첫인상은 무서웠는데 지내보니 참 따뜻한 울 도움쌤!', '잡을 때는 확 잡고 풀어 줄 땐 풀어주시는 선생님이 좋아요', '쌤 한마디면 우리가 다 집중하는 거 아시죠? ㅋㅋ', '저희에게 많은 애정을 쏟으신 거 압니다.'

이 글들을 읽고 또 읽습니다. 박 선생님은 학생들을 돌보고 함께 할 수 있어서, 같이 성장할 수 있어서 행복합니다. 학교에서 자신의 역할을 이렇게 할 수 있음이, 이 예쁜 아이들이 자라가는 것을 보고 옆에서 도와줄 수 있는 어른이어서 행복하다고 생각합니다. 학생들을 잘 다룬다고 인정받는 박 선생님이지만 가끔은 너무 통제하고 조정하는 것이 아닌지 자책할 때도 있습니다. 그래도 학급을 이끄는 대로 잘 따라와 주어서 고맙고, 진심을 알아주니 다행이라고 여깁니다.

하지만 오늘처럼 정든 아이들을 떠나보내는 날이면 선생님은 마음 한구석에 허전함을 느낍니다. 시원섭섭하다는 표현보다 훨씬 더 깊은 감정입니다. 이 아이들이 보고 싶을 것이고, 또 쉽게 나를 잊을 그들에게 서운함을 느낄 것입니다. 공들여 키웠다고 그 덕을 자신이 보는 것이 아니라는 것을 알지만 그래도 정 많은 성격에 이별은 쉽지 않습니다.

겨우겨우 살뜰하게 보살피고 파악한 학생들은 가고, 새 학기에 전혀 모르는 아이들을 만나 익숙해질 때까지 서로 눈치도 보고 때론 무서운 선생님 노릇도 할 일을 생각하면 벌써 머리가 아픕니다. 그래서 새 학년을 맡아도 그 전 아이들과 찍은 사진을 책상 유리 아래에 넣고, 작년 아이들을 그리워할 때가 많습니다. 책상 정리를 하면서 그동안 받았던 스승의 날 편지나 축하 카드 등을 버리는 일은 상상도 할 수 없습니다. 아마 오늘 밤 집에 가서도 박 선생님은 롤링 페이퍼를 다시 읽을 것입니다.

최미녀

선생님은 재잘대는 아이들을 바라보다 문득 자신의 학창 시절을 떠올립니다. 친구가 중요했기에 반 편성이 발표되면 누구와 같은 반이 되느냐를 알기 전까지 너무나 긴장했습니다. 단짝 친구가 없었던 어느 해를 생각해 봅니다. 같이 음악실도 가고 매점도 가는 친구들이 있었지만, 영혼의 단짝으로 나만 바라봐 주는 친구가 아니었기에 마음 한 구석이 허전해서 작년 친구를 찾아 쉬는 시간이면 옆 반으로 가곤 했습니다.

최미녀 선생님은 지금도 자신이 맡은 학급에 특별히 가깝다고 느끼는 아이가 있어야 마음이 편합니다. 그런 학생이 반장이나 부반장이면 더 좋습니다. 특별한 사랑을 주며 챙겨줘서 한두 명을 완벽하게 자기 편으로 만들어 놓으면 자신을 잘 믿고 따르게 되어 일 년이 편합니다. 그 학생이 알아서 반 전체의 의견을 선생님 뜻에 맞게 조정해 주기 때문입니다.

최 선생님은 요즘은 진욱이에게 영어를 가르치는 재미로 학교에 다니는 것 같습니다. 영어의 기초가 하나도 잡히지 않은 학생인데 최 선생님의 제안 한 마디에 열의를 보이게 되었습니다. 선생님이 특별 지도를 해주겠다며 믿고 따라오라고 했더니 매일 단어를 외우고 독해를 하면서 문제집 검사를 받으러 오니 참 기특합니다. 잠만 자던 작년과 비교하면 개과천선한 셈입니다. 선생님이 간식도 챙겨주면서 진욱이의 노력도 칭찬해주니, 더욱 신나서 열심히 하는 것 같습니다. 이렇게 시간과 에너지를 들이는 대상이 있으면 최 선생님은 학교생활이 더 재밌고 보람차다고 느낍니다.

이다정, 박도움, 최미녀 선생님은 모두 에니어그램 2유형입니다. 2유형 선생님은 사랑 받기 위해 도와주려는 내면의 동기는 같지만, 이들의 격정인 교만이 드러나는 방식에 따라서 세 가지 다른 모습으로 나타납니다. 여기에서 교만이란, 상대가 원하거나 필요로 하는 무엇이 되도록 자신을 치켜세우려는 거짓된 자부심입니다.

이다정 선생님은 간접적으로 타인의 보호와 돌봄을 받기 위해 귀엽고 사랑스러운 모습을 보이고, 박도움 선생님은 감탄과 존경을 얻기 위해 자신의 지식과 능력을 발휘하며, 최미녀 선생님은 특정인의 사랑을 얻기 위하여 매력적인 이미지를 만듭니다.

같은 2유형이라도 자신의 어린 시절과 부모님의 유형, 양육방식, 교육환경, 의식 수준에 따라 또 다른 모습을 보일 수 있습니다. 겉모습은 여러 가지 다른 색깔로 나타날 수 있지만, 내면의 동기는 같습니다.

2유형 선생님이라 좋은 점

일반적으로

❤ 타인의 마음을 잘 공감하고 격려한다.

❤ 사람의 마음과 특징을 잘 파악하여 좋은 관계를 맺는다.

❤ 따뜻하고 주변 사람들을 잘 도와준다.

❤ 분위기를 밝게 하고 친절하다.

❤ 새로운 환경에서도 친화력이 뛰어나다.

이다정 선생님은 교무실 앞에 쌓인 택배 꾸러미에서 자기 이름이 적힌 은색 봉투를 발견하고 얼굴에 화색이 돈다. 제법 두툼한 봉투를 열자 사진이 쏟아진다. 며칠 전에 찍은 단체 사진을 아이들 수만큼 인화한 것이다. 졸업앨범 개인 프로필 찍는 날이라고 한껏 예쁘게 꾸미고 온 학생들을 보자, 화단 앞에서 학급 단체 사진을 찍자고 제안한 것도 선생님이다. 찍힌 사진을 보자 너무 예뻐서 모두 한 장씩 가지면 나중에 추억이 될 것 같았다. 사진을 나눠주자 예상대로 아이들이 환호한다.

"쌤, 감동, 감동."

"너무 좋아요. 이걸 쌤이 뽑아 주실 줄 몰랐어요."

옆 반 선생님이 보시면서 말했다.

"어머, 2반 사진 왜 이렇게 예쁘게 나왔어? 애들 되게 좋아했겠네."

이 선생님은 뿌듯한 미소를 지으며 책상 유리 아래에 사진을 넣는다.

교실에서

❤ 학급 분위기를 따뜻하게 만들고 학생들의 이야기를 경청하며 칭찬을 잘한다.

❤ 학생들에 대한 관심이 많아서 그들의 감정 변화나 분위기 등을 빠르게 감지한다.

❤ 학생들의 성향과 능력에 대한 파악이 빨라 학생들에게 적절한 역할을 분배한다.

❤ 학생들이 좋아하는 것을 잘 알아서 수업에 활용하기에 수업을 즐겁게 만든다.

❤ 학생들의 잘못된 행동은 수정할 수 있도록 부드럽게 알려준다.

관계에서

❤ 도움이 필요한 학생을 쉽게 찾아내서 적절하게 대응한다.

❤ 학습이나 생활에서 학생의 부족한 부분을 향상하기 위해 관심을 가지고 도와
준다.

❤ 솔선수범해서 일하고 눈치 있게 행동해 동료 교사들과 원만하게 잘 지낸다.

❤ 학생들의 고민을 공감하고 나아갈 방향을 잘 제시한다.

❤ 학생에 대해 관심이 많고 칭찬할 부분을 알려주는 교사여서 학부모들이 좋아한다.

박도움 선생님은 아이들의 기분을 잘 살핀다. 아이들의 표정이나 행동을 보면 감각적으로 어떤 문제가 있는지 알아차리기에 개인적 고민이나 학생 간의 작은 마찰이나 갈등도 미리 대처할 수 있다.

하루는 아침부터 책상에 엎드려 있는 한결이를 보고, 조회 후에 따로 불렀다.
"한결아, 오늘 좀 힘든가 보네? 잠을 못 잤니?"
평소 엄한 아버지께 자주 혼이 나곤 해서, 그런 날이면 과목 선생님이나 학생들과 불화가 자주 생겼던 한결이. 그날도 공부 때문에 아버지에게 혼이 났다고 한다.
"답답하고 힘들었겠구나."
박 선생님은 한결이의 상한 마음에 공감해주고 초콜릿을 주면서 기운 내라고 위로해준다.

이렇게 자신의 감정을 읽어주고 지지해주는 박 선생님에게 학생들은 자연스럽게 마음을 열고 고민을 털어놓으며 의지한다.

2유형 선생님이라 힘든 점

일반적으로

◆ 사람에 대한 소유욕이 강하다.

◆ 마음이 여려 상처를 잘 받는다.

◆ 직접 말하지 못하고 에둘러 말하기에 상대방이 내가 원하는 것을 알아차리지 못한다.

◆ 자신의 부정적인 감정을 제대로 표현하지 않고 있다가 갑자기 화를 낸다.

◆ 업무를 할 때 일보다는 관계나 화합하는 분위기에 신경을 써서 정작 맡은 일이 무엇인지 모를 때가 있다.

교실에서

◆ 교사의 소신으로 밀고 나가야 할 경우에도 마음이 약해져서 학생들이 원하는 대로 하다 보면 학급 운영 철학을 지키기 힘들다.

◆ 편애하려 하지 않지만, 더 마음이 가는 학생이 생기게 되어 속사정까지 잘 알 정도로 가깝게 지내다 보면, 그렇지 못한 학생들은 의도치 않게 소외감을 느낀다.

◆ 학생 한 명 한 명의 생각과 감정을 맞춰주려고 노력하여 에너지가 쉽게 고갈된다.

◆ 학생들이 상처받을지도 모른다는 생각에 현실적인 조언이나 훈육을 하기 어렵다.

◆ 늘 먼저 도와주려고 하기에 학생들이 스스로 할 일을 하기 어려울 수 있다.

최미녀 선생님은 오늘도 3반 선생님과 아이들 이야기에 한창이다. 사실 최 선생님은 자기 반보다 3반이 공부도 잘하고 에너지도 넘치는 활기찬 반이어서 속으로는 샘이 나지만, 예쁘다며 칭찬을 한다. 뭔가 흐릿한 자기 반 반장보다 똘똘한 옆 반 반장 준수가 훨씬 맘에 든다. 준수는 영어 부장이기도 해서 선생님 노트북도 잘 챙기고 여러 가지 공지도 아무지게 잘한다.

준수 칭찬을 하자,

"안 그래도 우리 반 애들 말이 영어 선생님이 준수 진~짜 예쁘다고 하더군요."

최 선생님은 잠깐 멈칫한다. 준수가 마음에 쏙 드는 건 사실이지만 3반 학생들이 다 그렇게 생각하고 있는 줄은 정말 몰랐다. 최 선생님은 누구를 예뻐해도 그런 티를 낸 적이 없는 것 같은데 말이다.

관계에서

◆ 학생들과 잦은 상담으로 에너지와 시간 소모가 많다.

◆ 거절하는 말을 쉽게 하지 못해서 스스로 힘들거나 불편한 상황이 생긴다.

◆ 원하는 것이 있어도 상대방이 나를 어떻게 볼까를 먼저 생각해서, 쉽게 묻거나 말하지 못하고 혼자 고민한다.

◆ 자신이 한 일에 대해 받아야 할 정당한 평가나 감사를 받지 못했다고 생각하면, 분노하거나 혼자 그 사람에게 마음을 닫고 거리를 둔다.

◆ 참았던 불편한 감정이나 화를 표현하고 나서 이내 곧 후회하여 무마시키려고 더 과하게 도움을 준다.

◆ 한 학생이라도 관계가 틀어지면 마음이 불편하여 신경을 곤두세우고 부정적인 관점에 초점을 맞추고 힘들어한다.

복사 용지는 떨어졌고, 폐휴지 함이 넘치고 있다. 탁자엔 빵을 담아놨던 접시에 빵 부스러기만 남아있다. '다른 사람들 눈에는 저런 게 안보일까? 마지막 조각을 먹은 사람이 보통 닦아 놓지 않나? 접시를 내가 닦은 게 요 며칠 새 벌써 몇 번이야?'

박도움 선생님은 다른 사람들의 무심함 때문에 마음이 상한다. 접시를 닦으러 가는데 뒤에서 두 선생님이 정보부에 내야 하는 제출물이 언제까지였는지 서로 묻고 있다.

박 선생님이 "선생님들, 그거 모레까지입니다." 하고 친절히 알려준다.

교무실에 앉아 있으면 이런저런 남들 하는 소리가 다 들리고, 할 일이 보이니 자신이 다 해야 할 것만 같아 가만히 앉아 있을 수가 없다. 알아주지 않으면 서운하지만, 박 선생님은 속으로 투덜거리면서도 매번 일한다. 접시를 들고 탕비실로 가는 박 선생님, 갑자기 피곤이 확 몰려온다.

2유형 선생님의 고민

✓ 유능하고 영향력 있는 좋은 교사가 되고 싶어. 학생들이 나를 좋아해야 하는데! 학생들이 나를 좋아하지 않으면 어떻게 하지?

✓ 우리 반 아이들이 다른 선생님들과 더 친하게 지내거나 좋아하는 티를 내면 질투가 나. 아이들이 나 없이도 잘 지내는 모습을 보면 소외감이 들어.

✓ 우리 학급은 편안하고 따뜻한 곳이 되면 좋겠는데. 자신이 원하는 것을 너무 거침없이 말하는 학생들은 불편해.

✓ 혼자서 게임만 하거나 책만 읽는 학생들은 학교생활을 잘하는지 걱정이 돼. 그런 아이일수록 내가 잘 해줘도 별 반응을 보이지 않아. 이런 학생을 어떻게 다뤄야 하지?

✓ 아이들이 내 수업을 정말 좋아하고, 나를 좋은 선생님으로 인정해주면 좋겠어.

✓ 늘 주변에 내가 해야 할 일이 너무 많이 보여.

✓ 지난번에 도움을 받았는데 난 무엇으로 보상하지? 난 도움만 받는 사람은 아니야.

✓ 할 일이 너무 많아서 피곤해. 시험문제 출제는 내일인데, 상담하고 싶다는 학생들이 밀려 있어. 오늘 환희 부모님께도 연락해야 하는데.

2유형 선생님은 왜 그럴까요?

에니어그램 2유형에 속하는 사람들은 사람에게 인정받고 사랑을 받으며 도움이 되고자 해서 자꾸 주변을 돌아봅니다. 누군가 나의 도움이 필요한 사람은 없나? 내가 해야할 일은 없나? 자기 일을 하면서도 다른 사람이 무슨 일을 하는지 무슨 대화를 하는지 귀를 열어놓고 있다가, 누군가 필요하다 싶으면 재빠르게 움직입니다.

사람에 관한 관심과 친밀한 관계에 대한 열망은 2유형의 특징입니다. 2유형은 사람을 정말로 좋아하고 관계 맺는 것을 중요하게 생각합니다. 다른 사람의 이야기를 경청하고 따뜻한 눈길로 바라보며 세세한 것까지 잘 기억합니다. 그런데 그렇게 열정적으로 남을 챙기다 보면 주변 사람들이 불편한 일이 생깁니다. 원하지 않았는데 과도하게 도와주거나 혹은 더 좋게 만들려다 발생하는 일입니다.

2유형 선생님은 자신이 쓸 수 있는 에너지의 한계를 알지 못합니다. 학생들을 위해서 무슨 일을 해야 할지 끊임없이 생각하고 또 다른 사람들의 필요에도 민감합니다. 그래서 집에 가면 녹초가 되어 있는 경우가 많습니다. 자신이 지쳐있는 상태임에도 그것을 인식하지 못하고 할 수 있는 이상의 일을 하거나, 적절하게 거절하지 못해 일을 더 떠안기도 합니다. 그러다 보면 자기 자신에게 쓰는 시간과 에너지가 상대적으로 적을 수밖에 없습니다. 자신을 돌보고 자신이 원하는 것을 먼저 하는 것은 이기적이라고 생각합니다. 그래서 남을 위해 친절하게 살려고 애쓰지만, 자신이 한 일이 상대방에게 인정받지 못한다고 생각하면 섭섭해하며 폭발하기도 합니다. 2유형에게는 타인에게 받는 인정과 사랑이 무엇보다 중요합니다.

2유형이 받고자 하는 인정은 대단한 것이 아닙니다. 주변 사람들이 '네가 있어서 참좋다.', '모르는 걸 알려주니 고맙다.' 이 정도의 말로도 충분합니다. 자기가 애쓰고 노력한 것에 대해서 합당한 감사의 말을 듣기 원하고 그렇지 못한 경우에 섭섭해합니다.

2유형 선생님을 위한 실제적 제안

수업

▶ 수업의 본질을 생각하고 계획과 목표를 세워 수업 준비를 하십시오. 주변 관계에 신경을 쓰고 도움을 주기 위해 시간을 보내는 것보다, 수업 준비에 시간을 좀 더 투자하십시오.

▶ 학생이 과제를 해결해야 할 때 관심과 배려라는 이름으로 과하게 도움을 주지 마십시오. 학생 스스로 해결할 수 있는 시간을 충분히 주고 학생들이 요청할 때 도와주십시오.

▶ 수업을 이끌어갈 때 부정적 반응을 보이는 학생이 있을 수 있음을 기억하십시오. 그것이 교사를 무시하는 행동이 아닐 수 있습니다. 부정적 피드백에 영향 받지 말고 전체 학생을 고려하며 수업을 이끌어 가십시오.

▶ 학습량을 고려하여 시간을 분배하십시오. 흐름을 끊는 질문이 있을 경우, 수업 후 따로 설명해 주십시오.

▶ 본인만의 수업 방식과 개성을 자랑스럽게 생각하십시오.

학급운영

▶ 학기 초 학생 개인에게 관심을 가지기보다 학급 전체를 위한 비전과 계획을 먼저 세워보십시오.

▶ 학생들이 각자의 일을 해결할 수 있도록 관계에 일정한 거리를 두십시오. 지나친 관심은 필요 이상으로 에너지를 쏟게 합니다.

▶ 학급 학생들의 부정적인 피드백을 들었을 때 감정적으로 격해지지 말고 그 원인을 객관적으로 분석해 보십시오.

▶ 교사 혼자 학생들의 감정이나 사건에 대해 짐작하지 말고 직접 물어보는 방법을 선택해 보십시오.

인간관계 및 업무

▶ 누군가를 위해 무엇을 하려고 하기 전에, 나의 일을 다 마쳤는지 확인해보십시오. 내가 해야 할 일이 더 우선입니다.

▶ 상대를 위해서 무엇을 해주거나 챙겨주어야 사랑받고 인정받는다는 생각에서 벗어나십시오. 어떤 일을 나서서 돕거나 무엇인가를 하지 않아도 함께 있는 것만으로도 충분합니다.

▶ 관계보다는 업무에 집중하십시오. 2유형의 사교적이고 타인 지향적인 성격은 업무를 잘하는 데도 발휘될 수 있습니다. 매일 아침 꼭 해야 할 중요한 일에 대해 목록을 작성하고 먼저 처리하십시오.

▶ 누군가 칭찬하면 부인하지 말고 감사히 받아들이십시오. 겸손으로 가장하지 말고 기쁘게 수용하는 편이 낫습니다.

▶ 동료의 부정적인 피드백에 지나치게 연연하지 마십시오. 그것은 그 사람의 생각일 뿐입니다.

감정과 표현

▶ 긍정적인 감정만 표현하지 말고, 불편하거나 부정적인 감정도 표현해 보십시오. 둘러서 말하고 직접 표현하지 않으면 주변 사람들은 알 수가 없습니다. 자신의 감정을 살피고 표현하는 연습을 하십시오.

▶ 매일 다른 사람의 감정을 살피는 만큼 나의 감정을 살펴보십시오.

▶ 나의 몸 상태를 수시로 관찰하고, 피곤할 때는 쉬면서 자신에게 휴식과 보상을 주십시오.

▶ 산책이나 악기 연주, 독서 등 자신이 좋아하고 자신의 감정을 풍성히 할 수 있는 활동이 무엇인지 찾아보십시오. 그 활동을 통해 자신의 감정을 돌보십시오.

진정한 나로 깨어나려면?

에니어그램의 궁극적 목표는 먼저 자신의 성격 패턴을 알아차린 후, 그 성격 패턴에서 벗어나기 위한 의지적 노력과 훈련으로 미덕을 실현하며 성장하는 것입니다. 그럴 때 우리에게 찾아오는 은혜로 현존하는 삶을 누리며 우리 자신의 모든 잠재력을 발휘하면서 더욱 진정성 있고 의미 있는 방식으로 살 수 있습니다.

2유형이 '진정한 나'를 발견하고 성장하기 위해서는 자신이 어떤 상황에서 욕구와 감정을 숨기고 상대를 맞추거나 우선시하는지, 언제 부정적인 감정을 표현하지 못하는지, 부탁을 거절하지 못하는 이유가 무엇인지, 관계를 맺기 위해 도움을 주거나 기쁨을 주려는 모습의 이면에 어떤 마음이 있는지 등에 대해 스스로 내면을 관찰해야 합니다. 다음의 질문은 당신이 깨어나도록 도움을 줄 것입니다.

- 사랑받기 위해 무엇을 하고 있습니까? 아무것도 하지 않고 있으면 어떤 일이 발생합니까?
- 좋은 관계를 맺거나 유지하기 위해 당신은 어떻게 행동합니까?
- 도움을 주거나 기쁨을 주면서 얻고자 하는 것은 무엇입니까?
- 원하는 것을 얻지 못하였을 때 마음은 어떠합니까?
- 자신의 욕구와 감정을 표현하기 어려운 경우 어떤 마음이 듭니까? 그 마음을 표현하면 어떤 일이 생깁니까?
- 부정적인 감정을 표현하기 어려운 이유는 무엇입니까? 표현하게 되면 어떤 마음이 듭니까?
- 거절해야 하는 상황에서도 받아들이는 이유는 무엇입니까? 거절했을 때와 받아들였을 때 어떤 차이가 생길까요?
- 불편한 감정이 언제 폭발합니까?
- 불편한 감정을 어떻게 표현하면 좋을까요?

이러한 질문을 통해 2유형의 성격 패턴을 인식하고 자신의 자동적인 반응을 관찰할 수 있습니다. 습관적 행동의 원인, 과정, 결과에 관해 탐구한 후에는, 더욱 의식적으로 생각하고 느끼며 행동하면서 성장과 변화의 길을 걸을 수 있습니다. 2유형이 성장의 길을 걷는 데 도움이 되는 실천 사항 몇 가지를 다음과 같이 제시합니다.

- 존재 자체로 이미 사랑받고 있음을 기억하기
- 나의 욕구를 건강하게 표현하기
- 부정적인 감정을 자연스러운 감정으로 수용하기
- 불편한 감정은 솔직하게 용기를 가지고 말하기
- 도와줄 수 없는 상황에서는 거절하기
- 상대가 도움을 요청할 때만 반응하기
- 다른 사람을 위해 사용할 수 있는 시간과 에너지를 정하기

자신에게 들려주는 말

▶ 무엇인가 도와주지 않아도 괜찮아, 그냥 내 존재면 충분해.

▶ 내가 정말 원하는 것은 무엇이지? 내 주관을 갖고 인생의 철학과 삶의 목표를 세워야 해.

▶ 피곤하지 않아? 다른 사람만큼 나도 소중해. 자신을 잘 돌보는 게 무엇보다 먼저야.

▶ 해야 할 일을 먼저 하고 그 후에는 편히 쉬어.

▶ 사람들의 평가를 두려워하지 말고 내 감정이나 요구를 솔직하게 이야기해보자.

성취를 추구하는 선생님

나효율

선생님은 차분하고 꼼꼼하며 자기관리를 잘합니다. 자신의 교육 철학과 학생 지도 방침에 자신이 있으며 자존감이 높습니다. 학생들에게 허술한 모습을 보이지 않으려고 노력하며, 학생들을 위해 최선을 다합니다.

개학식 전날 교실을 먼저 정리하고 칠판에 학생들을 환영하는 말과 좌석 배치도를 미리 게시하여 새로운 반에 들어와서도 우왕좌왕하지 않고 자신의 자리를 찾아 앉게 합니다. 준비되고 정돈된 기분으로 새 학년과 담임 선생님에 대해 기대하게 하며, 첫 만남 시 학급에 기대하는 목표를 제시하고 함께 일 년 동안 그것을 잘 이루어가자고 제안합니다.

수업에서도 첫 만남을 중요하게 생각합니다. 첫 시간이 어색하여 바로 교과서 진도부터 나가는 선생님을 이해하지 못합니다. 첫 만남에 강렬한 인상을 주고 학생들이 자신과 자신의 수업을 기대하게 만듭니다. 프레젠테이션 자료를 이용하여 자신을 소개하고 수업 진행 방식, 그런 방식을 진행하는 이유, 그것이 이루어낼 성과를 안내하여 자신을 믿고 따라오도록 유도합니다.

새로운 학교에 부임하여 첫해에 학생과 학부모의 신뢰와 신임을 얻는 것 역시 중요하게 생각합니다. 선후배와 학부모 사이에서 교사에 대한 평판이 소문나기 마련이라, 첫해에는 특별히 더 신경을 써서 잘 가르치는 교사, 학생을 이해하고 존중하는 교사, 업무능력이 뛰어난 교사라는 인정을 받아두려고 합니다. 시작뿐 아니라 마무리도 중요하게 생각하여, 학급 일 년 사진을 모아둔 영상을 만들거나 학급문집 제작 등 결과물을 남깁니다.

나 선생님은 학생들의 학년과 수준에 맞추어 수업할 줄 아는 교사가 능력 있는 교사라고 생각합니다. 학생들이 어느 부분을 어렵게 생각하고 오개념이 발생하는지 잘 파악하여 정리해주며, 그들이 수업을 잘 정리하여 기억하도록 돕습니다.

학생의 성장과 발전을 도와 그들이 존경하고 따르는 교사가 되고 싶지만, 학생들에게 너무 많은 시간을 뺏기고 싶지는 않습니다. 개인적인 관계보다는 수업 시간과 근무 시간 안에서의 관계를 선호합니다. 효율적인 시간 관리와 자신의 가정생활도 중요하다고 생각하기 때문입니다.

주명성

선생님은 학교에서 눈에 띄는 편입니다. 멋지게 일하는 이미지와 도시적인 감각으로 외모를 꾸미는 것을 좋아합니다. 수업의 기승전결이 뚜렷하고 어려운 학습 내용을 자신만의 방법으로 학생들이 습득하기 좋게 제공합니다. 자신이 지도하는 학생들이 우수한 성취를 나타내도록 학습자료 준비를 잘하며, 명강사로 인정받고 싶습니다. 자신이 수업하는 학급이 학년 평균보다 낮은 것을 용납할 수 없기에, 학생들에게 동기부여를 잘하여 열심히 공부하도록 지도합니다. 사실, 평균보다 높은 정도가 아니라 일등을 하고 싶습니다.

학교평가 준비 시에도 상대방 시각으로 궁금한 자료들을 알아보기 쉽게 L자형 파일에 정리하고 잘 설명하여 학교평가 일등에 기여했습니다. 또한, 교내 각종 대회에서 자신이 지도한 학생이 좋은 성과를 내도록 최선을 다하여 지도교사로서 주목을 받고 싶어 합니다. 학급과 학교의 이름을 빛내줄 수 있는 학생을 양성하는 것이 교육의 보람이라고 생각합니다.

관리자나 학생, 학부모의 신임을 얻는 방법을 잘 알기에 그 기대에 맞추어 교육 활동을 재구성하고 학급 활동을 기획할 수 있습니다. 학년 부장을 할 때는 그 학년 전체를 통솔할 만한 카리스마 있는 리더십을 발휘하며, 머리 스타일이나 의상 스타일도 세련되고 멋진 느낌이 납니다.

교내 교육 활동뿐 아니라 시도교육청 대회 등에 출전하여 입상하거나 대외적인 연구회 활동을 통해 인맥을 쌓는 것을 중요하게 생각합니다. 평교사로만 재직하기에는 학교라는 울타리가 좁다고 생각합니다. 남들보다 일찍 장학사가 되기 위한 준비를 시작하고 높은 점수로 교감, 교장이 되고 싶습니다. 학교 밖을 넘어서서 교육청, 교육부 등에서 교육 목표와 비전을 제시하는 것이 가치 있고 보람 있다고 생각합니다.

주 선생님은 자기 발전을 위해서 부단히 노력하며 힘든 일이 있어도 목표 달성에 전력을 다합니다. 하지만 그 과정에서 지나친 경쟁심이 생기고 목표에만 집중하느라 자신의 건강과 주변 사람들을 소홀히 하기도 합니다.

한매력

선생님은 의욕과 자신감이 넘칩니다. 매년 초 자기 자신의 교육 목표를 설정하고 그것을 이루기 위해 연수를 듣거나 책을 읽으며 준비합니다. 자신의 분야에서 전문성을 갖추기 위해 노력합니다. 또한 전문적인 교사의 이미지에 적합한, 단아하면서도 우아한 스타일을 선호합니다.

학생들이 어떻게 하면 더 성장할지 잘 알기에 그들의 성장을 위해 필요한 관심과 에너지를 쏟습니다. 한 선생님은 미술부를 지도하면서 학생들 한 명, 한 명의 수준과 장점을 파악하여 꾸준히 개별 지도해 왔습니다. 학생들의 성장이 곧 자신의 보람이기에 개개인에게 관심과 애정이 각별합니다. 학생들이 미술실에 오는 것을 즐거워하고 편안히 속마음을 털어놓을 수 있는 깊은 관계를 만듭니다. 몇 년에 걸친 미술부 지도 결과, 학생들의 실력이 눈에 띄게 성장하여 대학 입시 결과로 이어졌는데 그 공을 자신보다는 학생에게 돌렸습니다. 학생의 성공을 곧 자신의 성공으로 여기기 때문입니다.

효율적으로 업무를 잘 처리하며 다른 선생님들이 기피 하는 업무도 어려워하지 않습니다. 학교 분위기와 상황을 빨리 파악하기에 부장으로 근무 시에는 교장 선생님을 도와 학교 발전을 위해 제안을 잘합니다. 학교 위기 상황에서는 적절하게 판단하여 그 상황을 벗어나도록 합니다. 학년의 큰 사안에 대해서도 지혜로운 해결 방법을 잘 찾아 구설수는 최소화하고 당사자는 피해가 적도록 대처합니다. 가까이 함께 근무하는 부서 선생님들도 잘 챙기고 협력을 잘합니다.

한 선생님은 교육계의 최신 뉴스와 동향을 파악하고 이를 동료들과 나누는 것을 좋아합니다. 자신이 적용해 보았을 때 잘된 것을 동료에게 이야기하고 함께 실천해보도록 동기부여를 하기도 합니다. 동료의 성장을 통해 본인도 성장한다고 느껴서 기쁘기 때문입니다.

한 선생님은 동료 교사들과 관리자에게 유능하고 매력적인 사람으로 보이는 것을 중요하게 생각하며 최고의 선생님이 되고자 끊임없이 노력합니다. 다만, 일 중심적으로 생각하고 행동하다 보니 자신의 감정을 잘 알아차리지 못합니다.

나효율, 주명성, 한매력 선생님은 모두 에니어그램 3유형입니다. 3유형 선생님은 목표를 성취하려는 내면의 동기는 같지만, 이들의 격정인 허영이 드러나는 방식에 따라서 세 가지 다른 모습으로 나타납니다. 여기서 허영이란, 다른 사람의 시각에 따라 살아가는 것을 의미합니다.

나효율 선생님은 효율적인 방법을 통해 좋은 선생님이 되려고 노력하며, 주명성 선생님은 세련된 이미지를 추구하면서 사회적으로 인정받고자 하고, 한매력 선생님은 유능한 사람이 되어 자신에게 중요한 사람을 지원하며 그의 성취를 도와주려고 합니다.

같은 3유형이라도 자신의 어린 시절과 부모님의 유형, 양육방식, 교육환경, 의식 수준에 따라 또 다른 모습을 보일 수 있습니다. 겉모습은 여러 가지 다른 색깔로 나타날 수 있지만, 내면의 동기는 같습니다.

3유형 선생님이라 좋은 점

일반적으로

❤ 최신 수업 방법이나 생활지도 등의 동향을 빨리 파악하고 정보를 수집한다.

❤ 자신의 역할과 할 일을 잘 수행하여 교직 사회에서 인정을 받는다.

❤ 맡은 업무를 부지런하고 효율적으로 잘 해낸다.

❤ 자신감과 열정이 넘치는 인상을 주며 외적으로 자신을 가꾼다.

나효율 선생님은 공개수업을 하는 것이 부담은 되지만 본인의 역량을 인정받는 기회라 생각하고 기꺼이 즐거운 마음으로 준비한다. 잘할 수 있다는 자기암시 가운데 교사와 학생들의 협력을 이끌려고 만반의 준비를 한다. 당일 돌발 상황이 발생해도 적절한 임기응변을 바탕으로 한 편의 연극을 완성하듯 정해진 시간 안에 모든 내용을 잘 끝낸다. 함께 수고한 학생들에게도 아이스크림 같은 외적 보상과 더불어 폭풍 칭찬도 잊지 않는다.

나 선생님은 학생들이 준비하는 축제에 한 부분을 맡아 교사 찬조로 무대에 서는 것을 은근히 즐긴다. 학생들을 위하는 좋은 교사라는 이미지도 줄 수 있고 본인도 스포트라이트를 받는 효과를 기대하고 즐거워한다.

교실에서

❤ 학생의 학습 수준을 잘 파악하여 각각의 수준에 맞추어 수업할 수 있다.

❤ 학생들에게 비전을 제시하고 학습 목표를 분명히 하여 성취감을 경험하도록 한다.

❤ 학생들에게 긍정적인 피드백을 자주 하며 상호 상승작용이 일어나도록 지도한다.

❤ 학생 개인의 성장과 더불어 학급과 학교 전체의 발전에 관심을 가진다.

주명성 선생님은 학생들에게 자기관리나 시간 관리에 대해 좋은 예화, 동영상으로 학습 동기부여를 하고 자기계발서도 잘 소개한다. 학급 분위기가 어수선하거나 좋지 않은 분위기가 감지되면 다른 학교에서 비슷한 상황이 있었던 사례나 영화 속 장면, 라디오에서 들은 사건 등을 빗대어서 아이들이 현재 상황을 인지하고 생각을 전환할 분위기를 만들어 준다.

주 선생님은 성적이 눈에 띄게 상승했거나 태도와 행동이 크게 변화한 학생들에 대해서는 반드시 외적, 내적 보상을 해준다. 선생님이 학생의 성장과 발전을 기대하며 주목하고 있음을 인지시킨다. 학생이 기대하는 바대로 성장할 수 있다는 믿음을 가지고 현재보다 미래의 변화된 모습을 꿈꾸도록 돕는다.

관계에서

❤ 동료 교사와 학생의 가능성을 알아차리고 그들의 장점을 돋보이게 한다.

❤ 연수에서 배운 내용을 적용해서 효과적인 교육 방법에 대해 동료들에게 설명해주고 함께 실천하도록 독려한다.

❤ 학생, 교사, 관리자뿐 아니라 학부모와도 좋은 관계와 신뢰를 얻는다.

❤ 누구와 있어도 배울 점을 얻을 수 있다고 생각하여 모든 관계를 배움과 성장의 기회로 생각한다.

한매력 선생님은 자신감 넘치고 활기찬 모습으로 학생과 선생님들에게 긍정적 에너지를 준다. 동료 교사의 말을 잘 들어주고 듣는 것 이상으로 해결책이나 번뜩이는 아이디어를 제공해 주어서 후배 교사들이 잘 따르는 편이다. 한 선생님에게 가면 칭찬이나 격려를 받을 수 있는 것을 아는 학생들은 자발적으로 쉬는 시간에 교과 내용을 질문하러 찾아온다.

3유형 선생님이라 힘든 점

일반적으로

◆ 쉬지 않고 무리한 생활을 하여, 과로로 인한 질병이 찾아오기 쉽다.

◆ 학부모나 관리자로부터의 부정적인 피드백에 더 민감하고, 좌절할 수 있다.

◆ 일을 추진할 때, 너무 밀어붙여서 주변 사람들을 힘들게 한다.

◆ 자신의 능력을 과신하여 자신의 판단과 선택이 더 낫다고 생각한다.

주명성 선생님은 웬만하면 본인이 일을 잘하고 있다고 생각하기에 다른 사람이 지적하는 것을 인정하거나 받아들이기 힘들다. 남들이 자신이 일한 과정과 결과를 몰라주면 자신이 일한 양과 내용을 은근히 학생들이나 교사에게 이야기하여 자신이 대단하다는 것을 과시하려고 한다. 때로는 일을 잘해놓고도 생색을 내는 모습 때문에 다른 교사의 눈살을 찌푸리게 한다.

교실에서

◆ 준비물을 못 챙기고 숙제를 해오지 않는 학생들을 답답해한다.

◆ 학급 전체의 성과가 중요해서 학업 성취 능력이 낮은 학생을 강하게 끌어가려고 한다.

◆ 소수의 잘하는 학생 위주로 끌어가고 싶어 한다.

◆ 의기소침하거나 앞에 나서지 못하는 학생의 감정을 잘 읽어주지 못한다.

◆ 어떤 면이든 칭찬받는 학급이 되기 위하여 과정보다 결과를 중시한다.

학급 전체 평균을 올리기 위해서는 하위권 학생들의 점수가 끼치는 영향이 큰데, 아무리 가르쳐도 배움에 진보가 일어나지 않는 학생들이 주명성 선생님은 답답하다. 그러다 보니 은연중에 말이나 눈빛에서 학생들에게 실망감을 표출한다. 또한 주 선생님은 생각을 위한 생각, 지적인 사고 유희 같은 것은 시간 낭비로 여겨서, 출제 빈도가 높고 학업성취도 향상을 이룰 수 있는 내용 위주로 수업하기를 선호한다.

관계에서

◆ 자신의 성과를 관리자나 교사가 몰라주면 서운하다.
◆ 잡담만 하는 시간은 시간 낭비라고 생각하여 정보를 얻거나 배움이 일어나는 목적이 있는 만남을 우선시한다.
◆ 겉으로는 모든 사람과 잘 지내는 것 같으나 사실상 깊은 속마음을 나누는 사람은 적다.
◆ 일 중심적이다 보니, 개인적인 관계를 돈독히 맺기가 어렵다.

나효율 선생님은 시간을 효율적으로 사용해야 해서 시시껄렁한 일상생활 이야기나 관심 없는 먼 나라 이야기 같은 것을 들어줘야 하는 상황은 마음이 편하지 않다. 그 시간에 할 수 있는 다른 일이 생각나서 상대방의 이야기를 경청하는 것이 어렵다.
또한 일의 성과를 위해 업무 협조를 구할 수는 있지만, 기본적으로는 남에게 부탁하지 않고 스스로 하려고 한다. 다른 사람에게 부탁하는 것은 능력이 없음을 인정하는 것 같아서 불편하다. 관계 자체보다는 일의 성과에 도움이 되는 관계를 맺으려 하기에 다른 사람과 깊은 내면을 만나기 어렵다. 목적을 가지고 만나는 관계에 상대방은 부담을 가질 수 있다.
나 선생님은 불평불만을 자주 하는 학생, 자신의 말을 의심하는 학생을 대하는 것이 힘들다. 모든 문제를 선생님이 해결해주길 원하는 것 같고, 선생님의 능력을 못 믿는 것 같이 느껴지기 때문이다.

3유형 선생님의 고민

✓ 전문적인 교사로서 성장하는 것 같지 않아. 교사가 정말 나에게 맞는 걸까?

✓ 이 학생에 대한 문제를 학부모님께 말씀드려야 하는데, 서로 마음이 상하지 않게 전달하려면 어떻게 이야기해야 할까?

✓ 초등학교 수업에서 다루는 지식은 너무 쉬워. 수업을 통해 아이들뿐만 아니라 나도 성장하려면 어떻게 해야 할까?

✓ 저 선생님은 어떻게 저렇게 다양한 활동을 재미있게 하지?

✓ 학습 결손이 많은 학생은 학년이 올라갈수록 지도가 어려워. 어떻게 하면 기초학력 부진 학생이 나오지 않을 수 있을까?

✓ 의기소침하고 무기력해 보이는 아이를 보면 안타까워. 모든 학생이 자신이 잘 할 수 있는 장점을 찾아 자신감을 가지고 살 수는 없을까?

✓ 다른 교사들이 자꾸 나에게 물어보면 나는 시간을 빼앗기는데…. 나에게 물어보지 않고 교사들이 자기 업무를 알아서 척척 하면 좋겠어.

✓ 저 선생님은 어떻게 이 정도의 업무도 힘들다고 불평을 할까? 어차피 할 일이라면 불평하지 않고 좋게 할 수는 없을까?

✓ 학교 발전을 위해 교사, 학생, 학부모가 어떻게 유기적으로 협력할 수 있을까?

✓ 학생, 학부모가 만족할 만한 교육을 어떻게 할 수 있을까?

✓ 학생 행동의 변화를 이끌기 위해 어떤 조언과 격려를 해주면 좋을까?

3유형 선생님은 왜 그럴까요?

에니어그램 3유형에 속하는 사람들은 수업, 업무, 인간관계 등 모든 면에서 유능한 사람으로 인정받고자 합니다. 또한 자신이 한 일에 대해 스스로 만족하는 것으로 그치지 않고 다른 사람이 알아주길 바랍니다. 그래서 가시적인 척도로 성취를 느낄 수 있는 일을 좋아하고, 그 일의 성공이 곧 자신의 능력을 입증한다고 생각합니다. 능력이 없으면 가치가 없다는 생각에 능력을 기르고자 연수도 많이 받습니다. 전공 분야의 연수뿐 아니라 새로운 이슈, 문화 생활, 교육 방법 등의 다양한 연수를 받으며 가능한 많은 것을 배워두고자 합니다. 자기 계발을 위한 시간을 중요하게 생각하며 시간 관리와 할 일 목록을 작성하고 효율적인 삶을 살고자 쉬지 않고 일을 합니다.

3유형 선생님은 효율적으로 일을 잘하고 무엇을 맡겨도 뛰어나다는 소리를 듣고 싶어서 많은 일을 도맡아 하기 쉽습니다. 자신이 원래 맡은 업무를 성실하게 잘할 뿐 아니라, 다른 부서의 업무에서도 개선점을 발견하여 제안하기도 합니다. 학급과 수업, 업무 등 모든 영역에서 더 좋은 방안과 효율적인 일 처리를 추구합니다. 사람들과는 일을 잘 처리하기 위한 협력 관계 정도만 맺어서, 싫어하는 사람도 별로 없지만 그렇다고 깊은 내면을 나눌 동료도 별로 없습니다.

다른 사람의 눈에 좋게 보이기 위해서 어떻게 해야 하는지 빠르게 알아차리기에, 좋은 교사상을 그려놓고 학생과 학부모, 관리자가 기대하는 교사가 되려고 애씁니다. 그 교사상은 누가 정해주었다기보다는 스스로 정한 것이며, 근무하는 학교와 교사의 상황과 맞물려서 그때마다 변화하게 됩니다. 학교의 모든 구성원으로부터 좋은 교사라는 인정을 받기 위해 자신의 감정과 내면을 돌볼 겨를도 없이 쉬지 않고 일합니다.

3유형 선생님을 위한 실제적 제안

수업
▶ 멋져 보이는 수업, 화려한 수업이 가장 좋은 것은 아닙니다. 때로는 건조하고 간결
하더라도 아이들에게 필요한 수업이 될 수 있습니다.

▶ 수업 시간 학생들의 무반응에 지나치게 민감하지 않아도 됩니다. 겉으로 표현하지
않더라도 마음에 울림이 있는 수업일 수 있습니다.

▶ 효율 때문에 지식 위주의 수업만 한다면 학생들이 힘들어할 수 있습니다. 학생들과
소통하며 진행하는 수업도 의미가 있습니다.

▶ 교사 혼자 다 가르치려 하지 말고 학생 상호작용을 통한 수업 효과도 기대해 보십
시오.

학급운영
▶ 더 좋아 보이는 방침을 보았다고 해서 학생들과 함께 정한 규칙을 쉽게 바꾸지 마
십시오. 학급 경영이 성공하려면 일관성이 필요합니다.

▶ 너무 많은 것을 하려고 시도하기보다는 꼭 필요한 것을 일 년 내내 꾸준히 하도록
노력해보십시오.

▶ 선생님에게 긍정적인 피드백을 해주는 학생을 편애할 수 있습니다. 학생들을 공평
한 잣대로 보려고 균형을 유지하십시오.

▶ 좋은 것을 배웠을 때, 바로 학급에 투입하려고 하면 학생들은 혼란스러울 수 있으
니 섣불리 투입하지 말고 심사숙고하십시오.

인간관계 및 업무

▶ 업무를 잘하는 것이 교사의 본질은 아닙니다. 업무를 통해 자신의 가치를 입증하려는 마음이 있는 것은 아닌지 고민해보십시오.

▶ 일을 빠르게 마치려고 주변 사람들을 재촉할 때 옆 사람이 그 속도를 따라가기 어렵다는 것을 기억하십시오.

▶ 자신의 능력을 과신하여 감당할 수 있는 수준보다 더 많은 업무를 받을 수도 있습니다. 업무를 받을 때는 전임자나 경험자에게 물어보고 감당할 수 있는지 고민한 후에 결정해도 됩니다.

▶ 업무가 아무리 중요하더라도 중간에 휴식을 취하며 하는 것이 더 효과적이니 쉬는 시간을 정해 놓으십시오.

▶ 빨리 끝내려는 마음 때문에 실수가 생길 수 있습니다. 조금 시간이 걸리더라도 꼼꼼하게 확인 하십시오.

▶ 좋은 모습만 보여줘야 좋은 사람이 되는 것은 아닙니다. 연약하고 부족한 모습을 있는 그대로 보여도 좋습니다.

▶ 일보다 더 중요한 것은 사람입니다. 사람을 놓치는 실수를 하지 마십시오.

▶ 친한 동료에게 솔직한 마음을 꺼내 보십시오. 마음을 털어놓고 대화를 하면 더 친밀한 관계를 만들 수 있습니다.

감정과 표현

▶ 능력이 곧 그 사람의 가치는 아닙니다. 부족하고 능력이 없어도 존재 자체로 선생님은 소중하다는 것을 기억하십시오.

▶ 다른 사람에게서 듣는 칭찬 그 이상으로 선생님은 존귀합니다. 사람들의 평가에 좌우되지 마십시오.

▶ 자신의 깊은 감정을 만나 보십시오. 그 감정을 친한 사람에게 표현해 보십시오.

진정한 나로 깨어나려면?

에니어그램의 궁극적 목표는 먼저 자신의 성격 패턴을 알아차린 후, 그 성격 패턴에서 벗어나기 위한 의지적 노력과 훈련으로 미덕을 실현하며 성장하는 것입니다. 그럴 때 우리에게 찾아오는 은혜로 현존하는 삶을 누리며 우리 자신의 모든 잠재력을 발휘하면서 더욱 진정성 있고 의미 있는 방식으로 살 수 있습니다.

3유형이 '진정한 나'를 발견하고 성장하기 위해서는 목표와 성취에 초점을 두는 이유가 무엇인지, 그 과정에서 놓치는 것은 무엇인지, 자신이 어떤 상황에서 이미지를 사용하는지, 감정을 피하려고 행동할 때는 언제인지, 진정한 자신의 감정과 욕구를 보기 어려운 이유는 무엇인지 등에 대해 스스로 내면을 관찰해야 합니다. 다음의 질문은 당신이 깨어나도록 도움을 줄 것입니다.

- 삶에서 무엇이 가장 중요합니까? 그 부분을 내려놓으면 어떻게 됩니까?
- 자신의 가치를 증명하기 위해서 무엇을 하고 있습니까? 가치를 증명하려는 이유는 무엇입니까?
- 성취가 중요한 이유는 무엇인가요? 성취하지 않으면 무슨 일이 생깁니까?
- 상황마다 적합한 이미지를 사용해서 얻는 것은 무엇입니까? 그 이미지가 진정한 자신의 모습일까요?
- 다른 사람들의 기대에 부응하기 위해 애쓰는 자신을 보면서 어떤 마음이 듭니까?
- 빠른 속도로 일을 할 때 당신의 상태는 어떻습니까?
- 어떤 감정을 가장 잘 느끼고, 어떤 감정을 지나쳐 버리고 있습니까?
- 당신은 슬픈 감정을 어떻게 다루고 있습니까?
- 외로울 때 무엇을 합니까?

이러한 질문을 통해 3유형의 성격 패턴을 인식하고 자신의 자동적인 반응을 관찰할 수 있습니다. 습관적 행동의 원인, 과정, 결과에 관해 탐구한 후에는, 더욱 의식적으로 생각하고 느끼며 행동하면서 성장과 변화의 길을 걸을 수 있습니다. 3유형이 성장의 길을 걷는 데 도움이 되는 실천 사항 몇 가지를 다음과 같이 제시합니다.

- 있는 그대로 자신을 수용하기
- 슬픔이 올라올 때 그 감정을 안아주고 이해하기
- 능력은 각자가 다를 수 있음을 기억하기
- 가족과 친구들의 소중함을 깨닫고, 건강하게 소통하기
- 자연에서 시간을 보내면서 자신의 마음을 들여다보기
- 일하는 속도를 늦추고 자신의 감정을 살펴보기
- 정기적으로 즐거운 취미 생활을 하고 시간을 내어 봉사 활동하기

자신에게 들려주는 말

▶ 나는 지금도 충분히 잘하고 있어.
▶ 다른 사람에게 맞추지 말고, 내가 원하는 것을 해 보자.
▶ 휴식을 취하면서 살아도 좋아.
▶ 이미지는 내가 아니야.
▶ 나의 삶 자체로 의미가 있어.

독특함을 추구하는 선생님

한연민 선생님은 학교생활을 하는 것이 항상 힘에 부칩니다. 과연 이 직업이 나에게 맞는 옷일까, 교사로서 잘하고 있는 것일까 고민을 많이 합니다. 교사로서 잘하고 싶은 마음은 큰데 뭔가 잘못하고 있는 느낌입니다. 어디에서라도 위로와 도움을 받고 싶어서 괜찮다는 연수나 모임을 찾아다니지만 그런 허전함을 채우지 못했습니다.

한 선생님은 퇴근 후에도 내일 있을 수업을 열심히 준비합니다. 준비되지 않은 수업을 한다는 것은 너무 두려운 일입니다. 학생들의 지루한 반응과 눈빛을 생각하면 몸이 움츠러듭니다. 어떻게든 의미 있는 수업을 하고 싶습니다. 마침 내일은 도덕 수업이 있는데 교과서에는 마음에 닿는 예화도 없고 자신이 알고 있는 것도 없습니다. 감동이 있어야 학생들의 내적 동기가 발현될 수 있는데, 마음이 답답해집니다. 교사 사이트에서 한 시간 넘게 찾았는데도 마음에 드는 것이 없어서 결국 스스로 예화를 만듭니다. 완전히 마음에 들지는 않지만, 국어, 수학, 과학도 자료를 만들어야 하니, 일단 놔둡니다. 나머지 과목까지 자료를 다 만들고 나니 새벽 2시. 너무 피곤해서 쓰러지듯이 잠이 들었습니다. 꿈속에서도 자료를 구상할 때가 있는데 그럴 땐 너무 숨이 막힙니다.

아침이 되어 벨 소리에 겨우 깨어났습니다. 아침을 먹으려고 빵을 꺼냈는데 먹기가 싫습니다. 학생들이 수업을 잘 들어줄까 걱정도 되고 속이 울렁거립니다. 재미있으면서도 아이들에게 감동을 주는 살아있는 수업을 하고 싶은데, 가능할지 모르겠습니다. 두려운 마음에 무거운 걸음으로 집을 나섭니다. 막상 학교에 들어서니 힘이 나기도 합니다. 아이들을 보며 '그래, 힘내보자!' 다짐합니다.

전날 준비해온 자료들로 열의를 다해서 수업을 진행합니다. 학생들의 반응이 좋은 날은 힘이 나며 기쁘고 뿌듯합니다. 그러나 아이들의 반응이 좋지 않은 날은 너무 힘듭니다. 학생들의 반응이 한 선생님을 무겁게 짓누릅니다. 어떤 부분에서 잘못한 걸까?라는 생각이 맴돕니다.

오후가 되어 내일 수업 준비를 하는데 부장 선생님이 기한이 급한 업무를 다 했는지 물어봅니다. 아차, 수업 준비에 마음을 쏟다 보니 급한 업무를 놓치고 말았습니다. 빨리 업무는 처리해야 하는데, 교실에 남아 숙제하는 아이들이 기분 상할까, 마음이 쓰여 집에 가라는 말을 하지 못합니다.

이길음

선생님은 이번 결정이 마음에 들지 않습니다. "수업 장학은 같은 학년에서 같은 교과로 차시를 정하여 수업 방향을 서로 고민하고 교류하며 진행하도록 하겠습니다."

많은 선생님이 결정을 좋아하는데, 이 선생님은 공통지도안으로 수업을 할 생각이 없습니다. 동기유발이나 활동 중 한 가지라도 다른 반과 다르게 진행하고 싶다는 마음이 강하게 듭니다. 공통지도안대로 수업을 준비하면 시간도 절약되고 고민할 필요도 없기에 편할 텐데, 왜 자꾸 남다르게 하고 싶은지 모르겠습니다. 다른 사람들과 똑같이 한다는 것은 의미가 없고 자기답지 않다는 생각이 듭니다.

드디어 동료 장학 공개 수업 일입니다.

'경력 십오 년 차인 부장 선생님은 어쩌면 저렇게 수업을 노련하게 하실까? 꾸준히 연구해 오신 교육연극과 학급경영을 수업에 녹여내었고, 아이들은 편안하고 즐겁게 참여한다. 아직 서툴고 부족한 우리 반과 비교가 된다. 학생들은 이런 선생님을 좋아하겠지?'

'경력이 이 년밖에 안 되는 신규 선생님이 떨지 않고 발문도 잘하시네. 업무도 빈틈없이 잘한다고 소문이 나 있던데, 학급이나 수업도 똘똘하게 운영해 가는구나. 나는 신규 때 어느 것 하나 잘하는 게 없었던 것 같은데, 참 부럽다.'

이 선생님은 수업을 마치고 동료 선생님들로부터 기발한 동기유발 방식과 창의적인 활동에 대해 칭찬을 받았는데도 자신에게 만족이 안 됩니다. 어떻게 하면 독창적이고 멋진 아이디어를 담은 수업을 할 수 있을까 생각하며 일주일 넘게 모든 에너지를 다 여기에 썼습니다. 그런데도 본인이 잘한 것보다는 다른 반과 비교해서 부족했던 것만 생각하게 되어서 종일 속상하고 우울한 내색을 보였습니다. 그 모습을 본 동료 선생님들은 "이 선생님, 오늘 아이들이랑 재미 있게 수없하고 칭찬도 많이 받았는데 표정이 왜 그래? 속상한 일 있어?" 하고 물어 보았습니다.

나독특 선생님은 일주일 뒤에 있을 '반별 동요 발표 대회'의 리허설을 했습니다. 아침부터 강당 무대에 올라가 음향 점검을 하고 동선을 맞추고 인사 연습까지 한 후에 교실로 돌아왔습니다. 교실에서 연습한 대로 노래와 율동을 제대로 해냈는데, 왜 이렇게 불만족스럽고 은근히 화도 나는지 모르겠습니다. 아무래도 다른 반의 무대와 비교했을 때 시선을 잡아끄는 우리 반만의 강렬한 무언가가 없기 때문이라는 생각이 들었습니다.

교내에서 열리는 대회라 가볍게 연습하고 끝낼 수도 있지만, 이왕이면 잘하고 싶습니다. 음악에 특별히 조예가 깊고 관심이 많은 나 선생님에게 동요대회는 자존심의 문제입니다. 게다가 학년에서 1등을 하는 반만 모아 학교에서 특별 영상을 제작한다고 하니 더 욕심이 납니다. 그런데 이대로 무대에 올렸다가는 1등을 하기 힘들 것 같습니다.

"여러분, 지금부터 동요대회 율동을 몇 가지 바꾸고, 노래 가사도 중간에 다르게 부르며 연습을 다시 해볼 거예요. 열심히 해봅시다!"

드디어 동요 발표 대회 날. 특별히 많은 사람이 모이는 자리이기도 하여 돋보일 수 있는 독특한 패턴의 강렬한 색감의 옷을 입고 출근했습니다. 나 선생님은 평소에도 특이한 문양의 옷을 즐겨 입는 편이라 개성 있는 패션 감각을 가진 선생님으로 유명합니다.

실수 없이 무대를 마치고 내려온 아이들에게 엄지손가락을 치켜들고 폭풍 칭찬을 해주었습니다. 누가 봐도 눈에 띄는 창의적인 무대 구성은 나 선생님 반이었고, 주변 선생님들도 1등은 선생님 반일 것이라며 칭찬 일색이었습니다. 1등으로 불릴 것으로 장담하며 기다리고 있는데… 결과는 2등!

모든 학생이 반티를 입어야 한다는 규칙을 어긴 게 감점 요인이 되었다고 합니다. 나름대로 톡톡 튀는 아이디어를 발휘하기 위해 몇 명에게는 색다른 옷을 입힐 수밖에 없었는데, 그 정도의 개성과 창의성도 몰라주다니! 화가 나고 숨이 막힙니다. 게다가 하필 평소 경쟁의식이 있는 옆 반 동갑내기 선생님에게 1위를 뺏겨 표정 관리가 안 됩니다.

화가 나면 솔직하게 쏟아내야 직성이 풀리는 나 선생님 성격을 아는 친한 선생님이 말리지 않았다면, 심사표를 다시 확인하자며 따지고 들었을 것입니다. 열심히 노력한 만큼 1등은 우리 반이 거머쥘 거라고 아이들에게 선언했고 그만큼 자신이 있었는데 아이들과의 약속도 지키지 못한 선생님이 된 것 같아 화나고 속이 상해 참을 수가 없습니다.

한연민, 이깊음, 나독특 선생님은 모두 에니어그램 4유형입니다. 4유형 선생님은 자신만의 독특함을 표현하려는 내면의 동기는 같지만, 이들의 격정인 시기(猜忌)로 인해 느끼는 고통을 표현하는 방식에 따라서 세 가지 다른 모습으로 나타납니다.

한연민 선생님은 시기심이 생기면 그것을 극복하려고 노력하며, 이깊음 선생님은 시기심 때문에 고통 속에서 슬퍼하고, 나독특 선생님은 시기심 때문에 타인을 힘들게 합니다.

같은 4유형이라도 자신의 어린 시절과 부모님의 유형, 양육방식, 교육환경, 의식 수준에 따라 또 다른 모습을 보일 수 있습니다. 겉모습은 여러 가지 다른 색깔로 나타날 수 있지만, 내면의 동기는 같습니다.

4유형 선생님이라 좋은 점

일반적으로
- ❤ 상대의 감정을 민감하게 알아차리고 공감해준다.
- ❤ 사람들에게 연민을 갖고 따뜻하게 대하며, 진실하고 솔직하다.
- ❤ 의미 있고 아름다운 것을 눈여겨 볼 수 있다.
- ❤ 타인의 어려움을 깊이 이해할 수 있다.
- ❤ 업무나 수업과 관련하여 창의적이고 심미적인 관점을 제안한다.

교실에서
- ❤ 창의적인 아이들의 발언을 잘 수용하여 아이들을 적극적으로 수업에 참여하게 한다.
- ❤ 학생들의 자유를 존중하고, 이상적이며 따뜻한 학급 운영을 하고자 노력한다.
- ❤ 수업에서 의미 있고 아름다운 것을 강조하여 학생들의 심미안을 기르도록 돕는다.
- ❤ 교과서에 얽매이지 않고 학생들의 동기, 관심, 의미 등을 반영하여 자유롭고 색다르며 아름다운 프로젝트를 운영하는 것에 관심과 열의가 있다.
- ❤ 아이들과 선생님이 함께 동기가 부여된 일에 열정을 갖고 이끌어 준다. 그에 대한 헌신과 노력, 지지, 지원을 아끼지 않는다.
- ❤ 교실 내 엄격한 규칙보다는 한 사람 한 사람의 존재를 중요하게 여긴다.

이깊음 선생님은 자신의 반 학생들이 자유롭게 표현하며 아름답게 살아가는 이상적인 학급을 꿈꾼다. 그래서 학생들의 얼굴이 밝은지 어두운지 살피며 표정이 안 좋아 보이는 아이에게 다가가 말을 걸어준다. 아이들에게 명령조로 이야기하기보다는 최대한 의사를 물어봐 주며 그들의 의견을 들어주고자 한다. 학생들이 의미 있는 주제에 푹 빠질 수 있게 프로젝트를 구상하는 것을 좋아하며 아이들도 같이 공감하고 충분히 느낄 수 있기를 바란다.

관계에서

❤ 학생들의 감정을 잘 알아차리고, 깊은 대화와 상담을 통해 학생의 감정을 지지해준다.

❤ 학생들의 개성을 존중해주어, 학교의 기존 틀에서 벗어난 스타일의 아이들이 숨을 쉴 수 있게 된다.

❤ 학생들의 동기, 마음을 신경 쓰며 진정 자신이 하고자 하는 바가 무엇인지 알도록 질문해준다.

❤ 학부모의 스타일을 인정하고, 가능하면 섣부른 조언보다는 학부모의 마음에 공감하고자 한다.

한연민 선생님은 오늘도 방과 후에 상담할 학생들을 남긴다. 올해는 왜 이렇게 신경 써야 할 학생이 많은지 힘들기도 하지만, 상담하면서 그들의 마음을 편안하게 회복시키기 위해 애쓰고 있다. 오늘은 3명의 여자아이가 싸워서 남았다. 한 친구를 두고 나머지 두 친구가 좋지 않은 말을 했다는 것이다. 이런 일은 쉽게 넘어갈 수 없다. 각 아이의 말을 다 들어주고 공감해주며 서로의 감정을 물어보고 화해시킨다. 그러고 나면 선생님도 마음이 놓인다. 학생들이 서로 솔직히 자신의 마음을 나누고 감정이 풀려서 편안하게 학교생활을 했으면 한다.

4유형 선생님이라 힘든 점

일반적으로

◆ 자신에게 없는 것을 가진 다른 사람을 부러워한다.

◆ 문제가 발생했을 때 죄책감에 시달리거나 위축이 되어 자신감을 잃을 수 있다.

◆ 위축되면, 강한 사람에게 다가가기 어려워서 갈등 상황을 회피한다.

◆ 보수적인 교직 환경 안에서 자신의 자유로운 감정과 독특한 방식을 표현하기가 어렵다.

이깊음 선생님은 자신이 충분히 잘하고 있음에도 불구하고 뭔가 부족함을 느낀다. 다른 동료 선생님의 장점이 눈에 보이면 자신이 더 잘하지 못하는 것처럼 느끼곤 한다. 학급에서 아이들이 말을 잘 안 듣거나 공부를 하지 않는 등의 문제가 발생하면 모두 자기 탓인 것 같아 자신감을 잃기도 한다. 이러한 일이 계속되면 선생님은 너무나 위축된다. 학생이나 동료 선생님들에게 다가가 말을 거는 것도 힘들다. 심지어 수업 중에도 차마 수업을 진행하기 힘들고 그 감정에 휩싸인다. 그럴 때는 아이들에게 짜증, 분노를 표출하거나 울어버릴 수도 있다. 힘이 빠져 아무것도 할 수 없다.

교실에서

◆ 학생들이나 학부모, 동료 교사들이 자신이나 자신의 수업, 학급 운영 방식 등을 좋아하지 않는다고 생각하여 자신감을 잃고 머뭇거릴 수 있다.

◆ 다른 반은 잘하고 있는데 우리 반만 못하는 것 같다고 생각한다. 우리 반의 잘하는 점을 놓치고 다른 반의 잘하는 점을 부러워한다.

◆ 업무와 수업, 학급 운영 중 먼저 해야 할 일이 있을 때 우선순위를 놓치고 현재 가장 몰두하고 있는 일에만 집중한다.

◆ 수업, 학급 운영의 규칙 및 순서들이 일관되지 않고 자주 바뀌어 학생들이 불안해할 수 있다.

◆ 수업을 진행할 때 자세한 설명, 구체적인 방법 등에는 신경을 덜 쓰고 학생들의 마음에만 관심을 보이는 수업이 될 수 있다.
◆ 자신과 수업, 학급경영에 대한 기대치가 높아, 학생들이 따라오지 못하는 현실에 절망하고 분노하거나 우울해한다.

관계에서

◆ 감정적으로 힘들 때 예민해져 학생들이 다가오기 힘들어한다.
◆ 학생들의 사소한 말에 상처받거나 공격받았다고 느낀다.
◆ 갈등이 심해지면 짜증, 분노, 슬픔, 무기력, 우울 등 자신의 감정에 휩싸여 수업이나 학급 운영에 소홀해진다.
◆ 스트레스를 받는 상황에서는 엄격히 판단한다. 관대함을 버리고 하나하나 다 원칙적으로 따지고 들 수 있다.
◆ 학부모가 교사의 말을 잘 들어주지 않을 것 같아 미리 위축되어 의논하지 않는다.
◆ 자신의 문제, 이상(理想), 감정을 가장 심각하며 중요한 것으로 생각하고 다른 사람, 업무, 상황 등은 아무것도 아닌 것으로 치부하여 주의를 기울이지 않는다.

한연민 선생님은 수업이 매우 중요하며, 학생의 수업권이 무엇보다 지켜져야 한다고 생각한다. 수업 연구에 매진하다 보니 해야 할 업무를 잊을 때가 많다. 충분한 시간이 있어도 먼저 마음이 가는 수업 연구에만 온통 신경을 쓴다. 오늘까지 꼭 해야 하는 업무가 있는데 아직 수업 연구가 끝나지 않았다. 마음이 급해진 교감 선생님께서 한 선생님께 연락했다. 한 선생님은 시급한 업무를 자신이 놓친 것이 죄송하기도 했지만, 아이들의 수업을 망칠 수는 없다고 대답하며 업무를 회피한다.

4유형 선생님의 고민

✓ 다양한 활동과 창의적인 수업이 좋긴 한데, 그렇게 하면 아이들 성적은 잘 나오지 않을 것 같아.

✓ 아이들 마음에 닿고 의미 있으면서 감동적인 수업을 하고 싶은데 잘되지 않아. 학생 마음을 움직이는 수업을 하려면 어떻게 해야 할까?

✓ 나는 아이들이 자유롭게 자신의 의견을 표현하는 것이 좋은데, 다른 반 선생님이나 교과 선생님들이 우리 반을 나쁘게 보지는 않을까 고민이야. 우리 반에 질서가 없다고 보지 않을까? 그렇다고 엄격하게 하고 싶지는 않은데.

✓ 아이들이 학교의 틀에 맞춰 사는 것이 쉽지는 않을 거야. 그런데 나는 교사니까 그들에게 정해진 틀을 가르칠 수밖에 없어. 나는 아이들에게 그렇게 하고 싶지 않은데, 이런 내가 과연 교사란 직업에 맞는 사람일까?

✓ 학생들이 내 마음과 열정을 잘 이해해주지 않는 것 같아 속상해.

✓ 우리 반 아이들이 각자 자신이 원하는 것을 알아차리고 성장할 수 있게 도우려면 어떻게 해야 할까?

✓ 학교에는 의미 없는 행정 업무들이 왜 이렇게 많은 걸까? 본질적인 교육 외에는 선생님들을 좀 더 자유롭게 해주면 좋겠어.

4유형 선생님은 왜 그럴까요?

에니어그램 4유형에 속하는 사람들은 자신의 감정을 충분히 느끼기를 원하며 사람들에게 이해받고 싶어 합니다. 인생의 의미를 찾고자 하며 일상적인 것에서 벗어나려고 합니다. 연민이 넘치며 독특하고 감정적으로 솔직한 사람이 되고 싶어 합니다.

4유형은 자신이 누구인지 알기를 원하며 특별하고 심오한 정체성을 갖는 것을 추구합니다. 그렇기에 본인의 삶과 타인의 삶을 끊임없이 비교합니다. 다른 사람들의 삶을 들여다보면서 그들이 가질 수 있는 물건, 재능, 배경을 자신은 왜 가질 수 없는지 이해하기 힘듭니다. 이것은 4유형의 독특함을 더 강화하게 됩니다. 특히 4유형 선생님은 다른 반과 자신의 반을 비교하거나 교육적 이상(理想)으로 생각한 모습과 지금의 모습을 끊임없이 비교하며 죄책감 혹은 고통을 느끼고, 자신의 감정으로 깊이 들어갑니다.

4유형이 가진 시기(猜忌)는 개인적 결핍감, 즉 '내가 원하는 것을 나는 가지고 있지 못하지만 다른 사람은 가지고 있다.' 혹은 '다른 사람은 쉽게 얻지만, 나는 그렇지 않다.'라는 신념에서 나옵니다. 다른 사람들은 훨씬 적응을 잘한다고 느끼며 기본적으로 자신을 외부인이라고 믿습니다. 4유형 선생님은 자신이 학교에서 잘 적응하지 못한다고 여기고 본인이 교사로서 어울리는가를 끊임없이 고민하게 됩니다.

4유형 선생님은 특별한 정체성을 추구하기에 평범한 일상을 회피합니다. 단순하게 반복되는 삶은 자신의 기준을 만족시키지 못한다고 생각합니다. 다른 사람들이 가진 것을 시기하지만, 한편으로는 그들의 일상이 매우 피상적이고, 의미가 없다고 느낍니다. 남들과 똑같이 경험하는 일상은 자신만의 독특한 삶을 추구하는 신념을 깨버리기에 이들에게는 힘듭니다. 그래서 4유형 선생님은 교과서에 이미 제시된 내용에서 벗어나 창의적이며 자신만이 할 수 있는 수업을 구상합니다. 학생들에게도 다른 선생님과는 다른 자신만의 독특함을 느낄 수 있도록 의미 있게 다가가고자 합니다.

4유형 선생님을 위한 실제적 제안

수업

▶ 교과서를 탈피하는 시도도 좋지만 그대로 사용하는 것도 좋습니다. 학습 목표 및 성취기준에 합당하면 교과서 외의 것을 찾으려 하지 말고 기본에 충실하십시오.

▶ 본인의 이상을 수업에 실현할 때 100% 흡족하지 않을 수도 있습니다. 그렇더라도 현실적 한계를 생각하고 그 안에서 최대한으로 구현해보십시오.

▶ 수업 내용 중 자신의 이상과 의미, 가치에 맞지 않는 내용을 무시하기보다는 다른 사람의 관점과 사회적 차원에서 생각해보십시오. 교과서에서 제시하는 단원의 의미와 필요성을 살펴보고 생각을 재정립해 보기 바랍니다.

▶ 이상을 구체화하여 수업에 녹여낼 방법, 도구, 자료를 꾸준히 배우고 계발해보는 것이 필요합니다. 새로운 것보다 이미 있는 것을 먼저 살펴보는 것도 좋습니다.

▶ 학생들의 동기나 마음을 중시하다 보면 반복 학습, 훈련을 지겹고 싫은 것으로 치부하기 쉽습니다. 반복 학습과 훈련은 기본을 탄탄하게 하고, 앞으로 나아갈 힘이 된다는 것을 기억하십시오.

학급 운영

▶ 학생들이 건강하게 자기관리 하는 방법을 훈련하는 것을 구속이라 여기지 마십시오. 자기관리는 살아가면서 필요한 능력 중 하나입니다.

▶ 학기 초에 정했던 규칙 및 학급 운영 방식을 기분에 따라 바꾸지 말고 기간을 정해 끝까지 유지해보십시오. 장단점을 분석하고 필요하다면 그때 다시 변경하십시오.

▶ 감정적으로 힘들 때 선생님이 적게 개입해도 학급이 잘 운영되도록 시스템을 구축하거나 도와줄 학생들을 정해 두십시오. 학생들도 선생님의 감정에 흔들리지 않고, 선생님도 스트레스의 수위가 낮아져서 회복하기 쉽습니다.

▶ 학생 중에는 내적 동기보다 외적 동기가 더 잘 통하는 스타일도 있습니다. 순수하지 않다고 느낄 수 있지만, 학생에게 맞게 제시해주는 게 더 효과가 큽니다.

인간관계 및 업무

▶ 가능하다면 자신이 잘할 수 있으면서 심미성, 창의성을 발휘할 수 있는 업무를 선택하십시오.

▶ 매일의 업무와 책임을 창의적이고 즐겁게 수행할 수 있는 방식을 찾아보십시오.

▶ 다른 일에 몰입하게 되면 사소한 것을 놓치기 쉬우니 계획표를 짜서 확인하십시오. 하고 싶은 것을 먼저 하지 말고 중요한 업무부터 처리하십시오.

▶ 부정적인 반응을 하는 학생의 말과 행동에 초점을 맞추지 말고 긍정적인 반응을 하는 학생도 있음을 기억하십시오.

▶ 학생의 말을 오해해서 듣거나 사소한 것에 상처받지 말고, 기분이 상했다면 그 말의 진짜 의도가 무엇인지 상대에게 직접 확인해보십시오.

▶ 선생님을 화나게 하는 학생과 맞서게 될 때, 서로의 감정이 상하는 일이 없도록 가능한 이성적으로 대하십시오.

▶ 소속감을 느끼게 해주거나, 이상을 나눌 수 있고 마음을 털어놓을 수 있는 동료가 있다면 꾸준히 관계를 유지하십시오.

▶ 동료 선생님의 장점을 부러워하지만 말고 본인의 장점을 기억하고 계발하십시오.

감정과 표현

▶ 꾸준한 운동을 통해 스트레스와 힘든 감정을 해소하고, 몸의 힘을 느껴보십시오. 몸과 마음이 연결될 때 자신감이 충만해지는 것을 느낄 수 있습니다.

▶ 부정적인 말을 바로 믿기보다는 객관적으로 그 말을 보려고 하십시오.

▶ 자신의 감정을 바로 쏟아내기보다는 한 번 더 생각하고 표현하십시오.

진정한 나로 깨어나려면?

에니어그램의 궁극적 목표는 먼저 자신의 성격 패턴을 알아차린 후, 그 성격 패턴에서 벗어나기 위한 의지적 노력과 훈련으로 미덕을 실현하며 성장하는 것입니다. 그럴 때 우리에게 찾아오는 은혜로 현존하는 삶을 누리며 우리 자신의 모든 잠재력을 발휘하면서 더욱 진정성 있고 의미 있는 방식으로 살 수 있습니다.

4유형이 '진정한 나'를 발견하고 성장하기 위해서는 고통에 빠지는 순간이 언제인지, 고통을 극복하기 위해 어떤 노력을 하는지, 다른 사람과 자신을 비교하면서 겪는 문제가 무엇인지, 감정의 늪에 빠져 자신과 다른 사람들을 힘들게 하고 있지는 않은지 등에 대해 스스로 내면을 관찰해야 합니다. 다음의 질문은 당신이 깨어나도록 도움을 줄 것입니다.

- 당신은 지금 어떤 감정을 느끼고 있나요? 그런 감정을 갖게 된 이유는 무엇인가요?
- 당신은 주로 어떤 상황에서 남과 비교하게 되나요? 당신이 남과 비교하여 얻는 것은 무엇인가요?
- 당신이 남과 다른 독특함을 추구하는 분야가 있습니까? 그 독특함이 나에게 주는 유익은 무엇인가요?
- 당신이 느끼는 감정 때문에 회피하고 있는 현실의 문제는 무엇입니까? 회피하지 않고 문제에 직면하여 해결하려면 어떻게 해야 할까요?
- 당신이 감정의 늪에 빠져서 얻게 되는 좋은 점은 무엇입니까?
- 당신이 감정의 늪에 있을 때 자신과 다른 사람들을 힘들게 하는 부분은 무엇입니까?
- 당신이 감정의 늪에서 빠져나오고 싶다면 어떤 방법이 필요할까요?
- 당신은 고통에 얼마나 민감합니까? 그 고통을 어떻게 풀어내고 있습니까?

이러한 질문을 통해 4유형의 성격 패턴을 인식하고 자신의 자동적인 반응을 관찰할 수 있습니다. 습관적 행동의 원인, 과정, 결과에 관해 탐구한 후에는, 더욱 의식적으로 생각하고 느끼며 행동하면서 성장과 변화의 길을 걸을 수 있습니다. 4유형이 성장의 길을 걷는 데 도움이 되는 실천 사항 몇 가지를 다음과 같이 제시합니다.

● 일주일에 세 번은 자신에게 맞는 운동으로 체력관리 하기
● 감정이 올라올 때 감정의 원인을 찾아보면서 지나갈 감정임을 기억하기
● 다른 사람과 비교하기보다는 나의 장점을 발휘하기
● 내 기분이나 감정과 상관없이 맡은 일을 제때 해낼 수 있도록, 업무 스케줄 정해서 적어두기
● 아무리 감정 상태가 힘들어도 해야 할 일을 하기

자신에게 들려주는 말

▶ 내 안에도 장점이 많이 있어.
▶ 현재 내가 하는 교육이 불완전할지라도 가치 있는 거야.
▶ 우리 반과 나는 그 자체로 좋고 잘하고 있어.
▶ 내 이상을 현실에서 하나씩 실현해보자.
▶ 감정은 흘러가는 거야. 지금 느끼는 이 부정적 감정은 계속 있는 것이 아니며, 지금 느끼는 것일 뿐 그 감정이 전부는 아니야.

2부

유형별 교사와 학생

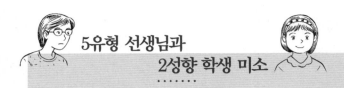

5유형 선생님과
2성향 학생 미소
·······

대부분 웃는 모습의 미소는 처음 만난 날부터 원래 알았던 것처럼 전혀 긴장감이 느껴지지 않는 모습으로 내게 다가왔다. 아침에 교실 문을 들어서면 선생님과 인사하는 것이 먼저인데도 미소는 교실 바깥에서 벌어진 일에 신경을 쓰느라 정작 인사를 놓칠 때가 있다. 친구들에게 시선을 먼저 보내다가도 나와 눈이 마주치면 매번 거부할 수 없는 미소로 나를 무장해제 시킨다.

수업 시간에 미소가 친구들에게 정신이 팔려서 집중하지 못할 때 나는 엄한 눈빛을 보내는데 그럴 때마다 놀라고 긴장하기보다 미안함과 애교가 담긴 몸짓과 미소를 보낸다. 아이의 행동에는 '네, 선생님, 무슨 말씀 하실지 알아요. 앞으로 안 그럴게요.'가 담겨있다. 그렇게 아이는 선생님과의 긴장된 순간을 피하지만, 나는 미소가 알면서도 달라지지 않는 것이 불편하다.

한번은 분위기를 잘 타고 열정적인 면이 있는 미소가 공연을 보면서 지나치게 흥분했다. 뒷좌석 친구의 관람에 방해가 되니 또 일어서면 맨 뒷좌석으로 보내겠다고 했다. 하지만 아이는 참지 못하고 또 일어났고 그래서 자리를 옮기라고 했는데 울면서 거부했다. 할 수 없이 한 번 더 주의 주고 남은 시간을 보냈다. 교실에 돌아와서 아이와 조용히 그때의 상황을 이야기 나누려고 말을 꺼내자마자 '안 그럴게요.'라고 울면서 새끼손가락을 먼저 내민다. 교사와의 불편한 관계를 너무나도 두려워하는 것이 느껴진다.

미소가 갑자기 뾰로통하고 부어있을 때가 있다. 앞뒤 상황을 모르는 나로서는 아이가 왜 그렇게 화가 났는지 도무지 알 수 없는데 아이는 설명을 할 마음이 없고 오히려 "선생님 때문이에요."라며 짜증을 낸다. '내가 왜? 뭘 했다고?' 나로서는 이런 순간이 당황스럽고 어렵다.

내 성격대로라면 자초지종을 물어가며 알아내고 설명하고 이해시키려 하겠지만, 미소에게는 그것보다 "그랬어? 미안해. 선생님이 못 봤네."라고 일단 안아주는 것이 통했다. 알고 보면 큰일이 아니지만, 아이가 나에게 관심을 충분히 못 받았다는 느낌이 들었을 때 마음이 더 상하는 듯하다. 그래서 아이와 눈 맞추는 것을 중요하게 생각하고, 스스로 알아서 하기를 바라며 그냥 지켜보기보다 아이에게 어떤 행동을 원하는지 친절하게 구체적으로 안내한다. 아이를 소중하게 생각하고 있다는 따뜻한 스킨십이 필요하다는 것도 기억한다. 아이가 나와 다른 친구에게 해준 배려와 관심을 알아차릴 때마다 아낌없이 고마움을 표현하려고 한다.

5유형 선생님이 본 2성향 학생의 좋은 점

● 밝고 따뜻하며 긍정적인 분위기를 만든다.

● 교사와 학급의 일에 잘 협조한다.

● 학급이나 친구에게 도움이 필요한 상황을 빨리 알아차리고 움직여 준다.

● 교사를 신뢰하고 잘 따르며, 긍정적인 반응을 잘해 준다.

5유형 선생님이 본 2성향 학생의 힘든 점

◆ 자신이 해야 할 일보다 친구들에게 더 관심이 많아 정작 자기의 것을 못 해내곤 한다. 때때로 원하지 않는 데도 지나친 관심과 불필요한 도움으로 친구에게 간섭하기도 한다.

◆ 갑자기 화가 나 보이는데 물어봐도 이유는 말하지 않으면서 계속 신경 쓰이게 한다.

◆ 규칙을 어기는 경우나 갈등 상황이 생겼을 때, 사건을 객관적으로 바라보지 못하고 본인 감정에 치우쳐 주관적으로 받아들인다.

◆ 자신에게 맞는 몇몇 친구에게 지나치게 의존하며 그 이외의 친구들과 잘 어울리려고 하지 않는다. 단짝이 다른 친구와 가까워지는 것을 경계하는 태도를 보이기도 한다.

5유형 선생님이 2성향 학생을 위해서 할 일

✓ 학생에게 밝은 미소로 대하기

✓ 학생의 행동에 대한 고마움을 적극적으로 표현하기

✓ 힘들어할 때 적극적으로 공감해주고 따뜻한 스킨십을 해주기

✓ 학생이 말할 때 최대한 반응을 하면서 들어주기

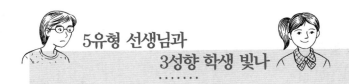

빛나는 초롱초롱한 눈빛으로 선생님을 바라보며 수업에 잘 집중한다. 과제를 주면 바로 시작하고 결과물을 한껏 예쁘게 꾸며낸다. 빛나는 한번 마음먹으면 그 분야에서 최고가 되기 위해 끊임없이 노력한다. 자신이 돋보이는 자리에 가길 원하고 반장 선거에 나가면 친구들의 호응도 잘 끌어내며 반장의 역할도 잘한다. 평소에는 하기 싫어하던 재활용함 관리 역할이라도 반장이 되어 자신이 할 일이라고 생각하면 싫은 내색 없이 선뜻 한다.

빛나는 세련되고 깔끔한 차림에 친구들과도 좋은 관계를 유지한다. 잘하는 분야에 대해서는 자신감을 가지고 도전하지만 자신 없다고 생각하는 분야에 대해서는 한발 물러서는 태도를 보인다.

한 달에 한 번 자리를 바꾸는데, 빛나는 우리 반에서 은근히 따돌림을 받는 아이와 짝이 되었다. 그 아이는 청결하지 못해서 저학년 때부터 아이들과 잘 어울리지 못했고 자리를 바꿀 때마다 아이들은 싫은 표정을 내비쳤다. 이번에 빛나도 좀 싫어하는 표정을 지으리라 예상했는데 전혀 그런 내색이 없었다. 그 전에 빛나 역시 아이가 가까이 다가오면 슬쩍 물러나며 흘긋 쳐다보는 걸 몇 번 봐왔던 터라 내심 깜짝 놀랐다. 반장으로서 어떻게 하는 것이 인정받는 행동인지 잘 안다는 느낌이 들었다.

체육을 잘하는 빛나는 경기할 때 이기고 싶어 한다. 평소에는 선생님 앞에서 예의에 어긋나는 언어를 쓰지 않는데 피구 시합이라도 하는 날이면 이기는 데 방해가 되는 친구들에 대해 서슴없이 비판하는 말을 하기도 한다. 패스하거나 공격을 할 때는 잘할 수 있는 아이들과만 공을 주고받는다. 그런데 5유형인 나는 경쟁하는 것이 불편하다. 이기는 것을 별로 중요하게 생각하지 않으므로 지나치게 경쟁해서 이기려는 아이들을 냉랭한 시선으로 보았다. 반별 대항 경기가 있어도 나는 아이들이 힘이 나도록 열심히 응원해 주지도 않고, 이기더라도 덤덤했다.

이제 나는 3성향 학생이 최고가 되고 싶어 노력하는 마음을 이해한다. 빛나의 노력을 구체적으로 칭찬해 주었을 때, 아이는 기뻐하면서 성취를 더 잘 해냈다. 아이가 열심히 노력하는 현장에서 나도 힘껏 응원한다. 최선을 다했지만 일이 잘 안 되어 실망할 때도 같이 실망하며 그 마음을 다독거리니, 훨씬 친밀해진 느낌이 들었다.

5유형 선생님이 본 3성향 학생의 좋은 점

● 긍정적인 에너지를 갖고 자기가 해야 할 일을 잘 해낸다. 특히, 인정받고 칭찬받는 일에 대해 눈에 띄게 자신감을 나타낸다.

● 리더십을 발휘하여 앞에서 이끄는 일을 잘한다.

● 다른 아이들에게 예시자료로 쓸 수 있을 만큼 과제를 보기 좋게 잘한다.

● 선생님이 원하는 것을 빨리 알아차려서 스스로 하거나 그렇게 하도록 친구들을 독려한다.

5유형 선생님이 본 3성향 학생의 힘든 점

◆ 뒤처지는 친구들을 기다려 주지 못하고 과제가 효율적으로 마무리되지 못하는 것을 불편해한다.

◆ 지나친 경쟁심 때문에 서두르면서 규칙을 지키지 않을 때가 있다.

◆ 허드렛일을 시키면 하지 않으려고 하고, 하게 되면 생색낸다.

◆ 과정보다는 결과를 중시한다.

5유형 선생님이 3성향 학생을 위해서 할 일

✓ 학생의 노력에 대해 인정하고 칭찬하기

✓ 정직하지 못한 행동을 했을 때, 여러 사람 앞에서 지적하지 않고 개인적으로 불러 정직의 의미를 알려주기

✓ 친구 관계에 문제가 있을 때, 아이가 자신의 솔직한 감정과 만날 수 있도록 돕기

✓ 과도하게 자신을 몰아붙이느라 건강을 해칠 수 있으므로 여유를 갖도록 조언해주기

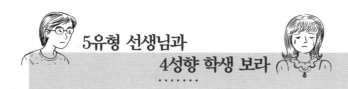
보라의 미술 작품은 표현이 남다르고 독특해서 감탄을 일으킨다. 나는 감수성이 예민한 보라의 언어 표현에 깜짝 놀라기도 하고, 보라가 매력적으로 웃을 때면 마음이 사르르 녹아내리기도 한다. 보라는 가끔 기분이 좋을 때 옆에 와 팔짱을 끼며 자신의 속마음을 이야기하는데 이럴 때는 말이 잘 통하는 친구 같다.

연민의 마음이 많아 다른 사람을 따뜻하게 대하는 4성향의 아이들도 많지만, 보라는 자기 생각을 우기거나 규칙을 어기면서까지 하고 싶은 것만 하려고 해서 친구들과 잘 어울리지 못하는 편이다. 특히 의견을 하나로 모아야 할 모둠 활동에서 보라가 동의하지 않아 결정이 안 된 적이 많다. 자기의 생각이 의미가 있거나 독창적이라는 생각이 들면 다른 친구의 의견을 듣지 않고 계속 자기 생각을 주장한다.

한번은 모둠토의 중 보라가 자기 이야기에 꽂혀서 친구 이야기에 자꾸 끼어들었다. 이런 보라의 행동으로 마음이 불편했던 나는 그날 점심시간에 급식지도를 할 때 평소보다 강한 어조로 말했다. 보라는 기분 나빠하며 뭔가 말하려 했지만 나는 친구의 말을 무시하는 아이의 이야기는 들어 줄 수 없다고 했다. 그러자 보라는 "선생님이 먼저 내 말을 무시했잖아요!"라며 급식실에서 큰 소리로 울기 시작했다.

점심시간이 끝날 즈음에서야 친구 손에 이끌려 온 보라. 모둠 아이들이 함께 토의 때 있었던 일을 서로 사과하는 시간을 가졌고 나는 그 문제는 해결되었다고 생각했다. 그래서 보라와도 관계를 회복하고 싶어 "선생님은 보라를 좋아해."라고 했더니 보라는 "나는 선생님이 싫어요!"라며 엉엉 울어버렸다. 선생님이 자신을 비난했던 것이 큰 상처가 된 것이다.

나중에 나는 보라에게 무시하는 말을 해서 미안하다고 진심으로 사과했다. 아이는 괜찮다고 하면서 쉬는 시간에 복도를 걸으며 다시 내 팔짱을 꼈다. 아이의 스킨십에 대해 거리를 두고 싶다는 생각이 들기도 했지만 보라가 주는 사랑을 있는 그대로 마음 깊이 느껴보자 생각하니, 마음이 따뜻해졌다.

4성향 아이의 행동에는 즉각 반응하기보다 시간을 두고 아이의 이야기를 들어주는 것이 필요하다. 감정적인 기복이 있어도 한결같은 태도로 아이의 마음을 살피면 진심이 통한다. 아이의 행동을 수정하려 하지 말고 마음을 읽어주는 것만으로도 충분하다.

5유형 선생님이 본 4성향 학생의 좋은 점

● 창의적으로 자유롭게 표현하여 수업에 활력을 더해 준다.

● 힘든 친구에게 따뜻한 연민의 마음을 가지고 다가간다.

● 사람이나 환경에 관해 독창적이고 깊이 있는 대화가 가능하다.

● 교사의 감정도 읽어줄 줄 알고 때때로 위로해 준다.

5유형 선생님이 본 4성향 학생의 힘든 점

◆ 다른 친구들의 의견을 수용하기보다 자신의 독창적인 생각을 주장하여 모둠 활동
  이 잘 진행되지 않을 때가 있다.

◆ 표현하고 싶은 욕구가 채워지지 못할 때 깊은 좌절을 느낀다.

◆ 감정 기복이 심한 편이며, 감정적인 욕구가 해소되지 않은 상태에서 해야 할 일을
  하는 것을 힘들어한다.

◆ 해야 할 일보다는 하고 싶은 일에 우선순위를 둔다.

5유형 선생님이 4성향 학생을 위해서 할 일

✓ 학기 초, 긍정적인 관계 형성을 위해 아이의 말을 판단하지 말고 최대한 들어주기

✓ 아이의 상한 감정을 인정하며 토닥여주기

✓ 아이의 감정이 풀어질 때까지 시간을 충분히 주되, 행동까지 쉽게 바뀔 것이라고
  기대하지 않기

✓ 표정이나 말투가 불편하게 느껴질 때 멀리서 관찰하지 말고 아이 곁으로 다가가서
  물어봐 주기

✓ 아이의 장점을 발견하고 적극적으로 알려줘서 아이가 자신을 귀하게 여기도록 해
  주기

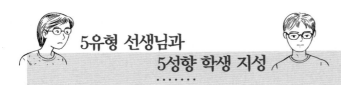

3월 첫날, 고등학교 2학년 남학생 지성이의 첫인상은 다소 차갑고 무표정해서 얼핏 보면 교사인 나를 째려보는 것 같다. 쉬는 시간에도 움직이며 돌아다니거나 친구들과 어울리기보다는 조용히 앉아서 책을 보거나 공부를 한다. 개인적으로 말을 시켜보면 인상과는 다르게 수줍음이 많고 목소리가 떨리며 얼굴이 빨개지기까지 한다. 다른 선생님들은 지성이의 다소 차가운 태도를 오해하기도 하지만, 5유형인 나는 나의 학창 시절과 비슷한 모습을 지닌 지성이에게 많은 호감과 연민을 느낀다.

지성이는 생각이 깊고 성찰을 잘한다. 평소 말수가 많지 않은 지성이지만 학급 모둠 일기에는 본인의 생각을 잘 적어 표현한다. 좋은 대학에 가는 것이 가치가 있는지에 대해 고민하면서 그런 고민을 나눌만한 친구가 있기를 바라며, 학습계획을 세우고 달성해 가는 과정에서 자신감을 얻었다는 이야기와 함께 자만하지 않겠다는 다짐도 남긴다. 또 매일의 행복도 중요하고, 미래의 행복을 위해 현재의 어려움을 참아내는 것이 필요하다는 생각도 글 속에 담았다. 지성이의 진지하고 깊이 있는 글에 나도 마음을 다해 댓글을 단다.

지성이는 소리에 예민하다. 그래서 학급 아이들이 쉬는 시간에 시끄럽게 떠들며 노는 것에 스트레스를 받는다. 여자아이들이 교실 뒤에서 깔깔대며 노는 것을 지성이는 남을 배려하지 않는 행동이라고 생각한다. 한번은 내게 와서 학급에서 제일 활발하고 시끄러운 여자아이에 대해 하소연을 한다. 자기만 즐거우면 다냐고, 왜 다른 학생들을 배려하지 못하고 시끄럽게 떠드냐고, 수업 시간에는 왜 그렇게 또 말이 많냐고, 답답한 속마음을 터놓는다. 나는 에니어그램을 배웠기에 다른 성향의 특성을 얘기해 주지만, 화가 나 있는 지성이는 그 얘기를 잘 받아들이지 못했다. 그래도 그 이야기를 기억하고 있었는지 졸업하고 지성이가 나를 찾아왔을 때 그때의 이야기를 하니, 이제는 다양한 경험을 해서 점점 사람들의 다름을 인정하며 생각의 폭이 조금씩 넓어지고 있다고 말했다.

5성향 학생에게는 원하는 행동을 강요하거나 명령하지 말고 논리적으로 설명해주는 것이 좋다. 학생이 당장 반응을 보이지 않는다고 해도 그것이 선생님을 무시한다는 의미는 아니다. 선생님이 말한 내용을 생각하고 정리할 시간이 필요하다. 스스로 정리되면 행동은 알아서 달라질 수 있다.

5유형 선생님이 본 5성향 학생의 좋은 점

- 말수가 적고 조용하며 차분하다.
- 자신과 같은 성향임을 알려주면 마음을 쉽게 열고 속마음 얘기도 잘한다.
- 학생의 좁은 경험에서 나온 잘못된 통찰에 대해 논리적 근거를 들어 설명하면 잘 수용한다.
- 시험 대비용 공부가 아닌 원리에 바탕을 둔 공부를 하기에, 깊이 있는 학습을 한다.

5유형 선생님이 본 5성향 학생의 힘든 점

- 관계를 맺으려는 노력을 잘하지 못하며, 친구나 교사에게 부탁해도 될 만한 상황인데 표현하지 않는다.
- 준비되지 않은 분야에 대해 발표를 시키면 절대 하지 않으려 하고, 충분히 잘할 것 같은 분야에 대해서도 주목받는 게 부담스러워 잘 나서지 않는다.
- 자기가 경험한 것을 바탕으로 만든 논리를 지나치게 고집한다.
- 과하게 비활동적이어서 최대한 움직이지 않으려 한다.

5유형 선생님이 5성향 학생을 위해서 할 일

- ✓ 엉뚱하거나 별난 생각을 하는 자체가 이상한 것이 아님을 말해 주기
- ✓ 깊은 사고능력과 통찰력이 있음을 인정하고 칭찬하기
- ✓ 주변에 성격이 맞을 만한 친구와 함께할 수 있는 환경을 마련해주기
- ✓ 지식만 아니라 신체 활동이나 경험 또한 매우 중요함을 알려주어 자주 움직이고 활동할 수 있도록 지도하기
- ✓ 다소 고집을 부리는 것처럼 보여도 스스로 결정할 수 있을 때까지 기다려 주기

5유형 선생님과 6성향 학생 한결

한결이는 평소에 선생님이 설명해주는 내용을 진지하게 잘 듣고 질문도 열심히 하는 예의 바른 모범생이다. 그런데 친구들과 모이기만 하면 지나친 장난을 하고, 뭔가 자기 생각대로 안 되는 상황에서는 짜증 섞인 태도를 보일 때도 있다.

나는 학기 초에 미니 빗자루 세트를 가지고 자기 자리 청소를 하도록 했다. 그런데 한결이는 며칠째 빗자루를 가져오지 않으면서 돈이 아깝다고 했다. 한결이의 주변은 깨끗한 편이어서 딱히 대꾸할 말이 없었다. 하지만 그 뒤로 다른 준비물도 안 가져오고 친구들을 놀리는 행동이 점점 잦아지고 심해졌다. 한 학기가 지날 즈음엔 수업 시간에 큰 소리나 과장된 행동으로 방해하기 일쑤였고, 수업 중에 해야 할 과제는 전혀 하지 않았다. 내가 감당할 수 없는 지경에 이르자, 그동안 한결이에게 교사로서 안정감을 주지 못했다는 생각이 들었다. 한결이는 권위자에게 순종적이기도 하나 권위를 의심하면서 반항하기도 한다. 불안이 증폭되면 공격적이고 반항적인 모습을 보인다.

나는 한결이가 학기 초부터 보였던 사소한 규칙 위반에 대해 명확한 경계를 세우지 않았다. 잘못한 일에 관해 이야기하면 곧잘 수긍했기 때문에 스스로 반성하고 고칠 것이라고 기대했다. 행동이 거칠어진 후에는 아이의 내면을 읽어주기보다 겉으로 보이는 행동으로만 판단하고, 아이의 문제행동을 해결하지 못하는 나 자신에게 집중되어 자신감이 없어졌다. 그래서 그 상황에서 아이에게 필요했던 명확한 지시와 태도를 보이지 못했다.

한결이와 새로운 국면을 맞은 것은 내가 현실의 상황으로 들어가 맞서기로 하면서부터다. 한결이가 소란을 피우는 그 순간, 생각으로 도망치거나 아무렇지도 않은 듯 수업하려고 하던 행동을 멈추고 시선을 피하지 않으며 단호한 행동과 눈빛으로 학생이 지켜야 할 경계를 분명히 알려주었다. 한결이는 순간 놀랐으나 다시 아이들을 방해하려다가 점점 내 시선을 피하며 조용해졌다.

학년말에 한결이가 또 친구들에게 피해가 되는 행동을 했을 때 방과 후에 남겼더니 긴 시간 혼자 생각한 후에 자신이 잘못한 점을 스스로 이야기했다. 이전의 나는 불편한 관계에서 끝까지 냉랭한 태도로 선을 그어 아이의 마음을 받아주지 않았을 것이다. 하지만 이번에는 한결이에게 네가 먼저 잘못한 일을 말해 주어 고맙고 애썼다고 말해 주었다. 아이와 나 사이에 있던 벽이 허물어지기 시작했다.

5유형 선생님이 본 6성향 학생의 좋은 점

- 성실하고 예의 바르게 행동한다.
- 숙제나 청소 담당 같은 자기 할 일을 끝까지 책임감 있게 한다.
- 궁금한 점을 자주 질문해서 다른 친구들이 미처 생각하지 못한 부분까지 알게 된다.
- 논리적으로 설명해주면 잘 이해하고 수긍한다.

5유형 선생님이 본 6성향 학생의 힘든 점

- 걱정과 불안이 많아지면 부정적인 말을 자주 내뱉는다.
- 해본 적이 없는 학업이나 활동을 아예 시도조차 하지 않으려고 할 때가 많다. 실패한 경험이 있는 활동도 마찬가지로 거부한다.
- 선생님의 설명이 부족하거나 선생님에 대한 신뢰가 부족할 때는 불안함을 짜증으로 표현하며 선생님에게 반항하기도 한다.
- 친구들과 어울리다가 지나친 장난으로 소란스럽게 만들 때가 있다.

5유형 선생님이 6성향 학생을 위해서 할 일

- ✓ 세부 사항이나 절차를 자세히 안내하기
- ✓ 학생들의 행동이나 해야 할 일에 대해 명확한 경계 세우기
- ✓ 수업 중에 도움이 필요한 학생이라면 먼저 다가가서 가르쳐주고 힌트를 주어 일단 시작할 수 있도록 돕기
- ✓ 걱정하는 마음을 거칠게 표현하더라도 공감하며 괜찮다고 말해 주기

5유형 선생님과
7성향 학생 환희
·······

　익살스럽게 웃고, 긍정적인 대답을 잘하며, 가벼운 발걸음이 인상적인, 한마디로 재미있는 환희. 책을 좋아하는 환희는 정보를 받아들이는 속도도 빠르고, 폭넓게 아는 것이 많아서 하고 싶은 말도 많다. 쉬는 시간이면 우르르 친구들과 어울려 다니며 주변 친구들을 잘 웃기고 수업 중에 재미있는 말을 잘 던진다. 처세에 능한 편이어서 교실에서 강한 친구에게는 비위를 잘 맞춰주고, 존재감 없는 친구들에게는 무관심하다.

　그런데 조금이라도 육체적으로 힘들거나 귀찮은 것에는 역력하게 거부반응이 나타났다. 청소 시간이 되면 빗자루만 들고 어슬렁거리다 다했다는 말만 반복한다. 정작 어디를 청소했는지 물으면 대충 얼버무린다. 청소 구역을 정해주면 금세 또 다했다고 한다. 이렇듯 귀찮아하는 환희와 실랑이 하는 과정에 지쳐 오히려 '청소를 시키지 말까?' 하는 생각까지 들 정도가 된다. 친구들과 협동해야 하는 활동이라면 본인의 일이 아닌 듯 관심이 없다. 그저 옆에서 말로만 떠들 뿐 무언가를 해야겠다는 의지는 없어 보인다. 환희에게 꼼꼼하게 색칠을 하라거나 작품을 아름답게 꾸미라는 도전을 주면 마치 벌칙을 받았다는 듯한 표정이 된다. 그렇지만 그런 상황에서도 눈에 띄게 강한 거부반응이 아니라 요리조리 적당히 빠져나가는 모습이다. 앞에서는 대답도 잘하고 엄청나게 잘할 것처럼 말하지만 실제 결과는 그렇지 못한 경우도 많다.

　어느 날 재활용품을 이용한 만들기 시간. 환희는 금세 우유 팩을 이용해 헤드폰을 완성했다. 아이디어도 좋았고 재료도 적절히 활용해서 모두가 감탄했다. 하지만 색종이를 붙인다거나 색을 칠하는 등 꾸밈은 없다. 그러고는 책을 읽고 있다. 딱 할 부분만 한다는 환희의 마음이 읽힌다. 욕심 같아선 너무 일찍 끝냈으니 이것저것 더 하라고 시키고 싶지만, 그냥 두었다. 기발한 아이디어와 빠른 해결력으로 완성해낸 것을 인정해주고 남은 자유 시간을 즐길 수 있도록 해주었다.

　교사로서 7성향 아이가 대충 적당히 해서 내는 모습이 못마땅하기도 하고 강압적으로라도 일정한 수준에 도달하게끔 욕심을 내고 싶지만 이런 방법은 득보다 실이 많았다. 아이가 싫어하는 것을 시키려 설득하는 과정에서 아이는 오히려 집요하게 교사를 설득하려고 했다. 나는 환희가 잘하는 것을 인정해주고, 자신과 공동체를 위해 다 같이 책임 있게 해야 할 것에 집중하게 해주었다. 이후 나와의 관계도 좋아졌고 학업 성과도 나아졌다.

5유형 선생님이 본 7성향 학생의 좋은 점

● 재치가 있어 교사와 학생들을 즐겁게 해준다.

● 기발한 아이디어가 돋보인다.

● 창의적인 방법으로 과제를 해결한다.

● 친구들과 원만하게 잘 어울린다.

5유형 선생님이 본 7성향 학생의 힘든 점

◆ 규칙을 지키려는 의지가 약하다.

◆ 주로 즐거운 것에만 관심 있고 관심 없는 것에는 불성실한 모습을 보인다.

◆ 분위기를 띄우려고 해서 수업을 산만하게 만들기도 한다.

◆ 자신의 흥미 분야가 아니면 가만히 앉아 있는 것이 무척 힘들다.

5유형 선생님이 7성향 학생을 위해서 할 일

✓ 평소 학생의 좋은 모습에 긍정적으로 반응하며 신뢰감 쌓기

✓ 상황을 파악하고 있으면서도 '하기 싫어서' 하지 않는 것이 많기에 꼭 필요한 것만
   알려주고 정해진 시간 내에 검사를 받도록 하기

✓ 훈계가 필요한 경우에는 단둘이 있는 장소에서 핵심만 짧게 이야기하기

✓ 학생의 말에 일일이 반응하다가 그들의 궤변에 말릴 수 있음을 주의하기

✓ 긍정적인 행동을 유도할 수 있도록 지혜롭게 보상하기

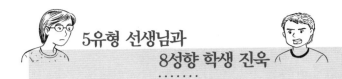

진욱이는 솔직하고 자신감이 넘친다. 의리가 강하여 학급에서 약하다고 생각하는 친구들을 잘 챙긴다. 화끈한 면 때문에 특히 남자아이들 사이에서 인기가 있다. 하지만 자기표현이 강하고 때로는 거칠어서 주변 친구들이 알아서 맞춰주기도 한다. 목소리나 행동이 크고 과격하다. 승부에 목숨을 걸고 운동을 할 때면 누구든 이기려고 한다. 실제로 운동을 잘하고 좋아해서 고3이 되어서도 점심시간마다 축구를 한다.

선생님들은 진욱이의 거침없는 태도를 불편해하기도 한다. 수업 시간에 대놓고 반항적인 모습을 보이지는 않지만, 가끔 툭툭 내뱉는 말로 선생님을 시험하는 느낌을 주기도 했다. 5유형인 나는 그런 모습을 크게 문제라고 여기지 않았기에 비난하기보다 논리적으로 그 상황을 설명해주며 존중하는 태도를 보였다. 또한 담임인 내가 알아차리지 못한 학급 아이들의 이야기를 진욱이가 들려주면 고마워하기도 하면서 좋은 관계를 유지했다.

고3 때 진욱이에게 여자친구가 생겼는데 복도에서 대놓고 입을 맞추는 모습을 보여서 학년 전체에 충격을 안겼다. 누가 뭐라고 해도 남들 시선을 신경 쓰지 않고 자기가 하고 싶은 대로 하는 게 진욱이에게는 당연한 일이었다. 한번은 복도에서 큰 싸움이 벌어졌다. 어떤 아이가 진욱이의 여자친구를 험담했다는 이야기를 듣고 진욱이가 달려가 욕을 퍼붓고 소란을 피운 것이다. 막 주먹을 날릴 기세로 흥분한 진욱이에게는 선생님의 어떤 이야기도 들리지 않았다. 일이 더 커지는 것을 막기 위해서 씩씩거리는 진욱이의 앞을 막아 상대 아이와 접촉하지 않게 하고 일단 그 자리를 벗어나도록 지도했다.

흥분이 가라앉은 다음 날에야 진욱이와 대화가 되었다. 다행히 아이는 아무 일도 없었다는 듯이 차분해진 상태였다. 진욱이가 워낙 강한 성격이고 논리보다 본능적 반응이 더 우선한다는 것을 알기에 나는 조용조용 타이르듯이 평소 진욱이와 쌓아둔 좋은 관계를 바탕으로 규율을 지켜야 하는 이유를 설명했다. 그리고 싸운 친구와 어떻게 화해하고 싶은지 먼저 물어봐 주었다. 진욱이는 썩 내키지 않아 했지만, 이렇게 해야 사건이 해결된다고 설득하는 나의 말에 어쩔 수 없이 수긍했다. 나는 화해의 장을 마련해서 진욱이가 친구에게 이 문제로 시비를 걸지 않겠다는 약속을 받았다. 나는 약속을 잘 지키는 진욱이를 믿는다고 말했고, 이후 진욱이는 정말 그 약속을 지켰다. 나는 진욱이를 칭찬하면서 평소 진욱이가 좋아하는 간식을 챙겨주었다.

5유형 선생님이 본 8성향 학생의 좋은 점

● 교사와 한 팀이 되면 다른 학생들까지 같은 팀이 되도록 리더십을 발휘한다.

● 의리가 있어서 약한 친구들을 잘 보호하고 돌보아준다.

● 매우 솔직하여 있는 그대로 잘 이야기한다.

● 독립적이고 추진력이 있으며 감정적이거나 사소한 것들에 크게 연연하지 않는다.

5유형 선생님이 본 8성향 학생의 힘든 점

◆ 욱해서 한번 화가 나면 감정이 잘 가라앉지 않고 논리가 통하지 않는다.

◆ 학교 규율과 상관없이 자신의 마음 가는 대로 행동할 때가 많다.

◆ 좋고 싫음이 분명하여 싫어하는 사람에게는 거침없이 자신의 감정을 표현해서 상대방을 힘들게 한다.

◆ 자신이 원하는 것을 강하게 요구하고 지기 싫어해서 자주 다툰다.

5유형 선생님이 8성향 학생을 위해서 할 일

✓ 솔직하고 의리 있는 학생임을 자주 칭찬해 주어 좋은 관계를 유지하기

✓ 선생님이 학생을 좋아한다는 걸 알려주기 위해 종종 맛있는 것 챙겨주기

✓ 말과 행동이 다른 친구의 모습을 가식적이라고 느낄 때, 겉으로 보이는 것과 진실은 다를 수 있음을 알려주기

✓ 자신의 강한 성향이 다른 학생들에게는 두려움과 불편함이 될 수 있음을 알려주고, 조금씩 행동을 수정하도록 지도하기

✓ 학교 규율을 잘 지키는 모습을 볼 때마다 적극적으로 칭찬해 주기

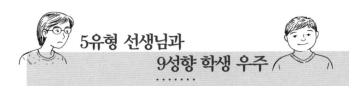

5유형 선생님과
9성향 학생 우주
....

우주는 고2 새 학기 첫날부터 헐레벌떡 달려와서 겨우 지각을 면했다. 매번 아슬아슬하게 들어오고, 수업 예비종과 동시에 들어오기도 여러 번이다. 곤란한 상황을 자주 겪고도 지각하는 습관은 잘 고쳐지지 않는다. 나도 학창 시절에 지각해서 담임 선생님께 혼난 적이 있다. 따끔하게 혼내지 않으면 그 버릇이 쉽게 고쳐지지 않는다는 것을 잘 알지만, 성격상 크게 소리 내며 혼내지도 못하고 옆 반 선생님처럼 끝까지 명심보감을 외우게 하는 것도 피곤하다. 우주는 출석부에 지각이 기재되는 것을 피하려고 매일 아침 숨가쁘게 뛰어 들어온다.

우주는 맡은 임무를 자신의 속도로 꼼꼼하고 책임감 있게 잘한다. 가정통신문 관리와 출석부 정리를 맡겼는데, 5층 교실에서 3층 교무실까지 매일 오르내리는 일을 귀찮아하지 않고 해주었다. 비록 매시간 선생님들의 사인을 꼬박꼬박 받진 못하지만, 일주일 단위로 몰아서 받아 결국 출석부 마감 날까지는 정리를 다 해놓는다. 5유형인 나는 그리 일을 빨리 처리하는 성격이 못되고 마감 날까지만 끝내면 된다고 생각하는지라 우주에게도 일을 독촉하지 않고 자기 속도에 맞게 하라고 놔둔다.

우주의 수학 서술형 평가 시험지를 채점하고 나는 깜짝 놀랐다. 평소 나름 성실하게 공부하는 우주가 선생님이 출제할 것이라고 수업 시간에 살짝 암시를 준 문제마저도 제대로 풀지 못했기 때문이다. 나는 우주에게 혹시 친구들 사이에 문제가 있는지, 갑자기 성적이 떨어진 이유를 물었다. 그런데 우주는 뜻밖의 이야기를 했다. 요즘 엄마가 자신에게 공부하라는 잔소리가 너무 심해져서 당분간 공부를 하지 않기로 했다는 것이다. 그렇게 순한 아이가 생각지 못한 고집을 피우고 있었다. 우주는 이렇게 잔소리라고 여기면 알겠다는 대답은 하지만 실제로는 아무것도 하지 않는다.

우주의 어머님께 전화해서 공부하라는 잔소리를 하지 말고 우주를 믿어 달라고 말씀드렸다. 이후 엄마의 잔소리가 잦아들고 자신의 성적이 바닥을 치는 것을 경험하면서, 발등에 불이 떨어졌다고 느낀 것인지 우주는 스스로 공부하기 시작했다. 고3이 된 우주는 쉬는 시간도 아껴가며 공부했고, 방학 때는 자고, 먹고, 화장실 가는 시간을 빼고는 종일 앉아 공부만 했다. 나는 그런 우주를 지켜보며 응원의 말을 해주었다. 우주는 마지막까지 최선을 다해 공부했고, 기대한 것 이상으로 좋은 결과를 얻었다. 이렇듯 9성향의 학생은 교사에게 답답하게 느껴질 수 있지만, 스스로 움직일 수 있도록 격려하며 기다려 주는 것이 도움이 된다.

5유형 선생님이 본 9성향 학생의 좋은 점

- 항상 편안하고 교사에게 긍정적으로 반응한다.
- 학급 친구들 모두와 원만하게 잘 지낸다.
- 다른 친구들 사이에 갈등이 있을 때, 서로의 입장을 잘 이해시켜 그 갈등을 풀어주는 역할을 한다.
- 공부하는 습관이 생긴 경우 오랜 시간 동안 앉아 공부할 수 있는 끈기가 있다.

5유형 선생님이 본 9성향 학생의 힘든 점

- ◆ 자신의 의견을 잘 드러내지 않는다. 친구들이 함부로 대할 때도 가만히 있어서 문제가 커지기도 한다.
- ◆ 욕심을 내서 열심히 해야 할 상황에서도 천하태평일 때가 있다.
- ◆ 생활 습관이 잘못 형성된 경우, 챙겨야 할 부분이 많다.
- ◆ 원하지 않는 것을 억지로 강요하면, 고집을 부리며 잘 움직이지 않는다.

5유형 선생님이 9성향 학생을 위해서 할 일

- ✓ 누구든 수용할 수 있는 넓은 성품을 지닌 것을 자주 칭찬해 주기
- ✓ 하기 힘들어하는 일을 제대로 해냈을 때 칭찬과 함께 다양한 선물을 통해 보상하기
- ✓ 집중하지 못하고 멍하니 있을 때, 무슨 생각을 하고 있는지 물으며 멍한 상태에서 빠져나오도록 질문하기
- ✓ 아직 공부 습관을 잡지 못한 학생의 경우, 개인적으로 관심을 가지고 일대일로 지도하기

준수는 예의가 바르고 어른들의 말을 잘 따른다. 항상 모범생이라는 칭찬을 들으며 선생님들을 잘 돕고 자기 할 일도 열심히 한다. 담임인 내가 학급에서 미처 챙기지 못한 부분을 알려주는 꼼꼼한 면도 있다. 잘못된 것에 민감하고 그것을 지적하는 데 거리낌이 없다. 더 나은 방식이나 개선책을 계속해서 제안하는 면이 좋을 때도 있지만 주변 사람들을 불편하게 만들 때도 있다. 하지만 준수 자신의 잘못을 지적하면 억울해하며 인정하기를 힘들어하고 자신의 의도를 말하며 항변하는 편이다.

준수는 수학을 잘한다. 수학 교사인 나는 종종 새로운 풀이 방식까지 제시하는 똑똑한 준수를 좋아한다. 수업 시간에 준수가 제시한 다른 풀이 방식을 친구들 앞에서 발표하라고 기회도 많이 준다. 그런데 친구들은 그렇게 발표하는 준수를 그리 좋아하지 않는다. 잘난 척하는 인상을 주기 때문이다. 친구들이 수학 공부를 하고 있으면, 준수는 자신이 알고 있는 더 좋은 방법을 알려주며 친구의 방법은 좋지 않은 것처럼 이야기한다. 다른 친구가 수업 시간에 문제 풀이 발표를 할 때도 그렇다. 친구가 발표한 내용 중 명확하지 않은 부분을 콕 짚어 이야기하는데, 친구들은 그때의 준수 말투를 불편하게 생각한다. 자신만 옳고 친구들은 틀렸다고 지적하는 것 같아 기분이 상한다. 그런 반응을 보면 나는 안타깝다. 언제나 반듯하게 생활하려 애쓰는 준수가 잘난 척을 하려는 아이가 아니란 걸 알기 때문이다. 준수는 친구들을 진짜 도와주고 싶어 하는데 그 표현하는 방법에 다소 문제가 있을 뿐이다.

준수를 따로 불러서, 자신이 옳다고 생각한 신념이 누구에게나 옳은 것은 아닐 수도 있다는 것을 이야기했다. 나는 친구들을 대하는 준수의 의도가 순수함을 안다고 인정해주었다. 그러나 그 방법이 날카로워 오해를 받을 수 있으니 좀 더 부드럽게 행동하는 게 좋겠다고 조언했다. 그 이후 준수는 훨씬 부드러운 아이가 되었다. 준수를 받아들이는 친구들의 태도도 더욱더 너그러워졌다.

주관이 확실한 1성향 아이들은 본인의 생각과 다른 것을 잘 받아들이지 못한다. 먼저 그 아이들의 의도를 파악해서 존중해주고, 그 후에 다른 관점의 이야기를 해주면서 사고의 유연성을 길러주는 것이 필요하다. 1성향 아이의 좋은 의도를 읽어주지 못하면 짜증과 억울함만 표출한다. 5유형 교사로서는 객관성이 떨어진다고 느껴지더라도, 먼저 아이의 관점을 들어주고 수용하려고 노력하는 것이 필요하다.

5유형 선생님이 본 1성향 학생의 좋은 점

● 규칙을 잘 지키고, 자기가 해야 할 일을 잘 챙긴다.

● 선생님이 부탁했을 때 잘 도와준다.

● 책임감이 강하고 열심히 공부한다.

● 꼼꼼하여 교사가 한 번 이야기한 것을 잊지 않고 그대로 행동한다.

5유형 선생님이 본 1성향 학생의 힘든 점

◆ 이미 매우 잘하고 있는데, 작은 실수도 용납하지 못하고 자책한다.

◆ 다른 친구들의 잘못을 그냥 넘기지 못하는 면이 사람들을 불편하게 한다.

◆ 자신이 생각한 방식이 옳다고 여기면 다른 이야기를 잘 받아들이지 못한다.

◆ 작은 것이라도 해결되지 않은 문제가 있다면 넘어가지 못하고 계속 매달린다.

5유형 선생님이 1성향 학생을 위해서 할 일

✓ 무엇이든 최선을 다하는 모습을 인정해주고, 자기 기준보다 조금 덜 해도 충분하다고 말해 주기

✓ 실수를 자책하고 있을 때, 누구나 실수할 수 있음을 알려주기

✓ 사람들의 관점이 다르기에 자신의 옳음이 다른 사람에게는 반드시 옳은 것이 아닐 수도 있음을 가르쳐 주기

✓ 다른 친구의 잘못을 말할 때, 좋은 의도를 살릴 수 있도록 지혜롭게 말할 수 있는 방식을 고민하게 하기

✓ 어떤 경우에는 지금 당장 문제를 해결하지 못할 수 있으므로 여유를 갖게 해주기

6유형 선생님과
2성향 학생 미소
....

　미소는 수업 시간에 누군가 연필을 가져오지 않았다는 말을 듣자마자 0.001초만에 "제가 빌려줄게요."라고 한다. 친구들이 스티커를 주면 나에게 달려와 어느 것이 더 예쁘냐고 물어보고, 제일 예쁜 것을 말해주면 그 스티커를 내게 준다. 예쁜 것은 미소가 가지라고 말해주면 "아니에요, 선생님. 예쁜 것을 선생님 드리고 싶어요."라고 대답한다. 선생님의 도움을 많이 받는 친구에게는 선생님을 힘들게 한다며 나무라기도 한다.

　미소는 자신보다는 다른 사람을 돌보는 것에 더 관심을 둔다. 친구들을 돕느라 놀지 못하거나 자신의 과제를 다 하지 못한 적이 많았다. 가끔은 도와주고 나서 불평을 하기도 했다. 나는 미소가 먼저 나서서 친구를 도와주고도 나중에 불평하는 마음이 이해되지 않았다. 에니어그램을 배우고 나서 2성향의 학생이라면 그럴 수 있음을 인지하게 되어 미소가 행동하기 전 한 번 더 생각해보도록 물어본다. 하루는 놀이터에서 놀다가 다친 친구를 미소가 보건실에 데려다주고 싶다고 했다. 미소에게 보건실을 다녀오면 놀이 시간이 끝날 텐데 그래도 다녀오고 싶냐고 물어보았다. 그날도 미소는 친구를 도와준다고 했다. 나는 다음 기회에는 미소가 다른 선택도 해보기를 기대한다.

　미소는 선생님을 잘 도와주지만, 교사인 내 영역을 침범하기도 한다. 조금 친해진 뒤에는 선생님의 물건을 자기 것처럼 사용하기도 한다. 선생님을 잘 도와줬기 때문에 이런 것쯤은 누려도 된다고 생각하는 것 같다. 친구들의 물건도 허락 없이 사용하거나 가져가기도 하는데, 많이 도와준 만큼 자신이 이런 행동을 해도 괜찮다고 생각한다. 도와주는 성향의 아이는 이런 일로 인해 친구와 갈등이 있을 수 있다. 그때는 경계를 명확히 세워주는 것이 필요하다.

　6유형의 선생님은 미소의 감정을 받아주기가 어려울 수 있다. 한번은 체험학습을 갔다가 돌아오는 버스 안에서 미소가 겉옷을 잃어버렸다고 엉엉 울었다. 아무리 설명하려 해도 미소는 듣지 않고 울기만 했다. 6유형인 나는 상황을 파악하고 아이에게 설명해주는 것이 우선이었지만, 감정이 격해 있던 미소는 자신의 감정을 이해받는 것이 먼저였다. 그래서 해결 방법을 계속 찾기보다 미소를 안아주고 달래주었다. 미소는 곧 진정하고 편안해졌다.

6유형 선생님이 본 2성향 학생의 좋은 점

- 도움이 필요한 친구들을 알아차리고 스스로 도와준다.
- 선생님의 어려움을 이해하고 위로의 말과 도움을 준다.
- 학교의 모든 활동에 적극적으로 참여한다.
- 매사를 긍정적으로 바라본다.

6유형 선생님이 본 2성향 학생의 힘든 점

- 다른 친구들을 챙기다 본인의 과제를 놓친다.
- 자신이 원하는 것을 갖기 위해 다른 사람을 조종하려고 한다.
- 마음에 상처를 받았을 경우, 선생님이 어떤 말로 설명해도 감정을 추스르지 못하고 계속 울거나 우울해한다.
- 교사와 지나치게 친해지려 한다.

6유형 선생님이 2성향 학생을 위해서 할 일

✓ 고마움을 표현하고 감정을 읽어주도록 노력하기
✓ 따뜻하게 웃어주고 곁을 내주기
✓ 친구를 과도하게 도우려 할 때 자신이 진정 원하는 것인가 질문해주기
✓ 일의 우선순위를 알 수 있도록 적어보라고 하기
✓ 선생님에게도 개인적인 공간이 필요하다는 것을 미리 알려주기

6유형 선생님과
3성향 학생 빛나
·······

빛나는 매사에 야무지고 자기관리를 잘하는 학생이며 첫인상이 참 좋았다. 성적도 우수하고 수업 시간에 집중력이 뛰어나며 적극적으로 참여하는 학생이다. 각종 수업 과제, 교내 대회, 체험학습 소감문까지 담당 선생님의 의도를 정확하게 파악하여 핵심이 제대로 포함된 결과물을 만들어 낸다. 여러 분야에서 상을 타고 두각을 나타내며, 뛰어난 일 처리 방식에 선생님들도 혀를 내두를 정도다.

그런데 학급 모둠 일기에서 보이는 빛나의 모습은 전혀 달랐다. 교사와 학생, 또 학생끼리 마음을 나누고자 쓰는 글인데 굉장히 건조했다. 공부하느라 피곤하다, 공부한 만큼 성적이 안 나왔다, 좋아하는 가수의 생일이라서 기분 좋았다 등을 간단히 쓸 뿐이다. 평소 빛나가 쓴 독후감이나 체험학습 소감문의 수려한 글들과 너무나 달랐고, 자신의 개인적인 이야기를 하지 않으려 하고 모둠 일기를 귀찮아한다는 느낌이 들었기에 빛나의 일기를 읽을 때는 속상한 마음이 들었다. 이후 여러 칭찬할 부분이 많음에도 불구하고 6유형인 나에게는 그 많은 칭찬거리를 무색하게 할 행동들이 자꾸 보였다. 청소 시간에 문제집을 푸는 등 학급 구성원으로서 해야 할 일을 하지 않고 자신에게 중요한 일만 하는 모습, 자신의 이익을 따져가며 행동하는 모습, 힘든 일은 가능하면 피하는 이기적인 모습이 무척 불편했다.

모둠 활동 시간에도 비슷한 모습이 나타났다. 함께 결과물을 만들어 내야 하는 과제에 대해서 불만스러워하고, 공부 잘하는 애들로 모둠 편성을 다시 해달라고 요구하거나, 자신이 원하는 대로 모둠을 이끌려고 해서 갈등이 일어나기도 했다. 빛나는 어떻게 행동하는 것이 책임 있는 행동이며, 어떤 것이 예의 바른 태도인지 알고 있지만, 그때그때 상황에 따라 맡겨진 일을 할 때도 있고 안 하기도 하며, 완벽한 결과물을 만들어 내기도 하고 대충 해치워 버리기도 했다. 6유형인 나는 빛나가 자신에게 유리한지 불리한지에 따라 움직인다고 생각했다.

에니어그램을 배운 후에 빛나가 정한 목표를 성취하기 위해 애쓰는 성향임을 알았다. 최고가 되기 위해 끝없이 스스로 압박하며 사는 것이 정말 힘들겠다는 생각이 들었다. 그래서 그동안 이기적이라고 여겨 칭찬하지 않았던 빛나에게 여러 분야의 성취와 능력을 인정하는 문자를 간간이 보냈다. 단, 청소 시간이나 모둠 활동 시간에 내가 느낀 부분들도 진심을 담아 충고했다. 빛나의 답장은 '감사합니다'로 짧게 끝났으나, 학년이 바뀌고 나서 오히려 자신의 고민이나 외로움에 대해 털어놓으면서 마음을 열고 상담하게 되었다.

174

6유형 선생님이 본 3성향 학생의 좋은 점

● 적극적으로 수업에 참여한다.

● 밝은 모습으로 학급 일을 이끌고 리더로서 잘 해낸다.

● 학습 결과물이 뛰어나서 학생들에게 예시 자료로 활용할 수 있다.

● 수업 태도 면에서 다른 학생들의 모범이 된다.

6유형 선생님이 본 3성향 학생의 힘든 점

◆ 게임 활동 시 경쟁심이 지나쳐 가끔 편법으로 자신의 팀을 이기게 하는 경우가
  있다.

◆ 다 함께 기다리거나 양보해야 하는 활동을 어려워하기도 한다.

◆ 자신에게 이익이 된다고 생각하지 않을 때는 움직이려 하지 않는다.

◆ 과정이 효율적이지 않거나 목표가 모호한 활동에 흥미가 없다.

6유형 선생님이 3성향 학생을 위해서 할 일

✓ 정직하지 못하거나 편법을 썼을 때, 따로 불러서 속마음을 물어보기

✓ 타인의 칭찬과 인정보다는 본인의 가치를 알게 하기

✓ 과정의 중요함을 알려주기

✓ 지루하고 반복적인 활동도 필요함을 알려주기

6유형 선생님과
4성향 학생 보라

‘다 함께 공평하게’가 화두였던 나에게, 모두 발표하는데 혼자 발표하지 않는 보라는 참 다가가기 어려운 아이였다. 내가 보기엔 괜찮은 수준인데 보라는 작품을 잘 완성하고도 못했다며 찢어버리고, 그럴만한 상황이 없었는데 갑자기 울기도 했다. 어떻게 해야 할지 막막했다. 교사로서 관심을 주는데도 보라는 더 많은 관심을 요구하는 듯해서 힘들었다.

보라는 친구들과 함께하는 놀이에 참여하지 않았다. 다른 친구들은 즐겁게 게임을 하는데 자리에 엎드려 있어 몇 번이고 아이의 의사를 물었으나 보라는 시원한 대답을 하지 않았다. 수업을 계속 진행하는 내내 마음 한구석이 불편했다. 방과 후, 기분이 좋아 보이는 보라에게 아까는 왜 참여하지 않았냐고 물어보니 “그냥….”이라고 말끝을 흐렸다. 평소 보라는 자신이 관심 있거나 자신의 기량이 드러나는 활동에만 집중하는 편이다. 활동에 따라 크게 차이가 나는 태도를 보며 나는 수업 구성을 잘못했나 내심 불안했다. 그래도 “선생님은 너랑 같이 게임을 하고 싶었어.”라고 하니 다음에는 참여하겠다고 약속했다.

보라는 주어진 틀을 싫어한다. 주어진 양식을 완성하는 학습 자료를 주면, 항상 자신만의 양식을 만들고 새로운 캐릭터를 만들어 내기도 한다. 처음에는 그저 공부를 싫어한다고 생각했는데 보라가 불만스러운 표정을 보일 때 왜 그런지 물어보면 자신만의 방식으로 학습지를 완성하고 싶다고 했다. 보라에게 경계 안에서 어느 정도 자유를 허용해 주니 놀랄만한 창의력을 보였다. 다른 학생들이 대충이라도 ‘하는 것’ 자체에 의미를 둘 때 보라는 영혼을 담아 내용을 완성한다. 그러다 보면 시간이 부족할 때가 있다. 다른 학생들과 똑같은 잣대로 판단하기보다 보라만의 특성을 인정하고 넉넉히 시간을 주는 것이 좋다.

어느 금요일, 보라는 학교 오기 싫다며 수업 시간에 갑자기 울기 시작했다. 몇 번을 달래서 겨우 하교 시간이 되었고 눈물범벅이 된 보라와 헤어지며 “선생님은 월요일에도 너를 보고 싶어. 잘 쉬고 꼭 만나자.”라며 안아주었다. 다행히 월요일 보라는 밝은 표정으로 등교했다. 아이의 감정을 읽어주는 것이 힘들 때도 있지만, 최대한 보라의 이야기를 들어주면 아이와 편안하게 소통할 수 있다.

6유형 선생님이 본 4성향 학생의 좋은 점

- 독특한 생각을 표현하며 창의적이어서 교사가 준비한 것보다 다양하고 풍성한 수업이 된다.
- 친구들의 감정에 깊이 공감하여 마음을 잘 헤아릴 수 있다.
- 다른 사람들이 쉽게 보지 못하는 아름다움을 볼 수 있다.
- 틀에 갇혀있지 않고 상상력이 풍부해서 교사가 생각하지 못한 방식으로 사물을 본다.

6유형 선생님이 본 4성향 학생의 힘든 점

- ◆ 학습 결과물이 자신의 기대치만큼 나오지 않을 때 절망하고, 다음 단계로 나아가지 않는다.
- ◆ 친구들과 폭넓게 사귀지 못하고 겉돌 때가 많다.
- ◆ 단체 생활에서 눈에 띄는 행동을 하고, 규칙을 소홀히 여긴다.
- ◆ 자기만의 감정에 빠져있는 경우가 있다.

6유형 선생님이 4성향 학생을 위해서 할 일

- ✓ 학생의 감정을 있는 그대로 수용하고 들어주기
- ✓ 함께 해야 한다거나 꼭 해야 한다는 교사의 기준을 고수하지 않고 다양한 방법이 있음을 인정하고 수용하기
- ✓ 문제가 생겼을 때 설명으로 해결하기보다는 먼저 학생의 감정을 알아주기
- ✓ 학생이 가지고 있는 재능을 발견하고 인정해 주기

6유형 선생님과
5성향 학생 지성

지성이는 표정과 말수가 별로 없고 그다지 에너지 넘치는 모습은 아니었다. 학급 내 학생들과도 교류가 적었고 오히려 다른 반의 같은 동아리 소속 학생들과 친하게 지냈다. 책을 좋아하여 도서 동아리는 스스로 가입했고, 관심 있는 친구들을 모아 결성한 보컬 동아리에서는 리더로 활동했다.

우리 반은 평소에 수다가 끊이지 않고 웃음소리로 시끌시끌한데 지성이는 이런 학급 분위기를 싫어했다. 쉬는 시간에 교실에 가 보면 엎드려 자거나, 문제집을 풀거나, 책을 읽었다. 지성이는 간결하지만 확실하게 의사 표현을 하고 나름 기준이 분명하고 객관적이었을 뿐 아니라 누군가에게 피해를 주는 학생은 아니었기에 학급에서 큰 갈등은 없었다. 다만 관심사가 비슷한 친구가 별로 없어서인지 학급행사가 있을 때마다 비협조적이었다. 학급에서의 이런 모습과 달리, 자신이 열정을 갖고 활동하는 보컬 동아리에서는 딴사람 같았다. 같은 3학년에서 마음이 맞는 친구들을 동아리원으로 영입한 후, 며칠간 1학년과 2학년에게 홍보하더니 오디션을 실시해 후배들을 선발했다. 적극적인 태도로 점심시간마다 동아리원들을 모아 연습을 하고 동아리 발표회에서는 본인이 직접 사회를 보는 등 에너지가 있고 말도 많았다.

지성이는 자신에 대해 말로 잘 표현하지 않았기에 반 모둠 일기에 긴 글을 쓰는 것이 반가웠다. 표정이나 행동에서는 지성이의 '열정'이 별로 느껴지지 않는데, 일기장 속 지성이는 아주 열정적이었다. 글의 논리가 얼마나 탄탄한지 일기 한편 한편이 분량도 길고 학급의 상황, 사회적 상황, 자신의 미래 등 중3 학생이 썼다고 하기에는 꽤 수준이 높았다.

나는 일기장을 통해 지성이의 글에 답글을 써 주는 것을 시작으로 지성이에게 조금씩 다가갈 수 있었고, 어쩌다 하교가 늦어 교실에 남아 있을 때 지성이의 관심사인 독서나 보컬 활동을 주제로 이야기를 나누면서 가까워질 수 있었다. 이후 독서주간 행사가 있어서 지성이에게 도움을 요청했는데 생각한 것 이상으로 깊이 있고 전문적인 모습을 보여주어서 같은 반 학생들에게 깊은 인상을 심어주었다.

6유형 선생님이 본 5성향 학생의 좋은 점

- 독립적이어서 자기가 할 일을 알아서 잘한다.
- 학구적이고 논리적이며 이로 인해 수업의 질이 향상된다.
- 자기 관심사에 대해 깊이 탐구한다.
- 학급에서 일어나는 일에 대해 질문하면 객관적인 시각으로 알려준다.

6유형 선생님이 본 5성향 학생의 힘든 점

- 다양한 친구 관계를 맺지 못한다.
- 주목받는 것을 싫어하고 의사 표현을 잘 하지 않는다.
- 단체 활동을 하려고 하지 않는다.
- 문제가 있을 때도 상의하지 않는다.

6유형 선생님이 5성향 학생을 위해서 할 일

- ✓ 조용한 5성향 학생을 놓치기 쉬우므로, 먼저 다가가서 말 걸어주기
- ✓ 아이가 관심 있거나 잘하는 부분을 매개로 소통하기
- ✓ 혼자 있는 시간을 인정하고 억지로 친구들과 놀게 하지 않기
- ✓ 책에만 답이 있는 것이 아니라 주변 친구들에게도 배울 점이 많다는 것을 알려 주기

6유형 선생님과
6성향 학생 한결
·······

한결이는 아침 일찍 학교에 와서 칠판에 있는 시간표를 확인하고, 아침 활동을 제시간에 한다. 주간학습 안내를 보면서 하루 수업이 어떻게 이루어지는지 미리 점검하고 주제만 쓰여 있는 수업이 있으면 구체적으로 무엇을 하는지 질문한다. 평소 한결이는 새로운 단원을 시작하거나 자유롭게 활동하는 시간을 주면 살짝 긴장하는 모습을 보인다. 그러나 미리 수업 활동에 대해 안내를 하거나 익숙한 부분이 나오면 긴장했던 눈빛이 풀어진다.

한결이는 같은 모둠 학생들에게 아침 활동에 관한 안내를 해주고 제출 시간에 늦지 않게 챙겨준다. 특별실 수업이 있으면 미리 친구들에게 줄을 서라고 이야기하고 다른 친구들의 준비를 도와주기도 한다.

한결이가 학교에 적응을 잘하고 있다고 생각했는데 집에서는 학교생활에 대한 불평과 짜증이 많다는 말을 어머니께 듣고 당황스러웠다. 며칠 후, 자연스럽게 기회를 만들어 이야기를 나누어 보니 한결이는 자기 일만 아니라 모둠원들이 각자 해야 할 일에 대해서도 자기 책임으로 여기고 있었다. 그래서 친구들이 할 일을 다 못하면 본인이 부담을 느끼고 친구에게 과하게 이야기하거나 행동했음을 알게 되었다. 그 후 반 전체 학생들과 자유와 책임에 관한 이야기를 나누었고 한결이의 표정이 조금은 편안해졌다.

한결이가 결석해서 체력을 측정하지 못한 적이 있다. 마침 다른 반에도 결석생이 있어 다른 날짜를 정해 측정을 하기로 했다. 며칠 전부터 이야기했고 측정 전날에도 다른 날보다 일찍 오라고 강조했다. 그러나 재측정 하는 날 한결이가 제시간에 오지 않았다. 늦게 교실로 온 한결이는 죄송하다는 말도 없이 짜증이 난 표정으로 "선생님! 오늘 일찍 오려고 엄마가 차를 태워주셨는데 오는 길이 막혀서······. " 하다가 강한 어조로, "선생님! 꼭 오늘 체력측정 해야 해요? 다른 날 하면 안 돼요?"라고 소리쳤다.

나는 처음에는 예의 없는 모습에 화가 났지만, 한결이가 혼나는 것이 두려워서 저렇게 세게 표현하는 것임을 깨달았다. 두려움이 올라와 짜증난 한결이를 한 박자 쉬게 하는 것이 좋겠다고 생각했다. 나는 "늦었지만 괜찮아. 지금이라도 측정하고 와." 하고 말해주었다. 체력측정을 마치고 나서 한결이는 안정된 모습을 보였다. 아침의 일에 대해 다시 차분하게 이야기하면서 한결이는 자신의 의도와 달리 강하게 말했던 것에 대해 사과했다. 6성향 아이는 감정이 격하게 올라왔을 때, 잠시 숨을 고르고 차분해진 후에 상황을 설명하는 것이 좋다는 것을 새삼 깨닫게 되었다.

6유형 선생님이 본 6성향 학생의 좋은 점

- 규칙을 잘 지키고 자신의 책임을 다한다.
- 수업 시간에 교사의 의도를 알고 교사의 질문에 최적화된 답을 말하여 수업이 원활하게 진행되도록 도움을 준다.
- 보이지 않는 곳에서도 열심히 봉사하거나 공부한다.
- 학급의 일에 협조적이며 부족한 부분을 챙긴다.

6유형 선생님이 본 6성향 학생의 힘든 점

- 같은 질문을 반복하고 내용을 계속 확인한다.
- 세세한 것까지 교사의 안내를 받으려 한다.
- 두려움이 생길 때, 갑자기 화를 내거나 교사의 권위에 도전할 때도 있다.
- 새로운 도전에 겁을 내며 자기방어적이다.

6유형 선생님이 6성향 학생을 위해서 할 일

- ✓ 반복되는 질문에도 친절하게 응대해주기
- ✓ 실수해도 괜찮다고 안심시켜주기
- ✓ 자주 긴장하고 불안한 아이에게 불편한 부분이 무엇인지 물어봐 주기
- ✓ 불평할 때 그 상황에서 좋은 점을 찾아보도록 지도하기
- ✓ 모르는 부분이 있을 때 단계별로 설명하기
- ✓ 새로운 일을 시작하기 전에 전반적인 내용을 안내하기

6유형 선생님과
7성향 학생 환희

환희를 찍은 사진에는 눈, 코, 입이 제대로 나온 것이 없다. 언제나 재밌는 표정과 몸짓을 하다가 찍히기 때문이다. 매일 사건을 만들어 친구들을 심심하지 않게 해주기에 친구들의 일기에는 환희가 자주 등장한다. 환희의 별명은 해피 바이러스. 그러나 6유형인 나는 '해피'에 집중하기보다 '바이러스'에 집중한다. 잘한 것보다는 부정적인 것에 먼저 초점을 맞추다 보니 환희가 학습 분위기를 흐린다고 생각하는 순간 환희의 행동을 보고 같이 웃어주기보다는 정색하거나 과하게 반응하기도 한다. 환희는 수업 시간에 색다른 아이디어를 발표할 때도 있지만 친구들을 웃기느라 대부분 칠판을 보기보다 뒤를 돌아보고 있다. 환희가 뒤를 돌아보지 않는 때는 맨 뒷자리에 앉았을 때이다.

환희는 정리를 잘하지 못한다. 책상 속은 늘 어지럽혀져 있고, 필통에서 연필을 꺼내면 다시 필통에 집어넣지 않고 대충 서랍에 넣어버린다. 그러니 수업 시간이 되면 연필을 찾느라 시간을 허비한다. 12색 색연필 세트에는 몇 개의 색연필만 들어있고 나머지는 어디론가 도망갔다. 다른 준비물도 마찬가지다. 준비물을 찾느라 허비하는 시간이 많기에 나는 환희를 위해서 연필, 색연필, 가위, 풀의 여분을 항상 준비해 놓는다. 점심을 먹고 난 뒤 책상에는 밥풀이 여기저기 떨어져 있고 외투와 책가방도 책상에 걸려 있을 때보다 교실 바닥에 굴러다닐 때가 더 많다. 차근차근 물건 정리하는 법을 알려줬지만, 환희는 그때뿐, 쉬는 시간에 놀려는 생각에 대충 정리하곤 한다. 환희에게 정리의 과정을 설명하는 것은 어렵다. 꼭 필요한 하나만 설명하는 것이 좋다. 수업이 끝나면 자신의 물건을 정리해 확인을 받고 하교하기로 약속했지만 자주 그 사실을 잊어버린다. 환희는 미래의 즐거움을 찾아 생각이 빠르게 움직인다. 7성향 아이가 귀찮은 약속을 잊는 것은 당연하니 그때그때 말해주는 것이 좋다.

친구들은 환희를 좋아한다. 언제나 즐거운 분위기를 만들고, 싫은 이야기를 하지 않기 때문이다. 그런데 놀다가 장난이 심해져서 친구를 다치게 하거나 자신이 다치기도 한다. 자신이 다쳐도 환희는 친구들의 실수나 잘못에 대해 별로 개의치 않는다. 빨리 난감한 상황을 벗어나고 싶기 때문이다. 얼굴에 상처가 났을 때도 0.001초만에 친구의 사과를 받아준다고 해서, 나는 환희에게 자신의 마음을 잘 살펴보고 나서 정말 괜찮은지 생각할 시간을 주었다. 7성향 아이에게는 자신의 마음을 진지하게 살펴보는 시간을 주는 것이 필요하다.

6유형 선생님이 본 7성향 학생의 좋은 점

● 언제나 밝고 명랑하며, 솔직하게 자신의 생각을 표현한다.
  자신이 관심 있는 영역에서는 빠른 결과를 만들어 낸다.
● 재치와 유머로 재미있게 학교생활을 한다.
● 창의적인 사고나 발상으로 수업에 활력을 준다.
● 유연한 사고와 긍정적 가능성으로 흥미로운 관심거리에 주의를 둔다.

6유형 선생님이 본 7성향 학생의 힘든 점

◆ 주의가 산만하고 수업에 집중하지 못하며 주변 정리를 잘하지 못한다.
◆ 친구들을 웃기기 위해 과장된 표정이나 행동을 해서 학습 분위기를 흐린다.
◆ 지나치게 낙관적이고, 잘못을 인정하지만 금방 잊어버리고 비슷한 실수를 반복한다.
◆ 과제를 대충 해치운 후에, 다른 친구들을 방해한다.
◆ 깊은 감정이나 문제 상황을 회피한다.

6유형 선생님이 7성향 학생을 위해서 할 일

✓ 반복적인 실수의 원인이 무엇인지 질문하여 학생이 해결 방법을 찾도록 도와주기
✓ 간단명료하게 이야기하기
✓ 경계를 세워 한계를 인식하게 하고, 심한 통제는 하지 않기
✓ 즐거운 활동을 할 때 주도할 수 있도록 기회를 주기

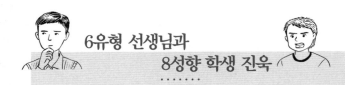

6유형 선생님과 8성향 학생 진욱
....

진욱이는 매사에 에너지가 많고 수업 시간에 씩씩하게 발표하며 자신감이 넘친다. 다른 학생들은 발표할 때 목소리가 작거나 부끄러움을 많이 타는데 진욱이는 큰 목소리로 책을 읽거나 발표를 해서 속이 시원하다. 진욱이는 힘쓰는 일을 좋아한다. 무거운 물건을 옮기고 급식 시간에 단단히 잠긴 후식 통의 뚜껑을 열어주는 것은 진욱이의 몫이다. 진욱이는 급식 시간에 자신이 좋아하는 반찬을 과하게 가져다 먹으면서 친구들에게는 적당히 가져가라며 규칙을 지키라고 강요한다. 진욱이의 일관성 없는 행동을 지적하면 씩 웃기만 한다.

놀이 시간에도 주도적으로 친구들을 통솔하여 활동의 중심에는 언제나 진욱이가 있다. 진욱이는 놀이의 규칙을 새로 만들어서 친구들의 흥미를 끌어내고, 다양한 의견이 많을 때는 하나로 정리하여 즐겁게 논다. 그러나 사실 진욱이는 친구들과 많이 부딪힌다. 흥분하면 거친 말과 행동으로 친구들의 마음을 상하게 할 때가 많다. 그런데도 자신이 친구들에게 상처를 주었다고는 생각하지 못한다. 특히 여학생들이 진욱이의 말에 마음이 상하여 우는 일이 많다.

다툼이 생겨 나에게 오면 진욱이는 그런 의도가 아니었다며 억울해한다. 평소 목소리로 이야기를 했는데 친구들은 진욱이가 소리를 질렀다는 것이다. 나는, 목소리의 크기는 사람마다 다르기에 친구들은 진욱이의 소리가 크다고 느낄 수 있다고 설명했다. 진욱이는 순순히 수긍하면서 앞으로는 조금 작게 이야기하겠다고 약속했다. 또 진욱이가 했던 심한 말이 친구에게 상처가 되었음을 알려주면 친구에게 사과하기도 한다. 그러나 이런 일이 반복되면 진욱이는 때로 얼굴이 일그러지며 억울함을 더 호소하기도 한다. 이때는 진욱이의 이야기를 들어주고 흥분을 가라앉힐 시간을 주는 것이 좋다. 먹을 것을 주는 것도 좋은 방법이다. 시간이 지나면 진욱이의 화는 사그라든다.

6유형 교사는 자신이 정해놓은 틀 안에서 학생들이 움직이기를 바라는데, 8성향 학생은 경계나 틀을 벗어나려는 경우가 종종 있다. 또 8성향 학생이 큰 소리로 자신의 요구사항을 주장하거나 과격한 행동을 할 때 6유형 교사는 순간 위축되어 얼음이 되기도 한다. 이런 점들이 6유형 교사를 힘들게 하지만 긍정적인 시선으로 진욱이를 보며 있는 그대로 인정해 주니, 진욱이는 자신의 힘을 사용하여 약한 친구들을 도와주게 되었다.

6유형 선생님이 본 8성향 학생의 좋은 점

● 의욕이 넘치고 활기차다.

● 약한 친구들을 잘 도와주고 리더십이 있다.

● 큰 목소리로 자신감을 가지고 발표를 해서 수업 시간을 생기 있게 이끈다.

● 결단력이 좋고 자기 생각을 확실히 표현한다.

6유형 선생님이 본 8성향 학생의 힘든 점

◆ 교사의 권위에 도전한다.

◆ 본인의 입장만을 고수하며 양보하지 않는다.

◆ 친구들 위에 군림하며 자기 마음대로 하여 자주 문제를 일으킨다.

◆ 규칙을 어기는 것이 아무렇지도 않고, 심할 경우 폭력을 쓴다.

6유형 선생님이 8성향 학생을 위해서 할 일

✓ 거친 행동을 할 때 드러난 결과로만 판단하지 말고, 학생의 의도를 물어봐 주기

✓ 교사와 학생이 같은 편임을 알려주기

✓ 힘을 부렸을 때 상대가 다친다는 것을 인식하도록 질문하기

✓ 힘을 써서 다른 사람을 돕는 활동 등 학급에서 즐겁게 할 수 있는 일 맡기기

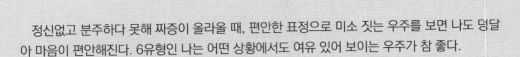
정신없고 분주하다 못해 짜증이 올라올 때, 편안한 표정으로 미소 짓는 우주를 보면 나도 덩달아 마음이 편안해진다. 6유형인 나는 어떤 상황에서도 여유 있어 보이는 우주가 참 좋다.

오늘따라 수업 중에 해야 할 활동들이 많다. 수업 활동에 대해 자세히 안내하고 돌아다니면서 살펴보니 우주는 아무것도 하지 않고 가만히 있다.

"우주야, 왜 안 하고 있니?"

"…… 어떻게 하는지 잘 모르겠어요."

다시 설명하며 시연해 주자 우주가 활동을 시작한다.

"우리 우주 잘하네. 잘 모르면 바로 나한테 도움을 요청하지 그랬어?"

"……."

"선생님 부르기 불편했어? 그럼 옆 친구에게 물어봐도 되는데?"

"……."

평소 다른 학생들과도 편한 관계를 유지하고 다른 친구들의 부탁도 잘 들어주는 우주인데 왜 자신은 도움이 필요할 때 친구나 선생님에게 도움을 요청하지 않는지 답답하고 안타까운 마음이 든다.

주어진 시간 안에 끝내지 못한 활동 과제가 있는 경우, 다른 아이들은 과제를 다 하지 못해도 그냥 집에 가버리는데 우주는 자신만의 속도로 과제를 하다가 방과 후라도 끝까지 마무리하고 간다.

"우주야, 수고 많았어. 그런데 시간이 너무 늦은 것 같은데 괜찮을까?"

우주는 아무 말 없이 씩 웃으며 인사하고 교실 문을 나선다.

우주는 지금까지 한 번도 화를 낸 적이 없다고 한다. 평소 친구들과 잘 지내고 친구들에게 우호적인 모습을 보이는데, 가끔 우주에게 과하게 장난쳐도 우주는 살짝 웃거나 괜찮다고 이야기한다. 나는 정말로 괜찮은지 다시 물어보았다. 한참 후에야 우주는 잘 모르겠다고 대답했다. 나는 화를 내는 것이 나쁜 것이 아니며 감정을 표현하는 것은 건강한 일이므로 시도해보라고 격려했다.

6유형 선생님이 본 9성향 학생의 좋은 점

- 상황에 관계없이 편안한 모습을 보인다.
- 친절하고 따뜻하며 친구들과 두루 잘 지낸다.
- 수용을 잘하고 한결같은 모습이다.
- 넓은 시각을 갖고 있다.

6유형 선생님이 본 9성향 학생의 힘든 점

- 모르는 부분을 바로 물어보지 않고 가만히 앉아 있다가 주어진 시간 내에 활동을 마무리하지 못한다.
- 동아리, 1인 1역 등 자신이 선택해야 할 때 하지 않고서 나중에 하고 싶지 않은 것을 하게 되면 책임을 다하지 않는다.
- 고집스러운 면이 있어 다른 사람의 이야기를 듣지 않거나, 할 일을 하지 않고 버티기도 한다.
- 갈등이 있는 경우에도 참고 넘어가서 상황을 악화시킨다.

6유형 선생님이 9성향 학생을 위해서 할 일

- ✓ 의미 있는 활동에 도전하도록 따로 불러서 제안하기
- ✓ 결정할 때 넉넉한 시간을 주거나 예시자료 주기
- ✓ 아이의 의견을 물어보고 귀담아 들어주기
- ✓ 잘못을 강하게 지적하지 말고 부드럽게 말하기
- ✓ 자신의 의견을 표현해도 문제가 생기지 않는다고 이야기해주기

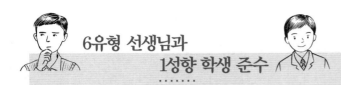

동그란 안경에 정갈한 단발머리 준수는 딱 모범생이다. 학기 초 준수와 상담하는데 중3 여학생임에도 불구하고 마치 어른과 이야기하는 것 같았다. 침착한 태도와 절제된 미소, 똑 떨어지는 예의 바른 말투 때문에, 직접 말로 하지 않아도 '제가 알아서 하겠습니다. 걱정하지 않으셔도 됩니다.'라고 말하는 것처럼 들렸다.

준수와 친한 우주는 지각을 자주 하였는데, 준수가 아침에 전화로 깨워 주기도 하고, 지각한 날에는 우주에게 지각하지 말라고 이야기하는 등 엄마처럼 잔소리하며 챙기는 편이었다. 하루는 우주가 수업이 시작되었는데도 오지 않고 연락도 되지 않아 발만 동동 구르고 있는데, 준수가 "선생님, 제가 우주 집 알아요. 가서 깨워서 데리고 올게요." 하더니 외출증을 끊어 우주 집으로 가서 데리고 왔다. 잠도 덜 깼고 씻고 간다는 우주를, 학교 가면 이미 점심시간이니 세수만 하고 가자고 설득해 데리고 온 것이다. 이러한 준수의 행동에 우주는 준수를 고마워하는 한편 힘들어하였다. 친구지만 어른처럼 이야기하고 행동하는 준수가 자기처럼 행동하기를 바라는 것이 우주에게는 피곤할 수도 있겠다는 생각이 들었다. 준수에게 친구를 생각하는 마음과 행동에 대해 칭찬을 해주고, 준수가 너무 애쓰지만 그런 행동으로 인해 친구가 힘들어할 수도 있다고 살짝 귀띔해 주었다.

준수는 학교 보컬 동아리 활동을 하며 노래하는 것을 정말 좋아했다. 동아리에서 활동하는 다른 아이들과는 달리 시험 기간에도 알아서 계획을 세워 열심히 공부했고, 해야 할 일을 먼저 하는 학생이어서 잔소리가 필요 없었다.

고입원서를 쓰기 위해 여러 차례 상담하면서 준수와 많은 이야기를 나눠 보기 전까지는, 준수가 속으로 스트레스를 많이 받는 줄 몰랐다. 준수는 열심히 공부해도 기대만큼 성적이 나오지 않아서 인문계 고등학교를 진학하면 상위권을 유지할 자신이 없으니 상업고등학교에 가는 것이 낫겠다고 했다. 부모님도 그것을 원하실 거라고 웃는 얼굴로 말하지만, 어딘가 조금 힘이 빠져 보였다. "좋아하는 노래를 보컬 동아리 친구들과 마음껏 부르고 싶은 마음을 꾹꾹 참으며 공부하는 게 정말 힘들어요."라고 어렵게 속 이야기를 하는 준수가 애잔해서, 괜찮다고만 말하지 말고 최소한 부모님께 네 마음을 표현해보라고 이야기했다. 이후 상담에서 준수가 자기 마음을 부모님께 솔직히 표현한 것을 알게 되었다. 부모님과 함께 충분히 고민한 후 결국 상업고등학교로 진학한 준수의 표정은 한결 편안해졌다.

6유형 선생님이 본 1성향 학생의 좋은 점

● 규칙을 잘 지키고 솔선수범한다.

● 맡겨진 일에 최선을 다하며 책임감이 강하다.

● 자기 기준이 뚜렷하고 소신대로 행동한다.

● 해야 할 일에 최선을 다한다.

6유형 선생님이 본 1성향 학생의 힘든 점

◆ 자신의 높은 기준을 주변에 요구한다.

◆ 융통성이 부족하고 한 가지 방법만을 고수한다.

◆ 학급의 규칙을 엄격하게 지키고 예외를 인정하지 않는다.

◆ 잘못된 행동을 하는 친구들을 볼 때마다 즉시 교사에게 말한다.

6유형 선생님이 1성향 학생을 위해서 할 일

✓ 문제를 해결하는 데 한 가지 방법만 있는 것은 아니라고 말해주기

✓ 긴장을 푸는 다양한 방법을 안내하기

✓ 자신에게 즐거운 활동이 무엇인지 찾아보도록 질문하기

✓ 자신이 생각하는 것이 완벽하지 않을 수 있다고 알려주기

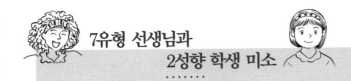

7유형 선생님과
2성향 학생 미소
· · · · · · ·

　다정하고 싹싹한 미소. 멀리서 "선생님~" 부르며 손을 흔들거나, 달려와서 안기기도 한다. 알록달록 색깔 펜으로 '감사하고 사랑해요.'라고 쓴 쪽지도 종종 건넨다. 학급 논의할 때 자신의 의견을 곧잘 표현하고 다른 친구들을 잘 챙기며 도와주는 리더십도 가지고 있다. 선생님이나 친구들을 도와줄 때 적극적으로 나서고 궂은일도 자원한다. 미소는 친구들의 이야기를 잘 들어주면서 우정을 쌓아간다.

　귀여운 미소는 자신이 예쁘지 않다고 생각해서 외모에 신경을 많이 쓴다. 상대의 시선에 민감하다 보니 때론 화장을 진하게 하기도 하는데 소위 '화장 안 한 얼굴'로 다니면 불안함을 느낀다고 한다.
　친구들을 도와주고자 하는 마음이 지나쳐 오히려 친구를 힘들게 할 때도 있다. 친구에게 조언한다는 것이 마치 엄마가 자녀에게 하듯 세세한 부분까지 간섭하는 바람에 상대방을 불편하게 하기도 한다.

　어느 날 미소가 다른 사람들이 자신을 안 좋아하는 것 같다고 이야기했다. 본인도 상대의 시선을 신경 쓰는 것이 힘들면서도 무시하기 어렵다는 것이다. 또, 자신을 함부로 대한 친구에게 화가 나고 서운한데 그 마음을 제때 표현하지 못하고 사과도 받지 못한 채 시간만 흘러서 속상해했다.

　2성향에 대해 알게 된 후, 나는 미소가 얼마나 힘들었을까 이해가 되었고 사람들의 시선에 갇혀 있는 미소가 안타까워 조언해 주었다.
　"미소는 도와주려는 마음이 참 예쁘단다. 미소가 고마움을 표현해 주는 것이 선생님은 참으로 좋단다. 고민도 많고 상황도 쉽지 않은데 너무나 잘 해내고 있어. 힘든 것을 말해줘서 고마워. 혼자 끙끙거리면서 고민하지 말고 앞으로 어떤 이야기든 선생님은 들어줄 테니 꼭 이야기하렴. 사람들이 뭐래도 미소는 참 소중한 사람인 것 알지? 친구들과 잘 지내는 것도 중요하지만 너의 소중함을 지켜내려면 자기 마음을 건강하게 표현하는 용기가 필요하단다."

　미소는 한결 편안해진 모습으로 용기를 내보겠다고 했고, 이후 그 친구와 이야기를 나누면서 마음이 어느 정도 풀렸다고 했다.

7유형 선생님이 본 2성향 학생의 좋은 점

- 밝은 미소와 친근함이 보인다.
- 궂은일이나 힘든 아이들 돕는 일에 적극적이다.
- 학급을 꾸미거나 이벤트 준비하는 것에 센스가 있다.
- 친구들의 마음을 헤아려 주고 교사의 고충도 이해해준다.
- 긍정적인 에너지가 7유형과 잘 맞는다.

7유형 선생님이 본 2성향 학생의 힘든 점

- 친구 문제가 생겼을 때 해야 할 일에 집중하지 못한다.
- 칭찬과 인정에 목말라 하며 큰일이 아닌데도 자주 상처를 받는다.
- 어린아이 같은 말투나 행동을 하기도 한다.
- 마음이 상했을 때 직접 표현하지 않거나, 과하게 감정을 표현한다.
- 다른 사람들의 의견과 행동에 쉽게 영향을 받는다.

7유형 선생님이 2성향 학생을 위해서 할 일

✓ 학생이 상처받기 쉽다는 것을 생각하고, 툭툭 뱉는 말이나 행동을 조심하기

✓ 격한 감정을 보일 때 당황하지 않고 잘 들어주려고 애쓰기

✓ 선행에 대해 당연히 여기지 않고 여러 방면으로 칭찬해주기

✓ 힘든 친구들을 도와주거나 궂은일을 맡아 달라 요청하지 않기

✓ 교사가 생각하는 것 이상으로 이들에게는 관계가 중요하다는 것을 명심하고 진지하게 이야기를 들어주기

✓ 감정이 상했을 때 먼저 손을 내밀어서 관심을 표현하고 마음을 읽어주기

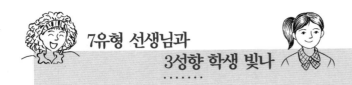
밝은 모습으로 인사를 잘하고 수업 시간에 반짝거리는 빛나는, 과제나 수행평가가 제시되었을 때 망설임 없이 시작하여 빠르게 결과를 만들어 제출한다. 자신 있는 태도와 목소리로 발표하여 전달력이 좋고 아이들의 반응에 적절하게 대응할 줄도 안다. 학급회장 선거에서는 함께 선거 운동할 친구들을 섭외하고 적극적으로 준비해서 결국 당선이 되었다.

빛나는 예의 바르고 호감 가는 학생이라서 선생님들에게 좋은 평가를 받는다. 반 아이들과도 두루두루 잘 소통하며 학교 행사가 있을 때 아이들에게 동기부여를 잘하여 학생들이 신나게 준비할 수 있도록 분위기를 만든다. 체육대회에서는 반별 연습과 반 티 준비에 신경 쓰면서도 댄스부 부원으로서 열심히 준비해 공연할 때 단연 돋보인다. 빛나는 무대를 즐기며, 사람들이 자신에게 열광하는 모습을 무척이나 좋아한다.

빛나는 화려하지는 않지만, 거울을 보면서 어떻게 하면 예쁘게 보일지를 신경 쓴다. 모범생들 속에서도, 입술에 립글로스를 안 바른 듯 바르고 티 나지 않게 눈화장을 한다. 발레가 몸매를 아름답게 만들어 줄 수 있다는 이야기를 듣고는 바로 학원에 등록하고, 처음인데 힘들지 않은지 물어보면 무척 즐겁다고 이야기한다.

빛나와 대화할 때, 내가 듣고 싶은 대답만 하고 자신의 속 이야기를 잘 하지 않는다는 생각이 든다. 억지로 끌어내리려고 하기보다는 평소에 아이를 인정해주면서 정말로 원하는 것이 무엇인지에 대해 자주 질문했다. 또 쉬는 것의 중요함을 알려주고 지금도 훌륭하다고 이야기를 해주었다. 빛나는 내 말에 귀를 기울이고 그것에 대해 고민해 보려고 노력했다.

7유형 선생님이 본 3성향 학생의 좋은 점

● 예의가 있고 적절한 반응을 하며 높은 친화력으로 즐겁게 학교생활을 한다.

● 리더십이 있어 반장을 하거나 대표로서 아이들을 잘 이끈다.

● 어떤 일이든 효율적으로 해내고, 제출하는 과제의 수준이 높다.

● 공부나 자신의 스케줄을 스스로 잘 챙긴다.

● 목표를 세우면 끝까지 해내려고 하는 의지가 강하고 목표를 향한 집중력이 뛰어나다.

7유형 선생님이 본 3성향 학생의 힘든 점

◆ 효율적이지 않은 것을 못 견딘다.

◆ 인정받고자 하는 마음이 지나치다.

◆ 간혹 교사 앞에서의 모습과 친구들 사이에서의 모습이 다르다.

◆ 공동체의 일보다 자신이 돋보이는 일이 먼저라는 느낌을 줄 때가 있다.

◆ 주목받지 못하거나 안 좋은 결과가 뻔히 예상되는 경우에는 아예 움직이지 않거나 시작조차 하지 않으려고 할 때가 있다.

7유형 선생님이 3성향 학생을 위해서 할 일

✓ 결과만큼이나 과정도 중요하다는 것을 설명해주기

✓ 자신의 진솔한 감정을 깨닫도록 질문하기

✓ 장점을 발휘하도록 기회를 주고 관계의 소중함에 대해서 알려주기

✓ 너무 힘들어할 때는 쉬는 방법을 조언해 주기

✓ 가치 있는 일이 무엇이 있는지 안내하기

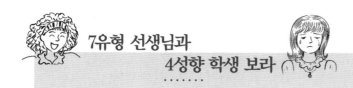

7유형 선생님과
4성향 학생 보라
·······

보라는 독특하면서도 위태로워 보인다. 활짝 웃는 모습이 예쁘고 춤을 기가 막히게 잘 춘다. 춤을 출 때 온 에너지를 바쳐서 자기 자신을 다 쏟아붓고 있는 것이 생생하게 보인다. 대부분 비슷비슷한 옷을 입는 또래와는 달리, 자신만의 개성을 살려 눈에 띄는 옷을 즐겨 입는다.

꿈을 위해 자기 관리도 열심히 하려고 한다. 다만 어느 순간에 흐름이 깨지면 움츠러들거나 뾰족하게 반응하며 위태롭게 줄타기를 하는 것처럼 보인다. 사랑스러운 미소를 지으면서 이런저런 이야기를 솔직하게 터놓는 것 같다가도 다음날은 차갑게 굳어버린 얼굴로 어떤 이야기도 듣고 싶어 하지 않는 보라를 마주할 때면 당황스럽다. 그간 힘겹게 쌓았던 관계들이 무너져 버린 것 같아 허탈하기도 하다. 무엇보다 보라와 어떻게 대화해야 하는지 고민이 된다.

에니어그램을 배우기 전 보라와 같은 성향의 아이들과의 대화는 이랬다.
"선생님, 다 마음에 안 들어요. 친구들도 학교도 싫어요."
"왜 그럴까? 네게 주어진 좋은 것들을 생각해봐. 긍정적인 마음을 가지면 다 좋아진단다."
"선생님, 빛나는 공부도 잘하고 미술도 잘하고 인기도 많고. 그 아이를 보다가 저를 보면 너무 비참해져요."
"비교하면 너만 힘들지 않겠니. 너도 장점이 얼마나 많은데. 어쩔 수 없는 것들은 받아들여."
언뜻 보면 다 맞는 말이었지만 상대에게 공감하기보다는 해결책 위주의 조언이었다.

에니어그램을 배운 후, 성급하게 결론을 제시하기보다 먼저 "그렇구나." 하며 수용해 주었다. 보라의 힘든 부분을 이해하고자 하니 한결 여유 있게 대할 수 있었다. 한번은 수업 시간에 보건실을 가겠다고 했는데, 마음이 무척 요동치고 있음이 얼굴에 그대로 보였다. 머리를 쓰다듬어 주면서 조심히 갔다 오라고 하니 보라는 보건실에 갔다가 생각보다 빨리 마음을 정리하고 돌아왔다.

보라가 핸드폰을 수업 중에 사용한 적이 있었다. 원칙대로 압수하려는데 흥분을 하며 받아들이지 못했다. 먼저 진정을 시키고 왜 받아들이지 못하는지 이야기를 들었다. 이야기를 듣다 보니 자신에게 너무나도 소중한 물건을 뺏기는 것이 힘들다는 것을 알게 되었고 이 부분에 대해 공감하고 방법을 좀 더 고민해 보자고 하니 한결 부드러워졌다. 공감해준 것만으로도 보라의 마음은 많이 풀렸다.

7유형 선생님이 본 4성향 학생의 좋은 점

● 자유롭게 사고하며 창의성이 있다.

● 본인의 생각과 느낌을 표현하는 방식이 남다르다.

● 힘든 사람에 대한 따뜻한 연민이 있다.

● 아름다움을 잘 찾아낸다.

7유형 선생님이 본 4성향 학생의 힘든 점

◆ 우울감에 빠지면 해야 할 일을 등한시한다.

◆ 상대의 태도나 말을 본인 감정에 따라 왜곡한다.

◆ 감정을 격하게 표현하거나 공격적인 표현을 할 때가 있다.

◆ 자신이 잘못했을 때조차 자신의 감정이 존중받지 못하면 서운해한다.

7유형 선생님이 본 4성향 학생을 위해서 할 일

✓ 이해하기는 어렵더라도 경청하고, 원하는 바를 수용할 수 있는 범위 내에서 허용하기

✓ 에니어그램 4성향의 설명을 읽고 자신에게 해당하는 부분을 표시하며 자기 이해를 할 수 있도록 돕기

✓ 아이가 가지고 있는 재능과 장점을 인식하도록 도와주기

✓ 반복적으로 우울감을 표현할 때 이것이 자연스러운 성향임을 기억하고 그대로 봐주기

✓ 상황을 왜곡할 때 사실관계를 확인하도록 질문하고, 섣부른 충고와 해결책을 제시하지 않기

✓ 성취감을 느낄 수 있는 활동을 찾도록 안내하기

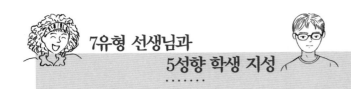

7유형 선생님과 5성향 학생 지성

교실에 들어가면 굳은 얼굴로 조용하게 앉아있는 지성이. 수업 시간에 큰 반응은 없었지만 이해가 잘 가지 않는 부분에 대해서는 간혹 질문을 했다. 모둠 수업 때 지성이는 조용히 자기 생각을 나누며 그 내용을 구조화하여 노트에 적어가면서 정리한다. 전체적인 내용이 다 정리되는 데는 다른 모둠보다 많은 시간이 걸리고, 정리가 다 되어야 발표할 수 있다. 목소리는 크지 않지만, 정리된 내용에 대해서는 생각을 분명하게 발표한다.

학기 초 지성이는 굳이 주변 친구들과 이야기하려고 시도하지 않았다. 쉬는 시간에는 도서관에서 책을 읽고, 수업 중 자투리 시간에도 빌려온 책을 읽었다. 이야기할 때 표정이 풍부하지 않고 다소 경직된 태도를 보이곤 했다. 친구들이 가까이 가서 편하게 이야기하거나 어깨를 치는 등 몸을 건드리면, 눈에 띄게 굳어버리거나 단답형의 답변으로 맥을 끊는 경우가 많았다. 그런데 자신의 관심사를 말할 때는 표정이 밝아지면서 열심히 자신이 알고 있는 것을 이야기했다.

에니어그램 5성향에 대한 수업을 했을 때, 지성이는 고개를 살짝살짝 끄덕이면서 흥미를 보였다. 수업이 끝나자 이례적으로 지성이가 찾아와서 에니어그램을 더 알려면 어떤 책을 읽어야 하는지 물었다. 내가 가지고 있던 책을 주면서, 이해가 안 되는 내용은 언제든 물어보라고 이야기하니 얼굴에 잔잔한 미소가 퍼졌다. 그동안 친구들의 행동 중 이해가 되지 않은 부분이 많았는데 책을 읽은 후 이해가 되어서 좋았다고 이야기했다. 5성향 아이에게 에니어그램 수업은 소통할 수 있는 좋은 계기가 되는 것 같았다.

에니어그램을 배우기 전에는 지성이와 같은 5성향 아이들을 나의 밝은 에너지로 다른 아이들과 잘 어울릴 수 있게 도와줘야겠다고 생각하며 아이에게 적극적으로 다가가곤 했다. 잘 도와줄 수 있을 것 같다는 자신감도 있었다. 그런데 그럴 때마다 아이의 반응이 너무 뻣뻣하고 긴장하는 것이 보여 '어 이게 아닌데……'라는 생각을 했다. 그럴수록 내 나름대로 더욱 열심히 다가갔으나 아이는 뒷걸음을 치듯이 부담스러워하는 것이 보여 아이에 대한 자신감을 잃곤 했다. 어떻게 대해야 할지 몰라서 답답했던 기억이 난다. 하지만 에니어그램을 배우고 난 지금은, 아이에게 내 생각으로 급히 다가가서 도와주려고 하기보다는 조금 떨어져서 아이를 살피고 도움이 필요할 때 조심스럽게 다가가서 아이와 천천히 친해지고 있다. 내 속도가 아닌 아이의 속도에 맞추어 도울 수 있어서 기쁘다.

7유형 선생님이 본 5성향 학생의 좋은 점

● 관습에 매이지 않고, 색다른 유머 감각을 갖고 있다.

● 조용히 자신이 해야 할 일을 한다.

● 관심사에 대해서 해박한 지식을 가지고 있다.

● 집중력이 뛰어나고 이성적인 대화가 잘 된다.

7유형 선생님이 본 5성향 학생의 힘든 점

◆ 자기 생각이 있지만 잘 표현하지 않는다.

◆ 몸을 움직이는 활동과 단체 활동을 좋아하지 않는다.

◆ 모둠 활동에서 생각이 정리될 때까지 많은 시간이 필요하다.

◆ 관심 있는 분야 외에는 어떤 에너지도 사용하지 않으려고 한다.

7유형 선생님이 5성향 학생을 위해서 할 일

✓ 함부로 몸을 건드리거나 툭 치는 등의 행동을 조심하기

✓ 같은 관심사를 가진 친구를 만날 수 있도록 기회를 만들어 주기

✓ 운동이나 악기 연주에 참여하도록 기회 주기

✓ 다양한 성향의 사람들에 대해 이해할 수 있도록 돕기

7유형 선생님과
6성향 학생 한결
....

6성향 아이들은 교사의 말을 잘 따르고 책임감 있게 해야 할 일을 한다. 수업 시간에도 꾀를 부리거나 요령을 피우지 않는 편이며 과제도 빠지지 않고 충실히 해서 교사에게 힘이 된다. 수업 시간에 자료를 보면서 설명할 때 중요한 부분만 빨리 설명하고 화면을 넘기는 경우가 있는데, 6성향 학생들이 화면에 보이는 내용을 다 적지 못한 경우 다급하게 "아직 다 못 썼어요!" 할 때가 있다. 핵심만 적으면 좋을 것 같은데 뭔가 놓친 것 같아 불안함을 느끼나 보다.

한결이는 수업 시간에 집중하지 못했다. 목소리도 크고 산만하게 말을 해서 방해가 되기도 했다. 수업 태도 면에서 지금까지 만난 6성향의 아이들과는 다른 모습이었고 오히려 과거의 내 모습과 비슷한 부분이 있어 7성향일 거라 여겼다. 수업 시간에 몇 번 주의를 주었지만, 변화가 없어서 한번은 한결이를 수업 중에 교무실로 보냈다. 수업 전 미리 학생들에게 오늘 수업 태도가 좋지 않은 학생은 교무실에 갈 수 있다고 말했고 평소 교사의 지시에 크게 신경을 안 쓰는 듯 보여서 교무실에 가서도 위축되지 않을 것이라고 예상했다.

수업을 마치고 교무실에 갔을 때, 생각했던 것과는 사뭇 다른 한결이의 모습에 깜짝 놀랐다. 잔뜩 위축된 채 두려운 눈빛으로 책을 펴놓고 앉아 있었다. 원래는 다시 한번 수업 태도에 대해 단호하게 주의 주려 했지만 이런 모습을 보자 한결이의 두려움을 해결하는 것이 우선이라고 생각했다. 나는 부드러운 목소리로 왜 교무실에 보냈는지 차분히 설명하고 어깨를 두드려주며 잘 다독여 보냈다. 이 일 이후, 한결이가 나를 불편해하는 기색이 보여서 수업 시간에 특별히 신경을 쓰며 개인적으로 관심을 주었지만, 마음이 풀리는 데는 오랜 시간이 걸렸다.

한결이는 개별 학습을 할 때 세세한 부분까지 정확히 모르면 넘어가지 못하고 자기가 하는 것이 맞는지를 수시로 확인해야 그다음 과정으로 넘어간다. 어느 때에는 1~2분에 한 번씩 손을 들고 질문을 하기도 한다. 이런 질문에 친절하게 설명해주며 응원을 보내자 자기가 한 것이 맞다는 것을 확인하면서 한결이는 점점 용기를 갖게 되었다. 그러자 수업 집중도도 훨씬 좋아졌으며 더욱 열심히 수업에 참여하였다.

7유형 선생님이 본 6성향 학생의 좋은 점

● 꾸준하고 책임감이 강하다.

● 힘든 친구들을 잘 챙겨준다.

● 교사의 말을 잘 따른다.

● 규칙을 잘 지킨다.

● 과제, 수업 준비물을 잘 챙긴다.

7유형 선생님이 본 6성향 학생의 힘든 점

◆ 새로운 일을 시작하는 데 저항이 있고 시간이 걸린다.

◆ 알아서 할 수 있는 일인데 질문이 많다.

◆ 불안한 상황에서 짜증을 내거나 따지듯이 이야기한다.

◆ 이유를 알 수 없는데 공격적으로 반응할 때가 있다.

◆ 잘못된 상황에서 남의 탓을 하는 경우가 있다.

7유형 선생님이 6성향 학생을 위해서 할 일

✓ 짜증이 나거나 불편한 마음이 들 때, 몸을 움직이며 환기하도록 해주기

✓ 무엇을 걱정하는지, 왜 두려운지 물어봐 주기

✓ "너무 세세하게 하지 않아도 괜찮아."라고 이야기해 주기

✓ 새로운 것을 시작하기 전에 구체적으로 안내하고 설명해주기

얼굴에 장난기가 있고 호기심이 넘치는 환희는 이야기를 재미있게 해서 친구들이 좋아한다. 수업 시간에 나는 환희의 유머를 활용해서 수업이 지루해지지 않도록 하거나, 앞에 나서는 것을 좋아하는 환희에게 준비물을 나누어주도록 할 때가 많다. 그러면 환희는 딱딱한 의자에 앉아 있지 않아도 되어 무척 신나 한다. 활동적인 수업을 할 때는 환희가 재치 있는 아이디어를 내며 분위기를 재미있게 하지만, 조금 진지하거나 반복적인 수업을 할 때는 지루해하고 산만해지곤 한다.

상품이 걸려있는 퀴즈, 게임 등에서 환희는 더욱더 열정적인 태도를 보인다. 조그만 상품일지라도 그것을 받기 위해서 환희는 평소와 다른 모습으로 집중한다. 그러나 조금 어렵거나 꾸준히 해야 하는 과제는 하지 않거나 대충 해온다. 이럴 때 화내거나 큰소리로 야단치는 것은 별로 도움이 되지 않는다.

평소 수업 시간에는 자주 꾸중을 듣는 환희지만, 체육대회에서 경기에 참여하거나 응원할 때는 누구보다 열정적이어서 학급의 승리를 이끌고 분위기를 띄운다. 그런데 종례나 교실 청소처럼 하기 싫은 일에는 자주 도망을 간다. 그래서 나는 종례 때 도망갈 수 없도록 핸드폰 가방을 챙기는 역할을 환희에게 맡겼다.

한번은 수업 시간에 수업의 맥을 끊는 환희를 위해 칠판에 별을 그렸다. 산만해질 때마다 별의 한 획을 그어서 별이 완성되면 벌을 받고 별이 완성되지 않으면 사탕을 주기로 했다. 3, 4획이 되었을 때 환희가 협상을 시도했다. "선생님~ 저 이 과제 열심히 하면 획 하나 지워주실 수 있나요?" 7유형인 나는 못이기는 척하면서 하나를 지워주고 환희가 수업을 끝까지 잘 해낼 수 있도록 했다. 반 친구들도 함께 웃으면서 도와줄 수 있는 분위기를 조성하자, 환희의 수업 태도는 더 좋아졌다.

7유형 선생님이 본 7성향 학생의 좋은 점

- 재치 있는 반응을 한다.
- 밝은 에너지를 수업에 활용할 수 있다.
- 반 분위기를 활기차게 해준다.
- 앞에 나서는 역할을 맡기기 쉽다.

7유형 선생님이 본 7성향 학생의 힘든 점

- ◆ 수업 시간 분위기를 산만하게 해서 방해가 된다.
- ◆ 장난이 지나치고 친구들을 놀려서 마음을 다치게 한다.
- ◆ 잘못을 지적하면 이유를 대며 반항하고 잘못을 인정하지 않는다.
- ◆ 아이들과 몰려다니면서 소란스럽게 한다.

7유형 선생님이 7성향 학생을 위해서 할 일

- ✓ 아이의 유머에 함께 웃어주고 에너지를 긍정적으로 평가해 주기
- ✓ 학생에게 맞는 학습 방법을 찾아 집중 시간을 늘려주기
- ✓ 수업이나 학급에서 도움이 되는 역할을 맡기면서 띄워주기
- ✓ 발표할 기회를 주어 수업에 참여하도록 하기
- ✓ 선을 넘을 때 단호하게 알려주기

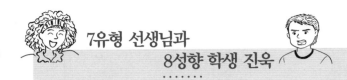

7유형 선생님과
8성향 학생 진욱

진욱이는 소위 중학교 2학년 짱이다. 1학년 때 진욱이는 선생님들을 테스트하기로 유명했는데 어떤 선생님에게는 눈을 무섭게 뜨고 쳐다보면서 코딱지를 파서 먹거나, 아예 교실 뒤쪽에 가서 누워 자거나 하는 돌발행동을 하곤 했다. 이때 진욱이에게 제대로 하라고 하면 반항적인 태도로 선생님을 몰아붙이거나 힘들게 하곤 했다. 선생님들에게 욕도 많이 하고 수업을 방해하여 복도에서 선생님이 지도하고 돌아서면, 뒤에서 손가락 욕을 날리며 주먹질을 했는데 그 모습이 CCTV에 찍혀서 선생님들을 난감하게도 했다. 진욱이가 복도에 아이들을 모아놓고 험악한 분위기를 조성하는 것을 본 교사가 한마디 하자 친구들을 선동해 단체로 대든 적도 있다.

진욱이는 "선생님은 교감 선생님하고 친하세요? 영어 선생님은 교감 선생님하고 완전 친해요. 같이 편하게 점심도 먹으러 가던데. 영어 쌤이 우리 학교 쌤들 중에 대빵이죠?"라며 본능적으로 누가 힘이 있는지를 파악하려고 한다.

2학년 초에 진욱이는 담임 선생님께 눈을 부라리고 소리를 질렀다. 그 모습에 교무실의 다른 선생님들도 긴장할 정도였지만 다행히 우람한 남자 담임 선생님께서 눈 깜빡하지 않고 상황을 정리했다. 그러고 나니 진욱이가 학급에서 더는 수업을 방해하지 않고, 차라리 잠을 잘지언정 큰 소리로 비아냥거리거나 선생님에게 대들지 않게 되었다. 그 후에도 수업 담당 선생님을 봐가면서 반항하려고 시도했지만 담임 선생님이 출동하면 좀 잠잠해졌다.

나는 진욱이가 3학년 형들에게 아주 깍듯하게 인사하는 것을 잘 알고 있었다. 3학년 아이들은 내가 1학년 때 가르쳤던 아이들이었고, 그중에도 진욱이와 같은 8성향 아이가 있었다. 그 아이도 나에게 힘겨루기를 시도했지만, 그것에 크게 반응하지 않으며 수업을 진행해서 나중에는 많이 가까워졌다. 이후 3학년이 되어도 내가 멀리서 보이면 달려와서 90도로 인사를 하곤 했다. 나는 위계질서가 중요한 8성향의 특징을 활용하기로 했다.

어느 날 복도를 지나가는데 3학년 무리가 내게 아주 예의 바르게 인사를 했다. 그 옆에 있던 진욱이의 고개는 뻣뻣했다. 나는 3학년 아이들과 한껏 친분을 과시하면서 안부를 물었다. "얘들아, 너희는 역시 인사를 참 잘하는구나. 그런데 후배에게도 인사하는 법을 가르쳐줘야지, 너희만 잘하면 뭘 하니?" 그러자 3학년 아이들은 "네~ 선생님, 저희가 잘 가르치겠습니다." 하면서 웃으며 대답했다. 이후, 진욱이는 나를 보면 90도로 인사를 하기 시작했다. 나는 열렬히 반응하면서 칭찬을 해주었다. 이 모습을 본 학생들과 선생님들은 깜짝 놀랐다. 진욱이가 선생님께 인사하는 것을 처음 본다고 말이다. 이후로 진욱이는 다른 선생님들께도 인사를 시작했다. 다른 선생님들도 진욱이를 많이 칭찬해주었다.

7유형 선생님이 본 8성향 학생의 좋은 점

- 힘이 있고 통솔력이 있다.
- 운동 능력이 좋고 이기고자 해서 단체 경기에서 도움이 된다.
- 교사를 신뢰하면 교사 편에서 도와준다.
- 7유형 교사처럼 에너지가 높아서 교사를 잘 따라온다.

7유형 선생님이 본 8성향 학생의 힘든 점

- 교사와 힘겨루기를 하고 반항적이며 규칙을 쉽게 무시한다.
- 그룹에서 우두머리 역할을 해서 집단행동을 주도한다.
- 친구들과 교사에게 분노를 바로 표출한다.
- 마음이 틀어진 경우, 감정이 풀릴 때까지 반항적인 행동을 한다.

7유형 선생님이 8성향 학생을 위해서 할 일

- ✓ 개별적으로 만나 교사의 기대와 믿음을 알려주기
- ✓ 맛있는 음식을 사주면서 관계를 쌓기
- ✓ 책임감 있는 역할을 맡기기
- ✓ 깊이 호흡을 한 후에 단호하게 이야기하기
- ✓ 힘겨루기에서 흥분해서 휩쓸리지 않기

7유형 선생님과
9성향 학생 우주
....

우주는 교실에서 활동적이지 않아 눈에 띄는 학생은 아니다. 주변 아이들이 말을 걸면 편히 이야기하지만, 친구를 적극적으로 사귀는 것이 아니라 그저 두루두루 잘 지내고 싶어 한다. 중학교 아이들은 보통 동성끼리 노는 것을 좋아하는데 우주는 이성 친구들과도 잘 어울린다. 친구들의 말에 거절도 하지 못하고 착하고 순하다 보니 주변 아이들이 조금은 만만하게 보고 놀리기도 한다.

수업 중에는 느리지만 그래도 열심히 하려고 한다. 상담할 때 어떻게 지내는지 물으면 괜찮다고 하면서 자세한 이야기를 하지 않는다. 의견을 묻거나 발표하는 수업에서는 모르겠다는 말을 많이 한다. 특히 우주는 소감문 쓰기를 힘들어했는데 한두 줄 쓰고 나면 뭘 써야 할지 모르겠다고 한다.

우주는 집에 가자마자 스마트폰을 보는 습관이 생겨서 고치기가 너무 어렵다고 했다. 집에 가면 가방을 던져두고 옷도 갈아입지 않은 채 침대에 누워서 스마트폰으로 검색하고 웹툰을 보는데 어느새 세 시간이 훌쩍 지나있다고 한다. 또, 미루는 습관이 있어서 학원 숙제는 출발하기 5분 전에 시작하고, 미루다가 한꺼번에 하다 보니 숙제의 질이 떨어질 때가 많다고 이야기했다.

그런 우주에게 원하는 고등학교에 진학하겠다는 목표가 생겼다. 나는 목표를 찾은 것 자체가 중요하고 정말 대단하다며 칭찬해주었다. 공부를 시작한 우주는 성적이 오르는데 다른 아이들보다 시간이 더 걸렸다. 몇 달이 지나서야 성적이 조금씩 오르기 시작했는데 시간이 지날수록 성적 향상에 가속도가 붙었다. 나는 우주에게 결과가 좀 늦게 나올 수 있으므로 포기하지 않고 계속하는 것이 중요하다는 것을 이야기하면서 끝까지 최선을 다하도록 격려했다.

7유형 선생님이 본 9성향 학생의 좋은 점

- 7유형 교사의 다양한 시각을 잘 수용한다.
- 학생들과 두루두루 친하게 지내 반 분위기를 편안하게 만들어 준다.
- 지구력이 있어서 시작한 일은 끝까지 한다.
- 다양한 친구들을 있는 그대로의 모습으로 잘 이해해준다.
- 꾀부리지 않고 묵묵히 주어진 과제를 수행한다.

7유형 선생님이 본 9성향 학생의 힘든 점

- 수업 시간에 무기력하고 반응이 없어 동기를 부여하는 게 어렵다.
- 선택하는 데 많은 시간이 걸려 일의 진행이 늦어진다.
- 불편한 상황이어도 뭐든지 괜찮다고 말한다.
- 주변 친구들의 영향을 많이 받아서 휘둘릴 때가 있다.
- 해야 할 일을 최대한 미루거나 게을러지기 쉽다.

7유형 선생님이 9성향 학생을 위해서 할 일

- ✓ 우선순위를 정하는 방법을 알려주고 시간이 오래 걸리더라도 교사가 대신 결정해 주지 않기
- ✓ 좋지 않은 습관이 무엇인지 찾아보고, 좋은 습관을 갖도록 실천 계획을 함께 세우기
- ✓ 긍정적인 말로 지지해 주고 부드럽게 대화하기
- ✓ 친구들과 함께 운동하는 기회를 주기
- ✓ 결정해야 할 때, 선택할 수 있는 예를 두세 가지로 제시하기

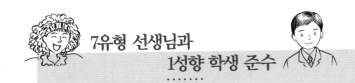

준수가 공부를 열심히 하는 모습을 보면 교사로서 부듯해진다. 과제 검사를 할 때 준수의 것은 자세히 보지 않아도 된다. 완벽하게 해 오고, 혹시 하지 않았을 때 못해왔다고 솔직하게 이야기 한다. 사실 준수가 과제를 안 해 오는 날은 거의 없지만 어쩌다가 하지 못하면 그럴 만한 이유가 있는 것이다.

하루는 수업 끝에 과제를 알려주는데 준수가 진지하고 간절한 얼굴로 과제의 양을 줄여달라고 요청을 했다. 다음 날 다른 과목에서 치르는 퀴즈가 많기에 부담이 크다는 것이다. 대충 요령껏 해오는 학생들도 있는데 자신은 대충하는 것이 힘들기에 요청을 하는 것이다. 준수가 요청할 때 는 귀 기울여 들어주는 것이 좋다.

준수는 친구들이 생각 없이 장난스럽게 하는 사소한 행동을 봐주기 어려워했다. 내가 보기엔 그냥 장난으로 넘길 수 있는 것들인데도 준수는 수용하기 힘들어했다. 에니어그램을 배우기 전 에는 준수와 같은 아이들에게 "이 정도는 그냥 넘어가."라고 했는데 지금은 1성향 아이들에게는 친구 사이에도 예의가 중요하다는 것을 안다. 그래서 이제는 준수에게 "환희의 짓궂은 행동이 너무 힘들지? 준수라면 이렇게 행동하지 않았을 텐데. 그래도 환희의 장점도 찾아보고 이해하려 고 해보자. 그래도 싫으면 분명하게 기분 나쁘다고 이야기하고."라고 말한다.

준수는 자기가 잘못하면 숨기지 않고 솔직하게 말하는 편이다. 혼나는 것을 피하려고 사실을 말하지 않았을 때의 괴로움이 더 크기 때문이다. 보통 아이들은 친구의 잘못을 감춰주기도 하는 데, 준수는 관계가 깨지는 것이 두려워도 잘못을 눈감아 주는 것이 오히려 더 어렵다. 한번은 몇 몇 친구들이 학교 규정을 몰래 어긴 것을 알게 되었는데 친구를 이르는 것 같아 괴로워했지만 그 래도 솔직하게 교사에게 말하는 것이 옳다고 여겨 사실을 털어놓았다.

나는 준수가 했을 내적인 고민에 대해 충분히 공감했다. 올바름과 친구에 대한 의리 사이에서 많이 갈등했을 텐데, 어려운 상황에서 솔직하게 말해 준 것에 대해 고맙다고 말했다. 이후, 준수 가 말한 것이 친구들에게 밝혀지지 않도록 세심하게 일을 처리했다. 그렇지 않으면 준수가 곤란 한 상황에 빠지게 되고 자신이 한 행동을 후회하게 될 수 있기 때문이다.
그리고 "학생의 잘못된 행동을 바로잡는 것은 일차적으로 교사의 역할이지 네 역할은 아니야. 옳은 것은 중요하지만 네가 친구의 잘못된 행동을 하나하나 지적하며 바로잡으려고 애쓰지 않아 도 돼."라고 이야기해 주었다.

7유형 선생님이 본 1성향 학생의 좋은 점

- 예의 바르고 규칙을 잘 지키며 정직하다.
- 완성도 있는 결과물을 만든다.
- 노력하는 모습이 다른 학생들에게 모범이 된다.
- 선생님의 이야기를 경청하고 가벼운 이야기도 놓치지 않는다.
- 해야 할 일을 스스로 알아서 책임감 있게 완수한다.

7유형 선생님이 본 1성향 학생의 힘든 점

- 지나치게 세부적인 것에 신경 쓸 때가 있다.
- 교사가 재량으로 계획을 바꿀 때 이의를 제기한다.
- 다른 친구들의 사소한 잘못을 넘어가지 못하고 힘들어할 때가 있다.
- 유연함이 부족해 갈등을 유발하기도 한다.
- 본인이 생각하는 기준에 못 미치거나 실수한 자신을 자책한다.

7유형 선생님이 1성향 학생을 위해서 할 일

✓ 정직성을 칭찬하고 문제 제기하는 것에 귀 기울여 들어주기
✓ 열심히 하고도 부족하다고 생각할 때 "지금 충분히 잘하고 있어."라고 말해 주기
✓ 진지한 이야기를 농담으로 가볍게 넘기지 않기
✓ 긴장을 풀고 쉴 수 있는 방식을 찾도록 도와주기
✓ 혼자서 많은 책임을 지지 않도록 학급 일을 분배하기

8유형 선생님과
2성향 학생 미소
....

미소는 초등학교 2학년 학생이다. 사랑스러운 눈웃음으로 언제나 선생님을 기분 좋게 하며 내 주변을 맴돌고 관심을 끈다. 오늘도 내 책상 곁을 떠나지 않고 선생님이 더 자신을 봐주길 원한다.

"미소야, 이젠 친구에게 가 봐. 친구하고 놀아"
"그런데요, 선생님, 전 선생님이 좋아요."
"알았다고, 선생님도 미소가 좋아. 그런데 친구하고 노는 게 좋지 않을까?"

나는 쉬는 시간마다 계속 선생님의 관심을 끌려고 하는 미소가 성가시고 마음이 불편하다. 나도 쉬는 시간에 해야 할 일이 있는데 미소가 주변에서 맴돌면 자꾸 신경이 쓰여 말이 곱게 나오지 않는다. 8유형인 나는 잔신경을 쓰는 것이 익숙하지 않다. 그래서 결국 "저리 가! 친구하고 놀아!" 한마디를 뱉고 만다. 아이의 감정보다는 내 상황이 더 중요하다. 지금 당장 처리해야 하는 일을 방해받는 것이 싫었다. 이런 말로 아이들이 상처를 받는지, 삐치는지 알려고 하지도 않았다.

미소와 같은 2성향 학생들은 언제나 선생님에게 달려와 안기며 상냥하게 인사하는 것을 좋아하는데, 그때마다 나는 아이들을 떼어 놓으며 "그래, 안녕!" 한마디 짧게 답하고 빠르게 지나가곤 했다. 그 아이들의 친근한 말은 깊이 없는 아부로 느껴질 때가 많았고, 사근사근한 태도는 교사에게 잘 보이기 위한 행동이라 생각했다.
때때로 2성향의 아이들은 친구와 사이가 안 좋아지면 공부도 안 하고 아예 학교에 오기 싫어할 때가 있다. 독립성이 강한 나로서는 이해가 안 되고 어떻게 다루어야 할지 몰라 난처한 일이 많았다. 친구 관계에서 친하고 안 친하고는 둘의 몫이지 교사가 개입해야 하는 일이 아니라고 여겼다.

에니어그램을 배우고 나서 2성향의 학생들에게는 사랑받고자 하는 욕구가 있음을 알기에 예전처럼 쉽게 내치지 않는다. 최대한 그 욕구를 받아주려고 한다. 될 수 있는 한 부드럽게 친구와 놀면 좋겠다고 권하기도 하고 잘 어울릴만한 친구를 찾아주기도 한다. 학급에서 친구들을 도울 수 있는 작은 임무를 맡겨서 자연스럽게 친구들과 어울리게 만들기도 한다. 그러나 한편으론 지나치게 친구들에게 매이지 않도록 '먼저 자기 일을 다 하고 친구들을 돕기'를 함께 강조하고 있다. 다른 친구들을 도왔을 때보다 스스로 해야 할 본인의 일을 먼저 했을 때, 더 많은 칭찬을 해주어 자기 할 일을 먼저 챙기는 습관을 들여 주려고 한다.

8유형 선생님이 본 2성향 학생의 좋은 점

- 명랑하고 학급 분위기를 따뜻하게 한다.
- 도움이 필요한 친구들을 잘 챙긴다.
- 교사의 말을 잘 따르고 교사가 원하는 것을 잘 알아차리며 솔선수범한다.
- 학급에서 교사가 놓친 부분을 섬세하게 말해준다.

8유형 선생님이 본 2성향 학생의 힘든 점

- 충분한 관심을 주지 않으면 무엇인가를 해서 관심을 받으려고 한다.
- 자신이 해야 하는 일은 뒤로 미루고 친구들을 지나치게 도우려 한다.
- 감정적으로 다가와서 교사에게 공감이나 지지를 받고자 한다.
- 일어난 일에 대해서 솔직하게 말했을 뿐인데 상처받을 때가 있다.

8유형 선생님이 2성향 학생을 위해서 할 일

✓ 학생에게 관심을 자주 표현하기
✓ 교사의 관심을 끊임없이 요구할 때 최대한 부드럽게 교사도 할 일이 있다는 것을
  말하기
✓ 학생이 감정적으로 다가올 때 공감은 안 되어도 지지와 격려의 눈길 보내기
✓ 교사의 솔직한 말이나 약간의 큰소리도 2성향 학생에게는 엄청난 충격을 줄 수 있
  으므로 주의하기
✓ 교사와 학급을 위해 지나치게 희생하지 않도록 미리 학급에서의 역할을 조절해
  주기

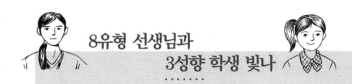

빛나는 언제나 자신이 드러나는 일을 좋아한다. 공부도 열심히 하고 친구들을 사귀는 것도 잘하며 외모를 꾸미는 것에도 관심이 많다. 자신감이 넘치는 빛나는 목표를 정하면 노력을 해서 반드시 성취하고, 학급에서나 학년에서 무엇을 하든 최고가 되려고 한다. 교사가 무엇을 원하는지 잘 알아차려서 마음에 쏙 들게 하므로 나도 빛나를 주목하게 되고, 빛나도 그 사실을 즐기고 끝없이 나를 기쁘게 하려고 한다. 그런데 이런 빛나가 자신의 성취와 목표의 유익에 너무 집중한 나머지, 주변 친구들의 마음을 살피지 못할 때가 있다.

오늘도 빛나는 짝과 함께 하는 일일 당번 임무를 대충하고 사라졌는데, 그 이유는 내일 보게 될 쪽지 시험을 준비하기 위해서이다. 다음 날 빛나는 학교에 와서 공부를 하나도 안 한 표정을 지으며 친구들 앞에서 엄살을 부렸다. 나는 이런 빛나를 보면, 아이들 표현대로 열 받아 뚜껑이 열린다.

에니어그램을 배우기 전의 나는 이런 빛나를 가차 없이 야단쳤을 것이다.
"빛나, 너만 잘난 것 아니야. 우리 반에 너 말고도 잘난 아이들 많아. 우리 반에서 너도 그냥 학생이야." 나는 항상 좋은 이미지만 챙기며 솔직하지 않은 빛나가 마음에 안 들어서 하나도 안 빛나게 해주고 싶은 마음이 들곤 했다.

그런데 이제는 그 모습 또한 빛나의 성향에서 나오는 자연스러운 행동임을 알기에 다른 전략을 쓴다. 반에서 특히 연약한 친구와 함께 일을 하여 학급에서 공동으로 빛나게 할 수 있는 역할을 준다. 한번은 모둠별로 경쟁을 시켜 모둠원 모두가 수학 사칙연산 시험을 통과하면 과자 선물을 해주겠다고 했다. 빛나는 자신의 모둠에서 못하는 친구를 조금만 도와주면 충분히 시험에 통과할 것이라 여겼는지 누구보다 열심히 친구의 학습을 도왔다. 사칙연산을 쉽고 빠르게 하는 자신만의 연산법을 친구에게 연습을 시킨 결과, 빛나의 모둠이 가장 빠르게 시험에 통과했다. 그리고 과자 선물을 받았다. 나는 친구를 도운 빛나에게 폭풍 칭찬을 했다. 그 이후 아무리 사소한 일이어도 빛나가 친구들과 함께 해냈을 때마다 칭찬했다. 처음에 빛나는 이 친구가 도움이 될까, 안 될까를 따지며 의도적으로 별로 도움이 안 될 것 같은 친구를 멀리하는 태도가 있었지만, 차츰 이 칭찬에 익숙해져 친구와 함께 성취하는 것을 배우며 성장하는 모습을 보였다.

8유형 선생님이 본 3성향 학생의 좋은 점

- 자신만의 뚜렷한 목표를 세우고 노력해서 성취한다.
- 교사가 원하는 바를 제대로 알아서 그 일이 되도록 친구들을 독려한다.
- 효율적으로 시간 관리를 하며 학급 분위기를 주도한다.
- 결과가 좋게 나오도록 힘을 다해 열정적으로 한다.

8유형 선생님이 본 3성향 학생의 힘든 점

- 본인의 성취를 위해 중요하지 않은 활동은 하지 않는다.
- 일어난 사실보다 더 좋게 포장하여 말한다.
- 효율성이 떨어지는 공동의 일은 뒤로 미룬다.
- 자신의 잘못에 대해 솔직하게 말하지 않고 자신에게 유리하게 말한다.

8유형 선생님이 3성향 학생을 위해서 할 일

- ✓ 학급의 원칙을 일관되게 잘 지키도록 지도하기
- ✓ 친구와 학급을 돕는 일에 참여하도록 목표를 주기
- ✓ 선생님이나 부모님을 기쁘게 하려고 공부하는 것이 아니라, 진심으로 자신이 원하는 것이 무엇인지 물어보고 할 수 있게 도와주기
- ✓ 열심히 하는 모습을 충분히 인정해 주기
- ✓ 학생이 능력 이상으로 너무 과한 목표를 세우지 않도록 현실적 질문을 던지기

8유형 선생님과
4성향 학생 보라
·······

예민하고 신경질적인 보라는 내게 힘든 아이였다. 충분히 예쁜 외모를 가지고 있는 아이임에도 다른 친구를 부러워하며 끊임없이 친구들과 비교했다. 그러한 비교는 단순한 부러움을 넘어 질투로까지 번지면서 질투의 대상을 보고 있으면 상한 감정 때문에 수업도 집중하기 어렵다고 한다. 공부만이 아니라 널뛰듯 하는 감정 때문에 이것은 하기 싫고 저것은 하기 어렵다고 하면서 학교 가기 싫다는 말을 무기로 사용한다. 학급 친구들도 감정 기복이 심한 보라를 감당하는 것이 힘들었다. 그러면 또 보라는 자신을 진정으로 이해해주는 친구가 없다고 슬퍼한다.

8유형인 나는, 타인과 자신을 비교하는 자체를 이해하지 못했다. 보라가 예민해져서 얼굴을 찌푸리면 그런 태도로는 아무것도 하지 못한다고 마구 혼내며 전혀 그 마음을 보듬지 못했다. 슬퍼만 하지 말고 당당하게 자신을 드러내야 주변에 친구들도 생긴다고 하면서 밝은 생각과 적극적인 태도를 갖추라고 강요했다. 그렇게 해가 바뀌고 보라는 내 곁을 떠났다.

에니어그램을 배우고 4성향의 아이들이 가장 깊은 감정의 소유자라는 것을 알게 되었을 때, 제일 먼저 떠오른 아이가 보라였다. 깊은 감정을 만나고자 하는 욕구가 그 아이의 독특함이고 고유의 색깔이라는 것을 좀 더 일찍 알았더라면 하는 아쉬움이 남았다. 누구에게나 각자의 색깔이 있을 뿐이고 그 색깔이 나와 안 맞는다고 내 성향대로 대하면 안 되는 것이라는 걸 알고 있지만 교사로서 그것이 그렇게 생각대로 되지 않았던 지난 시간이 아쉬웠다.

새로운 학급에서 또 다른 보라가 있는지 돌아보게 된다. 어느 날, 보라만큼 학교 가기 싫다고 떼쓰는 아이는 아니지만 축축한 낙엽처럼 슬픔에 가득 차서 혼자 앉아 있는 아이가 보였다. 먼저 아이에게 신뢰를 주기 위해 아이 책상에 놓여 있는 독특하고 예쁜 필통을 소재로 이야기를 시도했다. 다음 날은 아이가 하고 온 특이한 모양의 머리핀에 관해 대화했다. 그렇게 아이와 이야기하면서 관계가 쌓이니 아이가 자신의 마음을 털어놓았다. 어디서도 들어보지 못한 깊은 감정의 이야기를 점심시간 내내 들어주었다. 내 의견을 보태거나 가르치려 들지 않고 그냥 들어주었다. 그리고 아이의 남다른 감각을 칭찬해주었다. 아이는 자신의 이야기를 있는 그대로 들어주고 존중해주는 나를 이제는 편하게 생각하는 듯하다. '내 품 안에 있는 동안 열심히 품어주고 보호해주어야지.' 이렇게 생각하며 나는 오늘도 제2의 보라 이야기를 듣고 있다.

8유형 선생님이 본 4성향 학생의 좋은 점

- 창의성이 있고 예술성이 뛰어나다.
- 대상의 아름다움을 탁월하게 표현하여 감동을 준다.
- 8유형 교사가 추구하는 정의의 방향과 4성향 학생이 추구하는 진실이 같은 경우 소통하기 쉽다.
- 자기만의 세계가 있고 그 세계를 특별하게 표현한다.

8유형 선생님이 본 4성향 학생의 힘든 점

- 자신의 감정에 매몰되어서 자주 슬픈 얼굴을 한다.
- 관계에 문제가 생기면 자기만의 세계에 빠져 주변과 소통하지 않는다.
- 마음이 상하면 위축된 상태로 아무것도 하지 않는다.
- 복잡한 감정을 은근히 표현하여 다른 친구들이 눈치 보게 한다.

8유형 선생님이 4성향 학생을 위해서 할 일

✓ 거침이 없는 직설적인 말을 학생에게 하지 않도록 주의하기
✓ 4성향 학생은 자신의 감정을 이해받지 못한다고 느끼면 억울해하고 공격적으로 변할 수 있으므로 먼저 학생의 독특한 감정을 존중하기
✓ 억지로 학급 일에 참여하게 하기보다는 직접 의사결정을 하도록 기회 주기
✓ 학생이 성취감을 느낄 수 있는 창의적 활동에 참여하도록 권하여 자신감 키우기

8유형 선생님과
5성향 학생 지성

　　"선생님, 지구에서 제일 큰 곤충이 뭔지 아세요?"

　　오늘도 지성이는 나에게 곤충에 대해 질문을 한다. 평소 지성이는 있는 듯 없는 듯 조용한 아이다. 무표정하고 움직임이 거의 없다. 무엇인가 골똘히 생각하고 있는 듯한데, 표정만 보아서는 도대체 무슨 생각을 하고 있는지 당최 알 수가 없다. 생각이 지나치게 많아서 행동해야 할 때 매우 더디고, 이러한 태도에 나는 답답해서 속이 터질 지경이다.

　　지성이는 친구들이 무엇을 하든 아무 관심이 없다. 혼자 놀고 혼자 무언가를 한다. 혼자라서 외롭다거나 심심해하지도 않는다. 그냥 혼자 자기만의 세계를 사는 것이다. 곤충이 지성이의 최대 관심사이고, 그 외에는 아무 관심이 없어서 밥도 별로 먹고 싶어 하지 않는다. 반찬도 좋아하는 것만 먹어서 편식이 심하다. 저래서 사회생활을 할 수 있을까 걱정이 될 정도다.

　　지성이는 혼자 조용히 있는 것을 즐기는 아이라 소리에 민감하고 가끔 내가 학급에서 큰 소리를 내게 되면 "선생님, 저 지금 놀랐어요." 하며 불편함을 표현한다. 조용하고 혼자 노는 것을 좋아하지만 신뢰가 쌓인 상대와는 눈도 맞추고 장난도 걸고 말도 많다. '저 아이가 저렇게 말을 잘 하는 아이였어?' 하고 놀랄 정도로 편한 친구와는 대화도 잘한다.

　　지성이는 교사에게 뭘 바라지 않고 혼자 곤충 탐구에만 몰입하기에 내가 따로 신경을 많이 쓰지 않아도 되어서 편하다. 그러나 예외가 있는데 지성이의 최대 관심사인 곤충에 관한 이야기를 내게 끊임없이 할 때이다. "선생님, 이 곤충이 뭘 먹는지 아세요?" 마구 쏟아지는 질문을 받아주다가 결국 귀찮은 티를 내도 지성이의 질문은 계속 이어진다. 이럴 때 보면 참 눈치도 없다.

　　에니어그램을 배운 후에는 탐구적 호기심이 깊고 전문적 지식을 갖고자 하는 것이 5성향의 자연스러운 특성이라는 것을 알았다. 이러한 욕구가 채워지지 않을 때 지성이는 스트레스를 받을 수 있다. 지성이가 최소한 자신의 관심사인 곤충에 대해서는 명료하고 정확히, 자세하게 알고 있어서 대단해 보인다. 그래서 이제 나는 그런 지성이를 귀찮다고 생각하지 않고 곤충 관련 책이나 영상, 자료를 함께 찾아주며 지성이의 세계를 인정하고 지지해 주려 한다.

8유형 선생님이 본 5성향 학생의 좋은 점

● 독립적이며, 조용히 자기가 할 일을 알아서 잘한다.

● 객관적으로 상황을 관찰하고 문제를 파악하는 능력이 뛰어나다.

● 호기심이 많고 탐구적이다.

● 자기가 이룬 결과에 대해서 자랑하지 않는다.

8유형 선생님이 본 5성향 학생의 힘든 점

◆ 너무나 긴 시간 동안 행동하지 않고 생각만 한다.

◆ 무표정하고 퉁명스러우며, 자신의 의견을 잘 말하지 않는다.

◆ 교사의 행동에 대해 지나치게 객관적, 합리적으로 판단하려고 한다.

◆ 모둠 활동에 적극적으로 참석하는 것을 싫어하고 구경꾼처럼 있다.

8유형 선생님이 5성향 학생을 위해서 할 일

✓ 5성향 학생은 위압적인 사람은 신뢰하지 않음을 알고 교사의 지도가 너무 강하게 느껴지지 않도록 주의하기

✓ 친구들과 함께하는 활동의 즐거움을 경험할 수 있도록 기회를 만들어 주기

✓ 학생이 학급에서 해야 할 최소한의 책임을 다하면 혼자만의 자유 시간을 주기

✓ 최대한 객관적이고 간결하게 말하기

✓ 좋아할 수 있는 신체 활동을 찾아보도록 권하기

8유형 선생님과
6성향 학생 한결
········

8유형인 나는 한결이가 제일 힘들다. 사람의 마음을 읽거나 들여다보는 것이 섬세하지 못한 나에게 한결이의 사소하고 세세한 질문에 일일이 대응하는 것은 어렵다. 무엇보다 한결이는 대답이 충족되지 않으면 구체적인 인과관계를 따지며 조목조목 질문을 하는데, 그것이 마치 따박따박 따지는 것 같고 나의 권위에 도전하는 것 같다. 그리고 내가 한 결정에 대해 끊임없이 불평불만을 하는데 나는 그것이 듣기 싫었다. 똑같은 말을 반복하고 무언가를 해 보기도 전에 무조건 '못 한다, 안 한다, 안 먹는다, 못 먹는다.' 하는 학생을 이해하는 것이 너무 어려웠다.

현장학습을 할 때도 무조건 '안 가, 재미없어, 안 먹어', 극장을 가도 '안 들어가, 안 봐, 싫어'를 반복적으로 말하는 한결이를 어떻게 대할지 최고의 고민이었다. 그때마다 나는 한두 번 달래다가 안 되면 그냥 내버려 두거나, '먹지 마, 가지 마. 이럴 거면 왜 따라왔어. 너 혼자 학교로 돌아가.' 이렇게 다그쳤다.

에니어그램을 배운 후, 6성향의 아이들은 매번 모든 상황에 대해 세세한 정보를 원한다는 것을 알았다. 자세히 알지 못하면 불안이 생기기 때문에 계속 질문하는 것이지 결코 나의 권위에 도전하기 위함이 아니었다. 한결이의 평소 태도가 불안 때문임을 알게 된 후에는 측은한 생각이 들었다. 그 이후로 나는 최대한 불안 요소를 먼저 파악하고자 한다. 또 바뀐 일정을 미리 알려 줘서 불안의 수준을 조금이나마 낮추도록 해준다.

한결이는 여전히 예전처럼 질문을 반복하고 부정적인 태도를 보이지만, 나의 대응은 달라지고 있다. 극장 앞에서 영화를 안 보겠다고 하는 아이에게 화를 내기보다 그 학생의 불안한 마음을 먼저 살핀다. 영화 내용에 대해서도 어느 정도 이야기해주고 극장의 좌석이나 시설, 화장실 위치를 설명해 준다. 영화를 보다가 도중에 무슨 일이 일어났을 경우를 대비해서 선생님이 가까이 있다는 이야기도 함께 해주어 어느 정도 불안감을 해소해 주고 있다.
"선생님 옆에 앉아서 볼까? 선생님이 손잡아 줄까?"
이렇게 그가 조금씩 자라기를 기대한다.

8유형 선생님이 본 6성향 학생의 좋은 점

- 교사를 믿으면 교사의 말을 잘 따라준다.
- 맡겨진 과제나 학급의 일을 충성스럽게 해낸다.
- 신중하게 생각하고 말하며 자신이 한 말에 책임을 진다.
- 질서를 중요하게 여기고 학급 규칙을 잘 지킨다.
- 학급에서 친구들과 함께하는 것을 좋아한다.

8유형 선생님이 본 6성향 학생의 힘든 점

- 스스로 이해가 될 때까지 질문하며 확인하려고 한다.
- 부정적인 말을 자주 하고 만일에 대비하려고 한다.
- 불안이 심해지면 교사에게 반항하기도 한다.
- 결정에 대해 우유부단해서 어떤 행동도 하지 않는다.
- 경험하지 않은 것에 대해선 일단 거부한다.

8유형 선생님이 6성향 학생을 위해서 할 일

- ✓ 질문이 많다는 것을 이해하고 질문에 성의 있게 답해주기
- ✓ 학생이 질문하기 전에 먼저 상세한 학습 계획이나 학급 운영, 일정 등을 안내하기
- ✓ 온순하게 따르는 아이도, 거칠게 대항하는 아이도 그 내면에 두려움이 있어서 그렇게 행동한다는 것을 이해하기
- ✓ 잘못된 행동이 있을 때는 무작정 야단치기보다는 체계적이고 명확하게 이유를 말해주기
- ✓ 결과에 대한 확신이 없어서 결정을 못 하는 아이에게 자신감은 주되 과잉보호는 하지 않기

8유형 선생님과
7성향 학생 환희

"환희야, 이번에는 책상을 모두 둥그렇게 이어 붙일까?"
"네, 선생님, 좋아요. 다음엔 아예 책상을 뒤로 다 밀어버려요."

환희는 활기차고 재미있다. 그래서 수업이 평범하게 진행되는 것을 지루하고 재미없게 생각한다. 8유형인 나도 정적인 수업보다는 동적인 수업을 좋아하기 때문에 이런 면에서 나와 잘 맞는다. 책상을 밀었다가 끌었다가 하며 재미있게 수업을 진행하자 환희는 놀이하듯 즐겁게 수업에 참여한다. 수업 분위기가 좋지 않으면, 나는 수업을 잘 진행하기 위해 환희의 역동적인 에너지를 이용하기도 한다. 환희가 학급 분위기를 끌고 나갈 수 있도록 지지해 줌으로써 충분히 나은 수업 분위기를 끌어낼 수 있다. 환희는 8유형의 넘치는 에너지를 좋아하여 스스로 나를 따르고 이런 환희를 나도 재미있게 느낀다. 교사를 귀찮게 하지 않고 자기 즐거움을 찾아 독립적으로 생활하는 환희가 편하기도 하다.

가끔 환희 기분이 너무 고조되어서 소란을 피울 때가 있다. 나는 소리를 지르지 않지만, 평소와 다른 목소리 톤으로 환희를 부르고 강렬한 눈빛으로 환희를 주시한다. 한번 흥분하면 환희를 안정시키는 것이 쉽지 않지만, 내가 환희의 행동이 바뀔 때까지 주시해서 바라보는 것만으로도 눈치가 빠른 환희는 어떻게 행동해야 할지를 금방 알아차린다.

에니어그램을 배우기 전에는 한층 고조된 환희의 에너지를 누르기만 했다. 에너지가 고조된 환희가 나의 강렬한 눈빛을 받고 순간 조용해지기는 했지만, 계속 수업에 집중하지 못하고 손장난 등을 하면서 시간을 보낼 때가 더러 있어 아쉬움이 컸다.

7성향에 대해 알게 된 후, 나는 환희가 좋아하는 관심거리를 가지고 대화하는 전략을 추가했다. 심심해서 못 견디는 아이와 즐거운 대화를 해서 심심함을 보상해주어야겠다고 생각했다. 그렇게 짧게 대화를 하고 나면 신기하게도 환희는 다시 집중력을 살려 수업에 열심히 동참하고 적극적인 반응을 보여주었다. 환희가 수업에 열심히 동참하면 수업 분위기도 전반적으로 좋아졌다.

8유형 선생님이 본 7성향 학생의 좋은 점

- 쾌활하고 즐거운 에너지로 인해 썰렁한 학급 분위기를 띄운다.
- 선생님에게 크게 의지하지 않고 무엇이든 스스로 해결하려 한다.
- 쉬는 시간에 친구들과 재미있게 놀고 함께할 수 있는 신나는 놀이를 제안한다.
- 자기 생각을 스스럼없이 말하고 기발한 아이디어로 친구들을 웃게 만든다.

8유형 선생님이 본 7성향 학생의 힘든 점

- 과도한 장난으로 학급 내에서 갈등을 만든다.
- 교사가 훈계할 때 변명을 하면서 요리조리 피한다.
- 학급에서 힘든 상황이나 속상한 일에 대해 견디는 인내심이 부족하다.
- 꾸준히 해야 할 일을 해내는 책임감이 약하다.

8유형 선생님이 7성향 학생을 위해서 할 일

- ✓ 지나친 호기심으로 선을 넘을 때 무례한 행동을 원하지 않는다고 명확하게 말해 주기
- ✓ 자유를 주되 그 경계를 분명하게 말해주기
- ✓ 실수의 핵심을 정확하고 간결하게 말한 후, 잘못한 일은 책임을 지게 하기
- ✓ 학급 활동에서 자부심을 느낄 수 있는 일 맡기기
- ✓ 장기 프로젝트를 통해 목표를 세워 꾸준히 노력할 수 있는 환경 만들어 주기

"선생님, 왜 저를 찍어요? 저한테 허락도 없이 마음대로 사진 찍으면 신고할 수 있습니다."
진욱이는 매사에 거칠고 센 말투로 삐딱하게 행동한다. 수업 장면을 몇 컷 찍었다고 신고한다
며 난리다. 나는 마음대로 신고하라며 맞대응을 한다. 진욱이는 경찰을 무서워하지 않는 내가 이
상한가 보다. 그렇다고 쉽게 자신의 의견을 물리진 않는다.

다음 날, 진욱이가 교실 문을 열고 들어서면서 말했다.
"선생님 저 신고하고 왔어요."
"잘했어!"하고 나도 가볍게 대답했다.
진욱이는 그 후에도 몇 번이나 나를 시험했다. 한번은 뻔히 아는 글자인데 모른다면서 뻗댔다.
그래서 점심 먹지 말고 글자 떼자고 했더니 바로 읽을 줄 안다고 한다.

이전에는 교사인 나에게 저항하는 것 같아서 이런 아이들에게는 소리를 지르거나 혼내는 방법
을 쓰기도 했다. 그러나 아이는 주눅 들지 않고 힘으로 맞서는 경우가 많았다. 지나친 힘 대결은
오히려 역효과를 불러온다는 것을 깨달았다. 에니어그램을 통해서 이 아이가 나와 같은 성향이
라는 것을 안 이후에 조금 더 구체적으로 대응할 수 있게 되었다.

진욱이가 요령을 피울 때는 강한 소리보다는 힘이 담긴 낮은 톤의 목소리를 낸다.
"속임수는 안 돼. 선생님 속이지 마라."
친구들이나 내게 무례하게 행동할 때는 이름 세 글자를 부르고 나지막하게 "똑바로 앉아, 바
르게 해!", "그런 행동 절대 용납할 수 없어."라고 한다. 그러면 더는 선생님에게 대항할 수 없다
는 것을 알아채고 말을 듣는다. 진욱이는 누구에게 힘이 있는지, 누가 가장 센지를 본능적으로
안다. 그래서 나는 기회가 있을 때마다 진욱이에게 경계를 세워주려고 한다.
"이것은 너의 일, 이것은 선생님의 일. 그러니까 네가 신경 쓰지 않아도 돼. 너는 너의 일을 해."
명확한 선 긋기를 해준다. 그러는 한편 진욱이에게 당근도 준다.
"시내에 너 좋아하는 돈가스를 먹으러 가자. 우리 둘만의 비밀이야."
그러면 진욱이는 재미있고 신나게 나를 따르면서 선생님과의 의리를 지키려고 말을 잘 듣
는다.

8유형 선생님이 본 8성향 학생의 좋은 점

● 같은 편이라고 여기는 친구들에게 의리를 잘 지킨다.

● 자기에게 불이익이 돌아와도 솔직하게 있는 그대로 말한다.

● 쉬는 시간이나 점심때 운동장에서 친구들과 에너지 넘치게 몸으로 논다.

● 가끔 선생님이 나서지 않아도 학급 내 학생들을 교사가 원하는 방향으로 통제
  한다.

8유형 선생님이 본 8성향 학생의 힘든 점

◆ 항상 누구에게나 힘겨루기를 한다.

◆ 자신이 잘못해서 다툰 후에도 사과하지 않아서 화해하기 어렵다.

◆ 거친 행동과 말투로 친구들을 대한다.

◆ 선생님이 있는데도 친구들을 통제하려고 든다.

8유형 선생님이 8성향 학생을 위해서 할 일

✓ 학생이 지닌 힘과 독립심, 정의감을 학급을 위해 쓸 수 있도록 적절하게 기회 주기

✓ 상대의 감정을 먼저 느끼고 그 후에 말하도록 연습하게 하기

✓ 갈등 상황에서 부딪히지 않고 해결하는 방법 안내하기

✓ 항상 강한 척하기보다는 자신의 힘든 이야기도 할 수 있도록 도와주기

처음 우주를 보았을 때 너무 갑갑했다. 뭐든지 빠르고 행동부터 하는 나는, 아무것도 하지 않고 가만히 있는 이 아이가 답답하기 짝이 없었다. 우주는 급한 것이 하나도 없고 태평하여 엎드려 있거나 멍하니 있을 때가 많다. 수업 시간에 남들은 이미 다 그린 그림을 시작도 안 하고 있기가 다반사다. 좀 서두르라고 다그치면 대답은 하는데 여전히 손발은 움직이지 않는 모습을 보인다. 쉬는 시간에 화장실을 갔다 오는 것 또한 제일 느리다. 현장학습에서도 매번 뒤처지는 이 아이의 속도를 그대로 수용하는 것이, 8유형 교사인 나에게는 또 하나의 훈련이었다.

에니어그램을 배우고는 아이의 마음을 열려고 작은 변화에도 구체적으로 아이를 칭찬하기 시작했다. 성향을 알고 나니 내가 주는 관심에 아이가 반응이 없어 보여도 답답해하지 않게 되었다. 우주를 움직이기 위해 다그치지 않고 칭찬 폭격을 하는 것 또한 추가했다.

"어제는 하늘색 옷을 입고 왔는데, 오늘은 노란색 옷을 입었네. 우주는 파스텔톤 옷을 좋아하니? 정말 잘 어울린다."
"지금 우주는 생각하고 있구나. 생각하면 좋은 아이디어가 나오니까 그 아이디어로 좋은 그림을 그리겠는걸."

이런 관심과 칭찬에 우주의 속도도 조금씩 빨라지는 모습을 보인다. 그리고 예전 같으면 질문을 해도 뚱하게 아무 표정 없이 모르겠다는 말만 하던 아이가 이제는 자신의 의견을 편하게 이야기한다.

"우주야, 선생님이 크리스마스 선물로 아이들에게 선물을 하고 싶은데 아이들은 무슨 선물을 좋아하니?"
"음, 선생님, 아이들은 무조건 먹는 거 좋아해요. 맛있는 것 먹으며 파티하면 좋겠어요."
"그래, 그럼 우주 말대로 그렇게 하자."
"선생님, 크리스마스 장식도 할까요? 제가 친구랑 장식해서 우리 반 아이들 깜짝 놀라게 해주고 싶어요."

우주의 변화에 나는 감동한다. 여전히 황소걸음으로 걸을 때가 많지만 성실히 걸어가고 있는 우주를 나는 계속 지지한다. 조금씩 자신의 이야기를 들려주고 점점 행동으로 보여주는 이 아이가 예쁘다.

8유형 선생님이 본 9성향 학생의 좋은 점

● 어떤 상황에서도 선생님을 이해해주고 잘 따라온다.

● 듬직하며 이해심이 많다.

● 넓고 다양한 시각으로 상황을 바라볼 줄 안다.

● 어떤 친구들과도 함께 잘 지낸다.

8유형 선생님이 본 9성향 학생의 힘든 점

◆ 자신에 대해 질문해도 제대로 표현하지 못한다.

◆ 알겠다고 대답했는데도 행동하지 않는다.

◆ 결정을 해야 하거나 즉시 행동해야 하는 상황에서 느리게 반응한다.

◆ 문제가 생기면 풀려고 하기보다는 가만히 있으면서 회피한다.

8유형 선생님이 9성향 학생을 위해서 할 일

✓ 학생에게 무언가를 요구할 때 명령이나 강요로 들리지 않도록 조심하기

✓ 결정하는 상황에서 시간이 걸릴 때 선택할 수 있는 안을 두세 가지 제시하기

✓ 잔소리는 오히려 반항심을 키울 수 있음을 인지하기

✓ 8유형 선생님의 강한 표현은 학생을 위축시키고 힘들게 함을 알기

✓ 학생의 의견을 무시하지 않고 학생이 진심으로 원하는 것을 경청하기

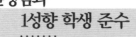

8유형 선생님과 1성향 학생 준수

나는 자기가 할 일을 알아서 척척 하는 준수가 우리 반인 것이 좋다. 특히 모든 일을 양심적으로 하는 것이 나의 솔직함과 잘 통한다. 그런 학생이 친구들로부터는 원망을 들을 때가 있다.

"이거 선생님이 하라고 했는데, 넌 왜 안 했어?" "선생님께서 책상 줄 맞추라고 하셨어."

준수 나름으로는 세세하게 아이들을 챙긴다는 것이 오히려 아이들을 불편하게 한다. 항상 기준이 높은 준수는 자기가 하는 것이 옳고, 해야 할 일은 꼭 해야 한다는 것에 집중한다. 그래서 각각 사정이 있는 친구들의 상황을 고려하지 않고 말을 할 때가 많아 친구들이 힘들어한다.

때때로 교사인 나에게도 학급을 이끌어가는 나의 방식이 일방적이라고 자기 할 말을 다 한다. 그러면서 본인이 생각하기에 올바른 방식을 내놓는다.

"선생님, 환경 정리는 우리 학급의 일이니까 모두가 참여해야 한다고 생각해요. 그런데 안 하는 아이들이 있어요. 그래서 제 생각에는……"

이럴 때, 나는 준수가 내게 도전하는 것 같아 본능적으로, "그럼 네가 선생 해!"하며 그의 마음을 받아주지 못할 때가 있다. 돌아서서 생각해 보면 그의 말이 맞고 새로운 의견을 제시하는 준수가 대견하기도 하다. 이후에 그가 제안한 방식을 학급 운영에 적용했지만, 그를 불러 선생님이 그렇게 대해서 미안하다는 사과는 하지 않았다.

하지만 에니어그램을 배운 후, 나의 대응 방식이 준수에게는 일방적이고 거칠었다는 것을 깨달았다. 준수는 그 순간 마음이 상하고 화가 나는 것을 참고 있었을 것이다. 그래서 다음번에 비슷한 일이 생겼을 때는 아이의 마음을 다독여 주었다.

"제법이야. 준수, 네 말이 옳아. 그런데 친구들은 나름대로 다른 생각을 할 수 있단다. 그 친구 시각에서는 자신의 생각이 옳다고 여길 수 있어. 선생님이 준수와 반 친구들의 의견을 다 들어보고 최선의 방식을 생각해 볼게. 필요하면 학급 회의를 해보는 것도 좋겠다. 좋은 의견을 주어서 정말 고마워."

준수도 마음이 풀어졌는지 웃는다. 담백하게 웃는 그 모습이 좋다.

8유형 선생님이 본 1성향 학생의 좋은 점

● 책임감이 있고, 알아서 자기 할 일을 잘한다.

● 솔직하고 명확하게 자기표현을 한다.

● 양심적이고 정의로우며, 바른말을 한다.

● 문제가 생겼을 때 객관적으로 상황을 본다.

8유형 선생님이 본 1성향 학생의 힘든 점

◆ 관계에서나 학급 일에서 자신이 생각하는 이상을 말하며 융통성이 없다.

◆ 다른 친구들의 잘못을 지적하며 교사에게 소소한 것까지 이야기한다.

◆ 교사의 방식이 자신의 방식과 다를 때, 자기 생각이 옳다고 말한다.

◆ 교사나 친구들을 대할 때, 지나치게 높은 기준을 제시하며 기대에 부응하도록 요구한다.

8유형 선생님이 1성향 학생을 위해서 할 일

✓ 너무 세세하게 따지기보다는 전체적인 그림을 볼 수 있도록 해주기

✓ 예의를 중요하게 여기는 학생에게 교사의 거침없는 행동은 힘들 수 있음을 알고 조심하기

✓ 학생의 높은 기준과 도덕적 방식을 존중하되, 세상에는 여러 가지 다른 관점이 있음을 알려주기

✓ 학생의 분노를 건강하게 표출할 수 있도록 좋아하는 예술 활동이나 운동을 권장하기

✓ 교사가 실수하거나 잘못했을 때 학생에게 솔직히 인정하고 사과하기

9유형 선생님과
2성향 학생 미소
....

　미소는 눈에 확 띄지는 않지만, 선생님의 시선을 받고 싶어서 계속 나를 주목하고 있는 학생이다. 웃음이 많으며, 항상 따뜻하고 친절하게 친구들을 대하는 태도 덕분에 학급에서 인기도 많다. 선생님이 말했을 때, 당장 하기 싫은 일이라도 일단은 듣는 시늉이라도 하기에 교사 눈에는 기특해 보인다. 출석부 확인이나 교무실에 들러서 수업시간표 변동을 확인하는 일, 숙제나 준비물을 칠판에 적는 일처럼 선생님을 도와주는 1인 1역에도 적극적으로 자원한다. 때로는 자신의 역할이 아니어도 친구를 대신해서 일하는 것을 즐긴다. 선생님을 편하게 해주는 아이라서 잔소리할 필요가 별로 없다. 나는 미소가 보여주는 관심이 약간은 부담스럽지만, 대체로는 미소의 친절한 도움과 따뜻한 사랑을 고맙게 생각한다.

　그런데 미소는 친구 관계가 한번 틀어지면 다른 학생보다 심하게 그 영향을 받는다. 우울한 표정을 지을 때가 많아지고, 관계를 회복하기 위해 어떻게든 해 보려고 전전긍긍하는 태도가 보인다. 그러다 보니 공부에도 집중하지 못하고, 해야 할 다른 일도 건성으로 하는 등 여러 면에서 생활이 흐트러져 어쩔 수 없이 지적하게 된다. 상담하면서 그 친구에게 집착하기보다 다른 친구들을 두루 사귀면서 시간을 보내다 보면 상황이 풀릴 수 있다고 조언해주지만, 미소는 알았다고 하면서도 계속 힘들어한다. 다행히 친구와 화해하고 잘 지내게 되면 예전의 모습으로 돌아오지만, 그렇지 않은 경우엔 보기가 안쓰럽다.

　미소가 친구 때문에 속을 끓이고 있을 때, 나는 언제든 마음을 털어놓고 싶을 때 와서 이야기해도 좋다고 했다. 친구와의 건강한 관계를 위해서 더 솔직하게 자신의 마음을 표현하도록 편지를 쓰게 하고, 서로 편히 대화하는 방식을 가르쳐주었다. 그러면서 지금 해야 할 일이나 공부에 집중해서 시간을 보내는 습관을 갖도록 강조했다.

　미소는 이러한 방법으로 일희일비하지 않고 시간을 들여 인간관계를 풀어가는 것을 배웠고, 친구들을 배려하면서도 자신이 필요한 것을 솔직히 표현할 줄 아는 방법을 익혔다. 학기 말이 되어 미소는 훨씬 더 학교생활이 편해졌다고 내게 고마워했다.

9유형 선생님이 본 2성향 학생의 좋은 점

● 주변 사람들에게 친절하며 우호적인 태도를 보인다.

● 선생님이나 친구들이 놓친 것을 잘 챙겨준다.

● 따뜻하고 유쾌하며 협력적인 교실 분위기를 만든다.

● 상황을 잘 읽고 눈치 있게 행동한다.

● 친구나 선생님의 장점을 인정하고 지지해준다.

9유형 선생님이 본 2성향 학생의 힘든 점

◆ 과도하게 감정적인 반응을 보이며 제멋대로 행동하거나, 친구 관계에 지나치게 집착하여 일상생활에 영향을 미친다.

◆ 선생님과도 감정적으로 더 깊이 있게 교류하기를 바라는데 그 기대를 충족시키기 어렵다.

◆ 수업 중에 학습 내용보다는 친구들에게 관심이 있어서 잘 집중하지 못할 때가 있다.

◆ 자신이 한 일에 대해 꼭 칭찬받으려고 한다.

◆ 친구들 험담을 하며 자신은 피해자라는 점을 인지시키려 한다.

9유형 선생님이 2성향 학생을 위해서 할 일

✓ 학생에게 부드럽게 말하고 온화한 표정, 태도를 유지하기

✓ 학생이 질문이나 도움을 요청할 때 즉각적으로 대응하며 충분히 이야기를 들어주기

✓ 일이 생겼을 때, 감정보다는 이성적, 합리적으로 생각해보게 하고, 자신의 의견을 표현할 수 있도록 안내하기

✓ 자신이 원하는 것을 돌려서 말하거나 상황을 유리하게 만들어서 해결하려고 하지 말고, 솔직하게 말할 수 있도록 질문하기

✓ 거절당하거나 반대의 의견을 들었을 때, 자신 자체를 거부한 것이 아니라는 것을 알려주고 상처받지 않도록 도와주기

✓ 인간관계 외에 과제나 목표에 집중할 수 있도록 가르쳐주기

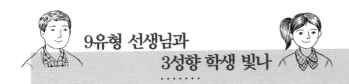
　빛나는 수업 중에 열심히 참여하는 학생으로, 교사에게 집중을 잘하고 발표도 적극적으로 한다. 모둠학습에서도 주도적으로 활동을 이끄는, 타고난 리더이다. 모둠원들의 능력이 부족하거나 잘 따라주지 않으면 혼자서 다른 친구들 역할까지 준비하여 그 친구들이 할 수 있을 정도로만 역할을 맡기고 결국에는 훌륭하게 과제를 완수한다. 친구들과 함께 발표하게 되면, 빛나는 여러 측면에서 철저히 준비하고 다른 친구들을 연습까지 시켜서 최고의 모습을 보인다. 그래서 친구들과도 대체로 잘 지내고 유쾌한 성격에 잘하는 것이 많아 인기가 많다. 학교 축제나 학생자치회 일을 할 때 열정이 넘치는 모습도 멋지다. 어떤 일을 맡기든 열정적으로 하기에 나에게는 대단해 보인다.

　그런데 담임으로서 빛나를 더 알게 되면 아쉬운 점이 생긴다. 친구들에게 모범을 보이면서 학급을 더 적극적으로 이끌어 줄 능력이 있으면서도, 자신의 능력을 다 하지 않는 것처럼 보일 때가 있다. 공부에 집중하거나 다른 일을 하기 위해 그런 것이니 뭐라고 말할 수는 없지만, 가끔은 눈에 보이는 곳에서만 회장 역할을 하는 느낌이 든다. 잘 안 되는 1인 1역을 챙겨준다거나, 교사가 지시하지 않아도 학급 활동이 진행될 수 있도록 독려하는 역할을 해주면 좋겠는데, 거기까지는 시선이 미치지 못하는 것 같다.

　빛나는 어렸을 때 잘난 척한다고 욕을 들은 적이 있어서, 그 후로는 발표하는 횟수도 줄고 어떤 일에 앞장서는 것을 주저하게 되었다고 한다. 물론 그렇다고 해도 여전히 눈에 잘 띄고 상황을 주도하는 학생이지만, 나서는 것에 민감한 주변 분위기에 꽤 스트레스를 받는다. 다른 친구들의 말에 그렇게까지 신경 쓰지 않아도 된다고 했지만, 미움받기 싫은 마음은 충분히 이해된다.

　나는 빛나에게 주변 사람들을 더 챙기고 상대의 마음을 배려할 줄 알아야 정말 성숙한 사람이라는 말을 해주었다. "결과가 조금 미흡해도 괜찮아. 혼자서 다 해버리지 말고 인내심을 발휘해 친구들과 속도를 맞추면 더 즐겁게 지낼 수 있어." 빛나는 이 조언을 바로 받아들이지는 못했지만, 조금씩 바뀌는 모습을 보였다. 빛나가 목표를 위해 재촉하고 다그칠 때 서운한 마음을 품었던 친구들과의 관계도 더 편안해졌다.

9유형 선생님이 본 3성향 학생의 좋은 점

- 열정적으로 자신감을 가지고 학교 활동에 임한다.
- 수업 시간에 집중력이 좋고 과제 수행 능력이 좋다.
- 유쾌하게 친구들을 독려하여 학교 활동에 참여하도록 이끈다.
- 적극적이며 목표를 정하고 이루는 본보기가 된다.

9유형 선생님이 본 3성향 학생의 힘든 점

- 수업을 들으면서 동시에 다른 과목 공부를 할 때가 있다.
- 모둠별로 협력하는 학습을 할 때, 잘 협조하지 않는 학생이 같은 모둠이 되면 화를 내거나 선생님께 항의한다.
- 자기 일이 아닌 학급의 일에는 무관심하다.
- 겉으로는 웃으며 대하지만, 뒤에서는 친구들이나 선생님들이 열심히 하지 않는 모습에 대해 불평할 때가 있다.

9유형 선생님이 3성향 학생을 위해서 할 일

- ✓ 목표를 세우고 꾸준히 노력하여 결과를 내는 모습을 칭찬해주기
- ✓ 수업 중에 학생과 시선을 맞추고 반응하면서 수업을 충실히 진행하기
- ✓ 이미 알고 있는 내용을 배우더라도 그 안에서 또 다른 배움이 있음을 안내하기
- ✓ 표면적으로만 친밀한 관계가 아니라 마음을 터놓을 수 있는 관계를 만들기 위해서 솔직하게 표현하도록 격려하기
- ✓ 자신의 목표에 집중하느라 주변을 놓치지 않도록 조언하기
- ✓ 부모님이나 사회에서 원하는 모습이 아니라 자신이 무엇을 좋아하고 잘하고 싶은지 질문하기

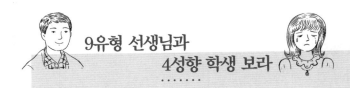

9유형 선생님과
4성향 학생 보라
. . . .

보라는 감수성이 풍부하며 자기만의 세계가 강한 학생이다. 어떤 날은 친근하게 다가와 내 팔짱을 끼며 다정하게 말하다가도, 뭔가에 기분이 상하면 수업이 시작되어도 계속 자기 기분에 빠져 할 일을 하지 않는다. 동아리나 취미 활동 등에 다양하게 호기심을 갖고 활동하며 열정적인 모습을 보이는 면도 있는데, 정작 수업 중에는 다른 생각에 빠져 멍하니 있는 경우도 많다. 보라는 글쓰기 활동을 좋아하고 글 속에서 자신의 내면을 표현하는 데 자부심이 있다. 내게 와서 자기 글을 칭찬해달라고 하는 보라를 보면 귀엽기도 하다.

보라는 학급에서 자기 의견을 거침없이 내기도 하지만 처음 기세와는 달리, 끝까지 밀어붙이지는 못한다. 기분이 좋을 때는 주변에서 다 느낄 만큼 티가 나게 시끄럽게 웃어 대지만, 눈물도 많아서 자기 분을 이기지 못하고 울 때도 있고, 체육대회에서 우승했다고 기뻐서 울 때도 있다. 감정이 이렇게 오락가락하다 보니, 친구들은 보라가 재미있다고 생각하면서도 아주 친하게 지내지는 않는다. 그래서 보라와 마음이 맞는 친구가 그 학급에 있는 해에는 괜찮지만, 없는 경우에는 모난 돌처럼 주변과 어울리지 못하고 꽤 튀는 외톨이가 되고 만다. 물론 그런 상황이라도 보라는 씩씩하게 지내고 아무렇지 않은 척하며 자기만의 세계 속에서 지낸다.

나도 보라가 그리 편한 학생은 아니기에 조금 거리를 두고 대한다. 이렇게 종잡을 수 없이 행동하니 어떤 면이 진짜 모습인지 모르겠고, 그래서 그때그때 맞춰 대응할 뿐이지 믿음을 갖기는 어렵다. 다행히 보라는 선생님에게 많이 의지하는 편은 아니어서 내 태도가 크게 영향을 주는 것 같지는 않다. 다만, 보라가 과도하게 행동하여 수업을 방해하거나 혼자만의 엉뚱한 오해로 선생님을 비난하는 일이 발생하면 깊이 대화를 나누는 기회로 삼았다. 일단 당시의 감정이 어떤지 충분히 들어주고 공감해 주는 일이 우선이었다. 자신의 감정이 중요한 학생이니까 그 과정만 잘 넘겨도 마음이 많이 풀리는 걸 볼 수 있었다. 그 후에 차분하게 어떤 일이 생겼는지 시간 순서대로 이야기해보라고 하고 그때의 행동을 스스로 돌아보게 했다. 교사의 시각으로 당시 어떻게 느꼈는지 솔직하게 말해 주기도 했다. 대화 후, 이 일에 대해 글로 정리하면서 비슷한 일이 일어났을 때 어떻게 대응해야 할지까지 써 보도록 했다. 이 과정을 거치면서 보라는 조금 더 생각이 깊어졌고, 행동 면에서도 조금 더 다듬어졌다. 나를 더 신뢰하고 따르게 되었다는 것이 특히 좋아진 점이다.

9유형 선생님이 본 4성향 학생의 좋은 점

- 관심 분야가 뚜렷하고 그것을 위해 열심히 노력한다.
- 표현력이 뛰어나며 깊이 생각할 줄 안다.
- 평범한 일상에서도 톡톡 튀는 자신만의 매력이 있다.
- 진실되지 않은 일에 분개하며, 사람이나 세상에 대해 연민이 많다.
- 깊은 감정을 느끼며 아름다움의 참된 가치를 안다.

9유형 선생님이 본 4성향 학생의 힘든 점

- 지나치게 자신의 감정에 빠져 우울한 모습을 자주 보인다. 힘든 감정이 몸으로 나타나면 지각, 조퇴, 결석이 많아진다.
- 자신을 봐 달라고 할 때 반응해주지 않으면 금세 기분이 상해서 토라진다.
- 감정이 안 풀리면 어른에게 적대적으로 반응하거나 비난부터 하는 일이 많다.
- 교사가 보기에 별일 아닌 일에 지나치게 극적으로 반응하고 기분이 안 좋으면 학급에서 맡은 일이나 과제, 수업 등을 소홀히 한다.
- 본인 감정만 소중하고 다른 사람의 감정은 신경 쓰지 않아서, 종종 학급에서 불화를 불러일으킨다.

9유형 선생님이 4성향 학생을 위해서 할 일

- ✓ 감정 기복을 전부 이해할 수는 없고 매번 반응해주지 못하더라도, 학생에게 특별히 관심이 있다는 것을 알려주기
- ✓ 감정을 다루는 문제로 힘들어할 때, 글로 정리하면서 논리적으로 생각해볼 수 있도록 연습시키기
- ✓ 친구들과 깊은 교류를 하고 싶어 하면서도 밀어내는 행동을 인지하도록 질문하기
- ✓ 평범하거나 지루한 역할일지라도 최선을 다해서 끝까지 할 수 있도록 격려하기
- ✓ 좋아하는 예술 활동을 취미로 계발하여 표현 욕구를 충분히 풀 수 있도록 안내하기
- ✓ 남다른 상상력과 아이디어를 표현하였을 때 아낌없이 칭찬해주기

9유형 선생님과
5성향 학생 지성
....

지성이는 자신의 관심 분야에 몰두하길 좋아하는 학생이다. 수업 활동이나 과제가 아니더라도 스스로 책, 인터넷 기사 등을 찾아보면서 그 분야에 대한 지식을 쌓는 것을 좋아한다. 하지만 관심 분야가 아닌 것에 대해서는 거의 신경을 쓰지 않는다. 시험이나 수행평가에 들어가는 중요한 과제를 할 때도, 건성으로 하거나 최선을 다하지 않는다. 그렇다고 관심 분야의 성적이 높은 것도 아니다. 지성이가 요즘 관심이 있는 것은 로켓이라서 과학에 흥미가 있지만, 전반적인 과학 공부를 열심히 하지는 않는다.

친구들과 사이가 안 좋은 것은 아니지만, 친구 관계가 넓지 않다. 사실 친구 사귀기에 별로 관심이 없어 보인다. 상담하면서 친구들을 더 사귀어 보라고 하면 굳이 그럴 필요가 있냐고 반문한다. 자신은 딱히 외롭지도 않고, 말이 통하는 친구도 한두 명은 있으니까 굳이 더 친구를 찾기 위해 노력할 필요가 없다고 말한다. 아무리 봐도 친구가 너무 없어 보이는데, 본인이 관계없다고 하니 나도 더 조언해주기 어렵다.

생활 습관도 그리 나쁘지 않고, 학교 규칙을 어기는 면도 거의 없기에 지성이에게 뭔가 이야기할 것이 별로 없다. 지성이는 조용하고 눈에 안 띄려 하기에 더 그렇다. 나는 지성이에게 일부러 더 많이 말을 걸고 관심사에 대해 자주 물어보았다. 만든 로봇을 가져와서 친구들한테 보여주면 어떨지, 로봇에 사용된 과학 원리를 친구들에게 가르쳐주면 어떨지, 읽었던 책 중에서 쉬운 걸 학급문고에 기증하는 것은 괜찮을지 등 지성이의 관심사를 친구들과 공유하도록 권유했다. 처음에는 어차피 반 친구들은 관심이 없을 것이라며 무표정하게 반응하던 지성이는, 한두 번 아이들의 흥미로워하는 반응을 보고 힘을 얻어서 점차 친구들과 더 자주 대화하기 시작했고, 학급에서 진행되는 평범한 일상에 관심도 더 많이 기울이게 되었다. 가끔 지성이의 통찰력 덕분에 학급의 갈등이 해결되는 일도 생기면서, 지성이는 학급 내에서 자신의 존재감을 충분히 드러낼 수 있었다.

9유형 선생님이 본 5성향 학생의 좋은 점

- 자신의 관심사에 파고들어 스스로 탐구한다.
- 조용히 본인의 일을 하는 능력이 돋보인다.
- 관찰력, 집중력, 분석력이 있다.
- 차분하고 객관적이며 소신이 뚜렷하다.
- 아무 말 하지 않고 함께 있어도 편하게 여긴다.

9유형 선생님이 본 5성향 학생의 힘든 점

- 관심 분야가 아닌 것에 대해서는 신경을 쓰지 않는다.
- 몸을 움직이는 것을 싫어하며, 그동안 경험해보지 않았던 것은 하지 않으려 한다.
- 대화할 때 표정 변화가 거의 없어 화난 것처럼 보이기도 한다.
- 모둠 활동이나 학급행사에 스스로 나서지 않고, 자기 생각을 표현하지 않는 탓에 친구들 사이에서 오해를 받을 수 있다.
- 자신이 좋아하는 과목 공부만 하며, 성적을 높이는 방법, 계획 등에는 그다지 관심이 없다.

9유형 선생님이 5성향 학생을 위해서 할 일

- ✓ 관심사가 무엇인지 물어보고 그것을 주제로 친해지려고 노력하기. 처음에는 귀찮아할 수 있지만, 지나갈 때 한두 마디라도 말을 걸면서 관심이 있음을 알려주기
- ✓ 다양한 친구를 사귈 수 있도록 장(場)을 만들어 주기. 자리 배치, 모둠이나 학급 활동 등에서 신경을 쓰기
- ✓ 자신의 관심 분야를 친구들에게 공유하는 경험을 늘려주기. 소통하는 방식에 대해서도 고민하여 내용이 확실히 전달되도록 조언하기
- ✓ 마음, 감정을 표현하는 글쓰기, 말하기 활동을 자주 하도록 수업 설계하기
- ✓ 생각만 하고 있는 것이 무엇인지 질문하고, 그것을 실천하도록 격려하기

9유형 선생님과
6성향 학생 한결
·······

　학기 초 한결이는 용모가 단정하고 말수가 적으며 내성적인 학생으로 보였다. 자신을 소개하는 글에서 예민하고 화를 잘 낸다는 내용이 있어 유심히 살펴보았다. 강의식 수업을 할 때는 집중을 잘하고 나름대로 노트 필기도 하고 질문과 발표를 열심히 하는 편이었다. 그런데 모둠별 학습을 할 때나 쉬는 시간처럼 질서가 흐트러질 때 문제 행동이 드러났다. 친구가 자기 자리로 넘어오거나 자기 일에 간섭해서 방해될 때 깜짝 놀랄 정도로 큰 소리로 공격하거나 갑자기 폭력을 쓰는 일이 종종 생겼다. 평소에 과격한 행동을 하는 아이가 아니기에 아이들도 교사도 갑작스러워서 대처하기가 어려웠다. 더구나 흥분해 있을 땐 말이 통하지 않고 자기 입장만 고집하여 지도가 힘들었다. 교사인 내 말을 받아들이지 않으니, 나를 무시한다는 생각이 들어 화를 내기도 하였다. 그런데 불안이나 두려움이 생길 때 심하게 반항했다가도, 관계와 상황이 안전하게 되면 차분해지는 그 학생을 보면서, 6성향인 것을 알 수 있었다.

　한결이는 매일 반복적으로 해야 하는 당번 활동을 책임감 있게 수행한다. 창의적인 그리기보다는 꼼꼼하게 베껴서 그림 그리는 활동을 좋아하고, 어려운 환경을 딛고 꾸준히 노력하여 성공한 위인의 이야기를 들려줄 때 눈이 반짝거린다. 가끔은 생각하고 있는 내용 일부만을 말해서 내가 몇 차례 질문해야만 전체 이야기를 알 수 있다. 또 명확하지 않은 주제에 대해서는 혼란스러워한다. 발표를 할 때는 목소리가 떨릴 정도로 긴장하지만, 남들에게 들키지 않으려 애쓴다. 한결이를 자세히 볼수록 겉으로 보이는 강함 속에 내면의 불안이 보였다.

　학생들에게 자유로운 시간을 많이 주고 허용적이라 경계가 넓은 나의 모습은 한결이의 불안을 더 크게 할 수 있었다. 수업을 시작할 때 학습과제를 명확하게 제시하고 한결이가 개인적으로 질문할 때 세세한 정보를 주며 시간을 지키는 모습을 보여주자 차차 나를 신뢰하고 표정도 밝아졌다. 어느 정도 신뢰가 형성되고 사소한 잡담도 나누는 관계가 되면서 생활지도가 훨씬 쉬워졌다. 한결이는 감정을 알아주기보다 안전한 환경과 공평함을 원하고, 책임을 다하는 자신의 모습을 교사가 알아주기를 원했다. 아이가 원하는 안전한 느낌을 주며 한결이의 성실함을 격려해 주었더니, 훨씬 편안하게 생활하는 모습을 보였다.

9유형 선생님이 본 6성향 학생의 좋은 점

- 맡은 역할을 성실하게 수행한다.

- 성적에 관심이 많고 목표한 점수에 도달하려고 노력한다.

- 세세한 부분까지 놓치지 않고 기억하여 챙긴다.

- 많은 정보를 정리해서 알려준다.

- 책임감이 강하고 믿음직스럽게 행동한다.

9유형 선생님이 본 6성향 학생의 힘든 점

- 불안이 많아지면 있는 그대로의 사실도 왜곡하면서 지나치게 걱정한다.

- 부정적인 말을 퍼뜨리거나 무리를 지어 공동체에 위화감을 준다.

- 교사를 충분히 신뢰하지 않을 때는 교사의 말에 꼬투리를 잡으며 무례하게 말한다.

- 익숙한 활동만 하려고 하고 새로운 것을 시도하지 않는다.

- 사소한 질문이 많고 교사나 친구의 반응을 요구하거나 잔소리한다.

9유형 선생님이 6성향 학생을 위해서 할 일

- ✓ 학생의 태도에 화가 나더라도 담담한 태도로 사실을 말하기

- ✓ 생각이 너무 많아서 행동하지 못할 때, 예견되는 상황을 정리하여 불안을 낮추고 작은 것부터 실천할 수 있도록 질문하기

- ✓ 학습활동을 분명하게 제시하고 단계별로 실행할 수 있게 구성하기

- ✓ 학생의 부정적인 태도에 휩쓸리지 말고, 학급 규칙에 따라 일관성 있게 학급 운영하기

- ✓ 교사가 관심 가지고 있음을 표현하며 신뢰를 주고 학생을 지지해주기

9유형 선생님과
7성향 학생 환희
....

　수업 중 가장 말이 많은 환희는 내 말에 토를 달거나 알고 있는 것을 덧붙이기도 하고, 우스갯소리로 분위기를 바꾸기도 한다. 어떤 날은 방해가 되기도 하지만, 수업에 활력을 줄 때도 많다. 환희는 수업 중 자기가 좋아하는 것에는 누구보다 집중을 잘하고 역할극이나 퀴즈, 게임 활동에도 역시나 타의 추종을 불허하는 집중력과 창의력을 발휘한다. 다방면의 책을 즐겨 읽고 뉴스나 영화도 좋아하며, 새롭고 신기한 아이템에 관심을 가지고 도전한다. 학습과제를 수행할 때 남들과 똑같이 표현하지 않고 자기만의 아이디어를 낸다. 앞에 나와 발표할 때 긴장하지 않고 친구들의 시선이 집중되는 것을 즐기며 유머러스한 말이나 행동을 잘한다.

　밝은 에너지로 매력을 발산하는 환희지만, 교사의 지적을 누구보다 많이 받기도 한다. 차분히 개인 학습을 할 때 장난을 걸어 수업 분위기를 깨고, 지루함을 참지 못하겠다는 표정으로 답답해한다. 다 아는데 이런 걸 왜 해야 하냐고 항의하듯이 말하기도 한다. 어차피 간단한 방법이 있는데 중간과정을 왜 알아야 하냐며 투덜대기도 한다. 쉬는 시간 친구들과 게임을 할 때 자기 마음대로 되지 않으면 친구에게 날카롭게 쏘아대기도 한다. 친구를 놀리는 일도 많다. 대부분 귀엽게 봐줄 수 있지만 지나치게 놀리는 말 때문에 거의 매일 내게 지적을 받는다. 야단맞은 것을 마음에 담아두고 끙해 있지 않아서 괜찮아 보인다고도 할 수 있지만 반복되는 행동에 얄미울 때가 더 많다.

　평화로운 반 만들기를 원하는 나에게 환희는 신경이 쓰이는 학생이다. 환희의 재치와 장점보다는 문제 행동에 더 신경 쓰여 괴롭다. 잔소리가 늘어가고 통제하려 할수록 환희는 더 자유롭게 행동하려 한다. 통제하려는 시도를 멈추고 환희와의 관계를 악화시키지 않는 범위 안에서 교사와 학생의 경계를 명확히 하기로 하였다. 환희의 거스르는 말에 일일이 반응하지 않고 수업에 도움이 되거나 재치 있는 말에만 폭풍 칭찬을 해주었다. 재미가 없더라도 꼭 해야 하는 일의 이유를 차근차근 설명해 주었다. 환희가 관심을 원할 때는 관심을 보여주지만, 무례한 행동에 대해서는 짧고 따끔하게 "안 돼!"라고 말하며 행동에 책임지게 했다. 그러자 말과 행동을 조심하는 것이 보였다. 환희는 교사가 부드럽고 허용적이라고 생각하면 금세 들뜨고 멋대로 하려고 한다. 환희가 가진 장점이 빛나려면 스스로 때와 장소를 가려야 한다는 것을 배워야 한다. 허용치가 높은 9유형 교사도 7성향 학생에게는 자신의 허용치를 좁혀야 한다.

9유형 선생님이 본 7성향 학생의 좋은 점

● 분위기를 밝고 활기차게 만든다.

● 아이디어가 풍부하고 창의적이다.

● 상황 파악이 빠르고 자기가 원하는 것을 분명하게 말한다.

● 다방면에 관심이 많고 학습 속도가 빠르다.

● 호기심을 가지고 열린 마음으로 학교생활을 즐겁게 한다.

9유형 선생님이 본 7성향 학생의 힘든 점

◆ 말과 행동에 조심성이 없고 배려심이 부족하다.

◆ 지루하고 재미없다고 느끼면 불성실한 태도를 보인다.

◆ 이목을 끌려고 필요 없는 말을 하여 수업의 흐름을 끊는다.

◆ 진지한 이야기도 장난으로 받아들이고 똑같은 실수를 한다.

◆ 평소 실행 속도가 빨라서 교사나 친구의 꾸물거리는 태도를 참지 못한다.

9유형 선생님이 7성향 학생을 위해서 할 일

✓ 방해되는 말이나 행동을 할 때 일일이 반응하지 않고, 눈빛이나 신호를 보내 스스로 조심하게 하기

✓ 정도가 지나친 말과 행동은 따로 불러 짧고 강하게 말하면서 이런 행동이 지속되면 어떻게 되는지 스스로 생각할 수 있도록 질문하기

✓ 호기심이 많은 것을 칭찬하되, 호기심을 발전시켜 더 깊이 탐구할 수 있도록 안내하기

✓ 책임을 갖도록 학급에서 본인이 좋아하는 역할을 선택하는 기회를 주고, 잘 해낼 때마다 칭찬하기

✓ 합리화만 하면서 실천하지 않는 것에 대해 질문하고, 지금 해야 하는 일이 무엇인지 스스로 찾아보게 하기

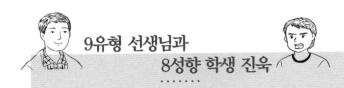

9유형 선생님과
8성향 학생 진욱
·······

　몸집은 작은 편이지만 다부진 진욱이는 덩치 큰 상대나 상급생과 상대할 때 전혀 주눅 들지 않는다. 운동을 좋아하여 아침, 점심, 방과 후를 가리지 않고 친구들과 함께 축구를 한다. 상대편과 시비가 붙는 상황이 되면 맨 앞에 나서서 목에 핏대를 세우며 자기편의 정당함을 강하게 표현한다.

　진욱이는 자기 주변 사람에게 생긴 일은 곧 자기에 대한 도전으로 받아들이는 경향이 있어 상대편에게 필요 이상으로 갚아주려고 한다. 나는 진욱이의 학교생활을 지켜보는 게 아슬아슬하다. 진욱이가 앞뒤 상황을 잘 살피고 행동하면 좋으련만 일단 몸이 먼저 반응해서 싸움이 일어난다. 그러다 보니 주변 아이들은 진욱이 아래에서 보호를 받거나, 반대편에 다른 무리를 만들어 대립하는 경우가 많다. 폭력을 쓰는 상황에서 진욱이를 발견하면 일단 혼을 내는데, 진욱이는 무조건 억울해한다. 주먹을 불끈 쥐고 이글거리는 눈빛으로 나를 노려보며 온몸으로 분노를 표현한다. 자칫하면 교사와 학생 간의 기 싸움으로 보일 수 있어서 이럴 때는 상황을 최대한 간단히 정리한 후에 진욱이를 따로 불러서 이야기한다.

　진욱이는 자기만의 논리로 상대를 정당하게 응징한 것이라며 억울함을 호소했다. 진욱이의 순수한 의도를 먼저 읽어주되 객관적으로 상황을 바라보도록 질문하고, 성숙하지 못한 표현 방법에 대해 일깨워주었다. 그러자 이글거리는 눈빛이 조금은 사그라들었다. "진욱아, 평소에 힘쓸 일이 있을 때 적극적으로 나서줘서 고마워. 네가 가진 힘을 이렇게 좋은 일에도 쓸 수 있지 않니? 굳이 싸울 때 네 힘을 써야 할까? 나는 진욱이 편이 되고 싶어. 네 힘을 가치 있고 의미 있는 일에 사용할 수 있도록 돕고 싶어."

　진욱이의 어머니에게도 진욱이의 행동 동기, 성향을 알려주고 가정에서 어떻게 도울 수 있는지 말씀드렸다. 진욱이의 거친 행동의 결과에만 집중하여 혼내는 것은 의미가 없음을 강조했다. 나는 진욱이가 단번에 나아지지는 않지만 노력하는 모습을 격려해 주었고, 계속해서 지지하는 눈빛을 보냈다. 조금씩 진욱이는 행동하기 전에 한 번 더 생각하는 모습을 보이게 되었다.

9유형 선생님이 본 8성향 학생의 좋은 점

- 수업 중 알고 있는 내용에 대해 적극적으로 참여한다.
- 의리가 있고 주변 친구들에게 대장이 되어 보호해 준다.
- 힘과 추진력이 필요한 일에 선뜻 나서서 상황을 주도한다.
- 생각을 자신감 있게 표현하고 결단력이 있다.
- 자발적으로 학급에서 힘든 일을 맡아서 처리한다.

9유형 선생님이 본 8성향 학생의 힘든 점

- 자기편인지 알아보려고 자꾸 건드리며 도발한다.
- 상황을 제대로 파악하지 않고 손발이 먼저 나가는 경우가 많다.
- 툭툭 치거나 건드리면서 장난이라고 주장하여 친구를 화나게 한다.
- 화가 나면 상대의 의견을 무시하고 거칠게 대한다.
- 다툼이 일어났을 때 자기 잘못을 인정하지 않고 억울해한다.

9유형 선생님이 8성향 학생을 위해서 할 일

✓ 거친 말과 행동의 이유를 물어보기
✓ 교사의 권위에 도전할 때, 위축되거나 당황하지 않고 최소한의 지침을 단호하게
  알려주기
✓ 개인적인 만남을 통해 맛있는 것을 먹으며 진솔하게 대화하기
✓ 수시로 관심을 표현하며 믿고 있다고 말해 주기
✓ 학생이 잘하는 일을 격려하며 다른 사람을 보호해 줄 때 지지하기

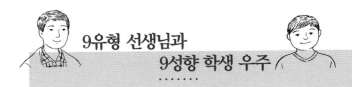

　우주는 표정부터 온화하다. 편안하고 느긋함이 배어 있는 얼굴로 나에게 안도감을 준다. 말할 때 억양도 강하지 않고 순응적이며 내 부탁을 잘 들어준다. 학급에서 자신을 드러내지 않고 조용히 지낸다. 우주와 같은 9성향의 아이들은 든든한 나의 지원군이다.

　평소 우주는 차분하고 신중하게 주어진 일을 처리하는 편이고, 자신을 드러내지 않고 묵묵히 자신의 할 일을 했다. 그러나 종종 청소를 깜박 잊고 집에 가거나, 출석부를 관리하는 자기 역할을 잊어버리기도 한다. 9성향 아이들은 상대의 목소리가 조금만 커져도 위축된다. 언성을 높여 혼내기보다 조용히 충고하는 편이 좋다. 큰소리로 혼내면 학생은 위축되고 마음이 상해서 수동적으로 움직이거나 아예 행동하지 않는다. 하지만 존중받는다고 생각하면 그것에 보답하기 위해 더 잘하려고 노력한다. 나는 우주에게 우리 반에 있는 것 자체로 좋다고 종종 말해 주었다.

　우주는 다른 아이들과 갈등이 생기는 것이 싫어서 자기 뜻을 내세우지 않는다. 친구가 원하는 것을 함께하는 것이 좋은 친구라고 생각하여 자기가 원하는 것은 이야기하지 않는다. 자신의 의견이 있어도 드러내지 않을 때가 있고, 어떤 때에는 자기가 원하는 것조차 인지하지 못했다. 그래서 나는 우주의 의견이 무엇인지 따로 물어보곤 했다. 그러나 스스로는 잘 찾지 못했다. 고민하며 눈동자를 굴리다가 결국 "잘 모르겠는데요", "없는데요", "괜찮아요"라고 대답하곤 했다.

　한번은 졸업앨범 그룹 테마 사진 콘셉트를 정할 때, 자기 의견을 낼 틈도 없이 친구들의 주장을 따르게 된 일이 있었다. 주도하는 아이들은 우주가 별다른 말이 없으니 동의한다고 생각했다. 하지만 우주는 자기 마음에 들지 않는 콘셉트에 대해 걱정하며 집으로 돌아갔다. 주말에 학부모에게 전화가 왔다. 화요일에 입을 의상 걱정 때문에 월요일 수행평가 준비를 하지 못하고 있다고 하셨다. 자기만 제대로 된 의상을 준비하지 못한 것 같다고 걱정하느라 수행평가는 우선순위에서 밀린 상태였다. 나는 그 마음을 충분히 공감하기에 괜찮다고 얘기해 줬지만, 마음은 쉽게 가라앉지 않는 듯했다. 그러나 월요일에 보게 된 우주의 의상은 걱정에 비해 괜찮았다. 나는 우주에게 콘셉트에 잘 맞는다고 말해 주었고, 친구들도 잘 어울린다고 해서 우주는 편안한 모습을 보였다.

9유형 선생님이 본 9성향 학생의 좋은 점

- 친구들과 편안하게 지낸다.
- 교사의 뜻을 긍정적으로 잘 받아들인다.
- 공동체 속에서 틀에 벗어나는 행동을 하지 않는다.
- 차분하고 따뜻하여 존재만으로 안도감을 준다.
- 학급 내 갈등에서 중재자 역할을 한다.

9유형 선생님이 본 9성향 학생의 힘든 점

- 자기 생각이 무엇인지 모르고 표현이 서툴러 생각을 알 수 없다.
- "예"라고 이야기하지만, 비언어적인 표현은 '아니오'인 때가 있다.
- 무기력함을 보이며, 의욕적으로 학급 일에 뛰어들지 않는다.
- 결정을 잘 내리지 못하고 일을 미룬다.
- 문제가 있는 데도 간과하고 시간이 가기만 기다린다.

9유형 선생님이 9성향 학생을 위해서 할 일

- ✓ 학생의 의견이 무엇인지 따로 물어보고 생각해보게 하기
- ✓ 우선순위가 무엇인지 생각하고 메모하여 하나씩 실천하도록 격려하기
- ✓ 갈등 상황을 피하지 않고 자신이 원하는 것을 표현하도록 돕기
- ✓ 직접 경험을 통해 배움을 확장하는 기회를 주기
- ✓ 구체적이고 쉬운 단계부터 어려운 단계로 나아가도록 지지하기
- ✓ 학생이 한 일을 인정하고 칭찬하기

9유형 선생님과
1성향 학생 준수
....

　준수는 예의 바르고 성실하며 학교 규칙을 벗어나는 일이 없는 모범생이다. 중 2때 학생자치회 부회장으로 많은 행사를 치르며 자기 역할을 성실히 하는 모습을 보았는데, 3학년 때 준수가 우리 반이 되니 든든했다. 1인 1역을 정할 때, 아무도 하려 하지 않는 칠판 담당을 준수가 하겠다고 나섰다. 준수는 이미 학생자치회장이었는데 학급에서 매시간 해야 하는 이 일을 할 수 있겠냐고 여러 번 물었지만 망설이지 않고 괜찮다고 했다. 이후 준수는 정말로 맡은 일을 빈틈없이 잘 해냈다. 그 외에도 학교에서 주관하는 행사나 대회에 주저 없이 언제나 해 보겠다고 적극적으로 나서는 태도가 예뻤다. 그래서 뭐든지 챙겨주고 싶은 학생이었다.

　한편으로 준수는 중학생인데도 벌써 수능을 걱정하며 무엇을 준비할지 조급해했다. 또 자신의 판단이 맞다고 생각하면 끝까지 고집하는 면이 있었다. 수업 중에 내가 답을 알려줬음에도 자신이 본 답은 그것이 아니라며 자기가 옳다고 주장했다. 나는 그런 단어를 사용한 적이 없다고 이야기해도 확신에 차서 뜻을 굽히지 않았다. 급기야 내가 틀렸나 싶어 답을 재확인했다. 준수 패! 나에게 잊히지 않는 기억이다. 교사에게도 물러섬이 없는 이런 당당함은 어디에서 나오는지….

　준수는 규칙을 어기는 다른 친구를 보면 '쟤는 왜 저러지? 저러고 싶을까?'하고 고개를 가로저으며 이해하지 못하겠다는 태도를 보였다. 학교 스포츠클럽축제에서 나는 체험 부스 도장을 많이 받아오는 사람에게 청소면제권을 주겠다고 했다. 종례 시간에 1등을 발표했는데, 준수가 "선생님! 쟤는 부스 체험을 하지 않고 도장만 받았어요."하고 공개적으로 말했다. 집에 가기 전에 준수를 불러 바른 소리를 하고도 그 친구에게 괜한 미움을 받을까 봐 걱정된다고 했더니 그런 것 신경 안 쓴다고 답했다. 스스로 옳은 일이라고 생각하면 주변의 시선에 크게 신경 쓰지 않는다는 당당한 태도가 엿보였다. 나는 9유형의 패턴으로 상황을 읽고 괜한 걱정을 했다는 생각이 들었다. 그래도 1성향인 준수에게는 옳음이 중요해서 마음이 불편할 수 있으므로, 내 행동의 이유를 설명해 주었다. "사실 아까 선생님도 그 친구가 체험도 안 하고 도장만 받는 걸 다 봤어. 그래도 그 친구가 스스로 양심에 충실한 선택을 하길 바라면서 청소면제권을 준 거야. 친구의 잘못을 말하고 싶으면 선생님에게 따로 말해주면 어떨까?"라고 하니 앞으로는 그렇게 하겠다고 편하게 수용했다.

9유형 선생님이 본 1성향 학생의 좋은 점

- 예의를 갖추며 교사의 지도를 잘 따른다.
- 리더십을 발휘하여 학급의 분위기를 잘 조성한다.
- 때로는 교사보다 더 적극적으로 나서서 학급을 잘 이끌기도 한다.
- 정직하고 자기 훈련이 잘되어 있고 모범적이다.
- 자신감이 넘치며 신뢰할 만하다.

9유형 선생님이 본 1성향 학생의 힘든 점

- 수용적이고 부드러운 9유형 교사의 모습을 비판할 때가 있다.
- 흑백 논리로만 접근하려고 한다.
- 규칙을 지키지 않거나 학급 일에 비협조적인 아이들에 대해 교사가 지도해주기를 요구한다.
- 옳다고 생각하는 것을 끝까지 주장하며, 다른 생각을 받아들이기 어렵다.
- 친구에게 지적을 자주 하여 관계에서 어려움을 겪는다.

9유형 선생님이 1성향 학생을 위해서 할 일

- ✓ 다양한 관점에서 상황을 해석하도록 조언하기
- ✓ 교사를 비판할 때 화내지 말고 학생의 의견을 존중해준 후, 학생이 보지 못하는 다른 면을 이야기해주기
- ✓ 정직한 태도와 강한 책임감으로 최선을 다하는 모습을 인정해주기
- ✓ 완벽하고자 노력하며 긴장을 늦추지 못할 때, 충분히 잘하고 있다고 따뜻하게 격려해 주기
- ✓ 옳은 일보다 자신이 진정으로 원하는 것은 무엇인지 물어보기

1유형 선생님과
2성향 학생 미소
·······

기숙학교에서 룸메이트는 피할 수 없는 운명처럼 중요하다. 누구와 방을 함께 쓰느냐에 따라 적게는 한 학기, 길게는 몇 년이 행복과 불행의 연속이 되기 때문이다. 특히 고3이 된 1학기의 룸메이트는 그 어느 때보다 중요하다.

고3이 되기 전까지 미소의 친구 관계는 괜찮아 보였다. 미소는 상냥하면서 친구들의 필요를 잘 알아차리고 실질적으로 도움을 주어서 평판이 나쁘진 않았다. 그런데 고3이 되자 사정은 달라졌다. 모두 하나같이 미소와는 룸메이트가 되고 싶지 않다는 것이다. 한 명씩 불러서 이유를 알아보았다. 미소의 행동이 너무 어리고, 자기만 이해해 달라는 태도를 보여서, 입시를 앞둔 고3이 된 상황에선 다 받아주기가 어렵다는 것이다. 모두가 예민한 고3의 시간을 보내게 될 것에 대한 염려가 커진 아이들의 방어적 태도였다. 미소가 상처받을 것이 분명해서 아이들은 그런 사실을 미소에게 직접 말할 수도 없다고 했다.

이런 경우, 상황을 알려준다고 미소를 불러 즉시 이야기를 하는 것은 금물이다. 특히 1유형 교사의 체계적이고 비판 조의 말투는 잘못하면 미소에게 상처를 줄 수 있다. 이전의 내가 자주 범했던 잘못이다. 에니어그램을 배운 후에는 이런 아이에게는 천천히, 기회를 만들어 최대한 부드럽게 이야기하는 것이 중요하다는 것을 알게 되었다.

편안한 시간에 미소를 만나서 이야기를 나누었다. 미소에게 누구와 룸메이트 하고 싶은지를 물었다. 미소는 천진하게 1, 2, 3순위를 이야기했는데 그 친구들의 생각이 다르다는 것을 상상도 못하고 있었다. 나로선 조심스럽게 상황을 이야기했지만, 미소는 한동안 울고불고 난리였다. 애써서 달래려 하지 않고 그냥 곁에 있어 주었다. 울음이 잦아들었을 즈음, 어깨를 토닥여 주고 안아주었다. 그러자 자기는 어떻게 하느냐고 물어왔다. 나는 철없이 느껴졌을 행동을 그동안 받아 준 것에 대해 친구들에게 고마움과 미안함을 표현하는 것이 어떨지 제안했다. 그리고 이제는 조금 더 의젓해지는 모습을 기대한다고 격려하는 것도 잊지 않았다.

그렇게 수능보다 더 어려운 룸메이트 배정을 2주나 늦게 마감하였다. 그 이후 미소는 원하던 친구는 아니었지만 새 친구와 함께 방을 쓰면서 예전보다는 친구의 의견도 물으며 더 성숙해진 모습을 보였다.

1유형 선생님이 본 2성향 학생의 좋은 점

● 선생님을 잘 도와주고 친구들을 기쁘게 한다.

● 친절하고 사랑스러운 행동으로 학급의 분위기를 밝고 따뜻하게 한다.

● 작은 일에도 섬세하게 반응하며 고마워한다.

● 교사와 친구들의 필요를 빨리 알아차리고 적절하게 대응한다.

● 사교적이고 공손하며 붙임성이 있다.

1유형 선생님이 본 2성향 학생의 힘든 점

◆ 사소한 사실이라도 자신에게 부정적인 피드백에 대해 예민하게 반응한다.

◆ 자기 일보다 관계에 더 의존한다.

◆ 감정이 상하면 이성보다는 감정적으로 행동한다.

◆ 자기의 생각이나 의견을 직접 표현하지 않고 알아주기를 원한다.

◆ 자신이 도와주고 애쓴 만큼 대가가 돌아오지 않을 때 서운해한다.

1유형 선생님이 2성향 학생을 위해서 할 일

✓ 학생의 마음을 읽어 주고 부드럽게 대하기

✓ 학생이 도와주었을 때, 고마움과 미안함을 적극적으로 표현하기

✓ 문제가 생겼을 때, 사실보다는 학생의 감정을 먼저 소중히 여기기

✓ 학생이 무엇을 원하는지 물어보고, 학생의 상태를 세밀하게 파악하고 챙기기

✓ 친구 관계뿐만 아니라 현실적 인식을 하도록 도와주기

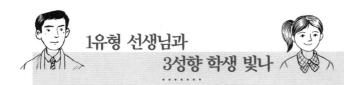

"선생님, 저는 학교 그만두려고요! 제가 원하는 대학을 목표로 준비하고 싶은데 학교에서는 다른 해야 할 것이 너무 많아 도무지 공부할 시간이 없어요. 차라리 밖에 나가서 몇 달만 열심히 공부하면 제가 가고자 하는 대학을 갈 수 있을 것 같아요."

"그래서 학교를 그만두겠다고? 그동안 했던 학교생활은 아무것도 아니니?"

"그건 아니지만, 이제 학교생활은 충분히 했으니까, 이제부터는 제가 할 일을 해야죠."

"그걸 학교 다니면서 해야지."

"그렇게 해서는 제가 원하는 대학에 갈 수 없을 것 같아요. 집에서 학원 다니면서 혼자 공부하는 것이 훨씬 효율적일 것 같아요."

빛나는 이런 이야기를 스스럼없이 하는 친구이다. 자신이 정한 목표를 향하여 경주마처럼 달린다. 그 목표에 방해가 되는 것은, 그 어떤 것도 남겨 두지 않는다. 그래서 3학년 1학기만 마치고 학교를 자퇴할 수도 있다고 생각한다. 무슨 일이든 빛이 나도록 잘하지만, 성취를 위해 최고의 효율을 따져서 선택적으로 최선을 다한다. 지금 빛나는 학교를 그만두고 입시 공부에 매진하는 것을 최고의 선택이라 생각한다. 방학 동안 다닌 학원에서 영어 점수가 일취월장한 것이 빛나의 질주하는 본능을 부추겼다. 자신이 생각하는 최고의 대학교를 향해 달려가고만 싶은 것이다.

빛나에게 점수보다 더 나은 가치가 있다는 것을 1유형 교사 방식으로 설명하거나 설교식으로 하는 것은 도움이 안 된다.

"그래, 넌 최고가 될 수 있어. 그런 능력이 충분히 너에게 있어."

빛나에게는 이런 인정과 격려가 먼저 필요하다.

"그런데, 그것이 진짜 최고일까? 그 효율이 전부일까? 학교는 왜 있어야 하지? 학교와 학원의 차이는 뭘까? 진정한 효율은 무엇이라고 생각하니? 성공과 성취는 무엇을 의미하고 왜 중요할까? 그렇게 하면서 네가 잃어버리는 것은 없을까?"

나는 설득하기보다는 빛나에게 많은 질문을 던졌고 그 질문으로 인해 빛나는 성적이나 점수만큼 중요한 가치에 대해서 스스로 성찰하기 시작했다. 그 후, 빛나 스스로 하마터면 그동안 학교생활에서 얻은 소중한 추억과 가치를 몽땅 버릴 뻔했다고 고백했다.

1유형 선생님이 본 3성향 학생의 좋은 점

- 긍정적인 에너지로 원하는 것을 위해 최대의 노력을 한다.
- 본인이 결정한 목표를 이루어내고 친구들도 독려한다.
- 효율을 중시하고 스스로 동기부여를 잘한다.
- 자신감이 넘치고 친구들을 이끌고 설득하는 능력이 있다.
- 깔끔하게 자기를 관리하며 친구들과 잘 어울린다.

1유형 선생님이 본 3성향 학생의 힘든 점

- 친구들 앞에서 멋진 모습만 보이려고 해서 깊은 친밀감 형성이 어렵다.
- 실패나 실수에 대해서는 별로 생각지 않고 곤란한 상황이 되면 둘러댄다.
- 지나치게 경쟁적이며 인정받고 칭찬받는 일에만 관심을 둔다.
- 본인이 중요하게 생각하지 않는 과제는 대충 마무리하기도 한다.
- 학급 구성원으로서 책임보다는 본인의 성취가 더 중요하다.

1유형 선생님이 3성향 학생을 위해서 할 일

- ✓ 좋은 이미지보다는 진실한 내면이 중요하다는 것을 말해 주기
- ✓ 교사의 기준보다는 아이의 성취 자체에 초점을 맞추고 칭찬하기
- ✓ 효율과 성취 때문에 원칙을 어길 때 학생 스스로 깨닫도록 부드럽게 질문하기
- ✓ 결과만큼이나 이루어내는 과정이 소중하다는 것을 알려주기
- ✓ 공동의 목표를 위한 차분하고 반복적인 활동을 권유하기

1유형 선생님과
4성향 학생 보라
....

고3 여학생 모임을 하다 말고 나가버린 보라가 한동안 돌아오지 않았다. 여기저기 찾다가 아무도 없는 빈 교실에서 엎드려 울고 있는 보라를 발견했다. 모임 중에 갑자기 자기만 혼자인 듯이 외로워졌다는 것이다. 특별히 따돌리는 분위기도 아니었는데 보라는 그렇게 생각하고 감정이 상한 상태였다.

"너 혼자 그렇게 생각하는 거야."

이렇게 말한 것은 실수였다.

"선생님이 어떻게 제 마음을 알아요?" 아차, 실수를 알아차리고 나는 그냥 보라를 최대한 따뜻하게 바라보았다.

보라는 창의적이며 자기만의 독특한 아름다움과 매력이 있다. 친구들에게는 없는, 독특한 모양의 물건이나 자기만의 옷 스타일, 취미로 자신을 표현하며 스스로를 특별한 존재로 인정받고 싶어 한다. 또 자기만의 감정 속에 빠져 있을 땐 우울한 상태처럼 보인다. 특히 자기에게는 없는 무언가를 가진 친구에게는 부러움이 과해져 질투심을 느끼기도 한다.

"선생님, 저는 왜 사는지 모르겠어요. 왜 대학 가는지 모르겠어요." 보라에게 제일 많이 들은 말이다.

보라는 매일 매일 달라지는 감정의 출렁임에 따라 날마다 진학과 진로 계획이 바뀌었다. 에니어그램을 배운 이후로 나는 보라에 대해 성급한 판단을 하지 않고 충고도 함부로 하지 않으려고 노력했다. 최대한 무덤덤하게, 그러나 격려와 지지의 눈빛으로 함께 하고자 했다.

고3이 되었는데도 날마다 달라지는 감정 속에서 어떤 일에도 의미를 찾지 못하고 앞으로 한 걸음도 나가지 못하는 보라가 안타까웠다. 최대한 보라가 관심을 보이는 것부터 이야기를 나누었다. 예술적 심미안과 감수성이 있는 보라에게 먼저 권한 것은 예술 분야이다. 그런데 예과 수업은 좋아했지만 이미 실기를 시작한 친구들의 그림 수준과 자신을 비교하며 낙담했다. 다음으로 이과에 대한 흥미가 있었기에 공대 쪽으로 권해보았다. 그러나 이번엔 일반적인 공학은 너무 건조하다며 싫다고 했다. 자기는 아무 쓸모가 없고 아무 재주가 없다고 슬퍼했다. 다시 찾아보며 정한 것은 메디컬 일러스트레이터 쪽이었다. 관련 영역의 전문가와 연결되어 한동안 보라의 눈빛은 반짝거렸다. 친구들이 아무도 모르는 분야를 접했다는 자체가 좋은 것이다. 하지만 그것도 얼마 못 갔다. 보라는 다시 모든 의욕이 사라졌다. 다행히도 나는 감정의 롤러코스터를 겪는 보라를 큰 동요 없이 바라볼 수 있었다.

고3 여름방학 때 한창 수능 준비로 열기를 더할 즈음, 나는 보라를 대학 캠프에 다녀오도록 했다. 그곳에서 보라의 진로가 결정된 것은 감사한 일이었다. 지금 보라는 믿기지 않을 정도로 즐겁고 활기찬 대학 생활을 누리고 있다.

1유형 선생님이 본 4성향 학생의 좋은 점

- 감정에 솔직하고, 그 깊은 감정을 독특하게 표현한다.
- 높은 이상과 기준을 갖고 있다.
- 친근하고 연민이 있으며 긍휼한 마음이 크다.
- 작은 것에도 자신만의 특별한 의미를 찾는다.

1유형 선생님이 본 4성향 학생의 힘든 점

- 지나치게 자신의 감정을 표현하며 관심을 요구한다.
- 감정적인 욕구가 해결되지 않으면 일상적인 일조차 힘들어하고 미룬다.
- 쉽게 감정에 휘말리고 지나치게 우울하여 자기 연민에 빠진다.
- 친구나 선생님이 편하게 한 말에 쉽게 상처를 받고 되새긴다.

1유형 선생님이 4성향 학생을 위해서 할 일

✓ 학생의 독특함과 깊은 감수성을 인정해주기
✓ 학생의 상태에 대해 판단한 것을 직접적으로 표현하지 않고 부드럽게 질문하기
✓ 힘들어할 때 쉽게 해결책을 제시하지 않고 안정되기를 기다리기
✓ 현실적인 시각을 갖도록 일상적인 것을 체계적으로 할 수 있게 안내하기
✓ 감정을 표현할 수 있는 예술적 활동을 권유하고 지지하며, 그것을 통해 의미 있는 삶을 누리도록 돕기

1유형 선생님과
5성향 학생 지성
· · · · · · ·

고2 지성이가 제일 오랫동안 앉아서 무언가 할 수 있는 자리는 열대어가 헤엄치고 있는 어항 앞이다. 모두가 기숙사 생활을 하는 학교, 3인 1실인 방에서 어항을 가지고 있는 것은 금기 사항이다. 그런데 지성이 방에선 매번 어항이 발견되어 담당 선생님에게 지적을 받곤 했다. 지성이 집에서 키우는 열대어는 100마리가 넘는다. 손톱만 한 작은 물고기 100마리에게 각각의 이름을 붙여 주고 애정을 쏟는 것은 지성이에겐 너무나 당연한 일이지만 다른 사람들에겐 신기한 일이다. 어항이 하나 정도 있는 것은 그럴 수도 있겠다 싶은데 학교에 하나, 둘 가져온 작은 어항이 스무 개가 넘어가면서 기숙사 선생님들과 점점 갈등이 생겼다.

지성이는 밤새도록 열대어만을 바라보며 시간을 보낼 수도 있다. 친구들과 함께 있기보다는 홀로 떨어져서 책을 읽거나 열대어 관찰하는 것을 좋아했다. 규정에 따라 이 어항들을 집으로 보내야 한다고 하니, 지성이는 학교를 그만두겠다고 해서 부모님이 오시는 등 한바탕 소동이 났다. 지성이는 열대어를 집으로 돌려보내는 순간 자신도 학교를 떠나겠다고 선언하였다.

만약 에니어그램을 배우지 않았다면, 아마도 나는 지성이의 입장에서 공감하며 이해하기보다는 자기가 좋아하는 것만 하기 위해 떼쓰는 아이 정도로 생각하였을 것이다. 그리고 내 방식대로 원칙을 제시하며 강압적으로 지성이를 대했을 것이다. 하지만 관심 있는 주제에 깊이 탐구하는 것을 좋아하는 지성이의 성향을 알고 나니 이 물고기로 지성이의 전문성을 키워 줄 수 있을 것 같았다. 먼저 물고기 연구가가 될 수도 있을 만큼 뛰어난 지성이의 관찰력을 인정해주면서 공동체 안에서 져야 할 책임의 한계도 객관적으로 이야기했다. 그래서 다섯 개 이하의 어항만 남겨두는 것을 제안했고, 기숙사 선생님들에게는 열대어에 대한 지성이의 학문적 탐구 태도를 이야기하여 양해를 구했다.

결국 공식적으로 지성이 방에 어항 두는 것을 허용하되, 어항은 옷장 안과 침대 밑 서랍 안에 넣어두도록 했다. 지성이는 어항 둔 곳의 문을 자주 열어 환기하고 밥을 주며, 각각의 물고기와 마음 편히 대화했다. 이후 관찰을 토대로 책 쓰기 수업에서 '수중의 베타 물고기'라는 제목의 책을 출간하였다. 그리고 물고기를 비롯한 동물 심리를 공부하기 위해서 먼저 일반 심리를 공부하고자 심리학과로 진학하였다. 탁월한 관찰력과 지적 호기심, 탐구심의 결과이다. 1유형 교사인 나는 지성이처럼 탐구적 성향의 아이를 인정하고 칭찬하여 성장시키는 것에 자부심을 느낀다.

1유형 선생님이 본 5성향 학생의 좋은 점

- 호기심이 많고 배우는 것을 좋아한다.
- 객관적이고 분석적이며 핵심을 잘 파악한다.
- 신뢰 관계가 형성되면 교사에게도 현명한 조언을 한다.
- 사심이 없고, 상황을 있는 그대로 본다.
- 자신의 관심 분야에서 최선을 다한다.

1유형 선생님이 본 5성향 학생의 힘든 점

- 행동으로 해야 할 때 움직이기보다는 생각 속에 있다.
- 참석해야 하는 중요한 행사나 모임이라도, 관심이 없으면 참여하지 않는다.
- 객관적으로 합리적으로 말하지만, 말투가 무례하게 들린다.
- 관심을 주면 부담스러워하고, 특별한 상황이 아니어도 자주 위축된다.
- 문제가 생기면 함께 풀려고 하지 않고, 혼자만의 공간에서 생각에 빠진다.

1유형 선생님이 5성향 학생을 위해서 할 일

- 간결하고 명확한 말로 대화하기
- 깊은 사고능력과 통찰력이 있음을 인정하고 칭찬하기
- 학생의 지혜로운 코칭과 조언을 가치 있게 인정하기
- 고집을 부릴 때, 객관적인 태도로 합리적인 대안 제시하기
- 혼자 있고 싶어 할 때, 혼자 있을 수 있는 시간과 공간을 확보해 주기

1유형 선생님과
6성향 학생 한결
....

한결이는 질문이 과하게 많아서 때로는 내 마음을 언짢게 한다. 세부적인 사항까지 알지 않으면 불안하고 두려움이 생겨서 그러는 것인데, 내가 여유가 없을 때는 이 질문에 대해 자세히 설명해 줄 수 없다. 그러면 한결이는 불안함을 짜증으로 표현한다. 이때 이런 한결이의 상황을 제대로 이해하지 못하면 반항하는 것으로 오해할 수 있다.

고3 학년말, 우리 반은 다 같이 영화를 보기로 하였다. 극장으로 달려가는 차 안에서 학교 밖으로, 반 친구끼리 영화관에 간다는 사실만으로도 모두 즐거워 재잘재잘 수다를 떨며 떠들썩했다. 그 흥분된 분위기 속에서 한결이가 질문을 던졌다.
"선생님 우리 뭐 봐요? 영화 제목이 무엇인가요?"
"음, 친구들 이야기 들으면서 같이 정해 보자."
"선생님, 이 영화 누구 돈으로 봐요? 선생님 돈으로 보면 선생님이 보자는 걸 보고요, 각자 개인 돈으로 보게 되면 제가 보고 싶은 것을 보려고요."
극장에 도착해서 매표소 앞에서까지 질문은 계속되었다. 논리적으로는 한결이의 말이 틀리지 않은데 나는 기분이 언짢았다. 이기적이고 무례하게 느껴졌다.

나는 잠시 자리를 벗어난 후, 심호흡을 하며 내가 불쾌한 것은 무엇인지, 한결이의 진심은 무엇인지 생각해 보았다.
'교사가 이렇게까지 시간을 내서 데리고 나와 선물로 영화를 보여주고 추억을 만들어준다는데, 그것만으로 감사할 일이지, 누가 돈을 내는가를 물어?'
이것이 내 마음속 불편함의 원인이었다. 그런데 한결이는 단순히 누가 돈을 내고 무엇을 보는지 궁금했을 뿐이고, 내 설명이 부족해서 생긴 불안함과 두려움을 표현한 것이었다.
생각과 마음이 정리된 후 한결이에게 다시 이 상황을 자세히 설명했다. 그리고 혼자 다른 영화를 보고 싶으면 봐도 된다고 선택권을 주었다. 그러자 한결이도 자기의 태도가 무례해서 죄송하다며 선생님의 생각을 충분히 이해했다고 사과했다. 함께 영화를 보고 나서 귀가하는 차 안에선 그 영화를 보기 너무 잘했다고, 보지 않았으면 어쩔 뻔했냐고 신나게 이야기하는 목소리가 들렸다. 영화 보기 전의 툴툴거렸던 모습은 하나도 없고 명랑하게 재잘거리며 분위기를 떠들썩하게 하는 한결이의 모습이 이제 나는 낯설지 않다. 이전에는 극과 극으로 다른 한결이의 모습을 변덕스럽다고 생각하고 직설적으로 나의 방식을 제시했겠지만, 이제는 어느 정도 그 모습을 수용하여 여유를 갖고 한결이를 대하고 있다.

1유형 선생님이 본 6성향 학생의 좋은 점

● 숙제나 공부에 대한 책임감이 강하고 학급의 규칙을 잘 지킨다.

● 교사의 지도에 잘 따라오고, 주어진 일을 열심히 한다.

● 근면하고 성실하며 믿음직하다.

● 궁금한 것을 체계적으로 설명하면 이해하고 수긍한다.

● 어떤 상황에서든 필요한 것을 미리 준비한다.

1유형 선생님이 본 6성향 학생의 힘든 점

◆ 걱정과 부정적인 생각이 많아지면 부정적인 말을 자주 한다.

◆ 학업이 어렵다고 느껴지면 아예 시도조차 하지 않으려고 한다.

◆ 설명이 부족하거나 교사에 대한 신뢰가 부족할 때는 불안함을 짜증으로 표현하며 반항하기도 한다.

◆ 지나치게 조심스러워하며 쉽게 결정을 내리지 못한다.

◆ 자신의 불안을 찾아서 해결하기보다는 다른 사람을 탓한다.

1유형 선생님이 6성향 학생을 위해서 할 일

✓ 명확한 안내를 통해 자세하게 세부 사항과 절차를 알려주기

✓ 생각을 멈추고 행동하는 용기를 갖도록 지지하고 격려하기

✓ 불안이 올라와 걱정하거나 두려워할 때, 두려움의 원인을 알 수 있도록 질문하기

✓ 걱정하는 마음을 거칠게 표현하더라도 여유를 갖고 대하기

✓ 불안해할 때 몸을 움직여 물건을 정리하거나 운동하며 환기할 수 있도록 안내하기

1유형 선생님과
7성향 학생 환희
....

"환희, 지금 뭐하지? 수업 중이잖아."

환희는 친구와 떠드는데 정신이 팔려서 내가 부르는 소리도 못 듣는다. 두세 번 연거푸 큰 소리로 이름을 부르고 나서야 힐끗 교탁 쪽을 쳐다보았다. 그리고 준비된 것처럼 빠르게 윙크와 손짓을 하며 멘트를 날린다.

"선생님, 제가 선생님 사랑하는 거 아시죠?"

"알긴 뭘 알아?"

교실은 웃음바다가 되었다.

환희는 수업 시간 내내 친구와 딴짓을 잘한다. 환희의 주변은 언제나 시끌벅적하고 웃음소리가 끊이지 않는다. 능청맞고 임기응변이 뛰어난 환희는 수업 분위기를 자주 바꾼다. 환희의 자기중심적인 행동은 수업 분위기를 흐리기도 하지만, 지루한 수업 중에 아이들이 지쳐 갈 즈음 한바탕 활력을 주기도 한다.

환희는 틈만 나면 재미있는 일을 꾸미고 그것을 위해서는 규칙이나 남의 시선 따위는 신경 쓰지 않는다. 재미있고 관심 있는 일에는 불꽃 튀길 정도로 열정적이지만 관심 없는 일에는 아예 신경을 꺼버린다. 그래서 흥미가 있는 과목은 90점 이상 거의 100점까지 받지만, 그렇지 않은 과목은 바닥이 되기도 한다. 그런데 그것이 환희에겐 중요하지 않다. 불쾌한 상황을 느낄 겨를도 없이 금세 다른 신나는 일을 찾는다. 진지하고 깐깐한 나지만 환희에게는 종종 무장해제가 된다. 환희의 그 유쾌함과 즐거움에 나도 살짝 긴장을 풀고 동조하며 융통성을 보인다.

그런 환희도 고3을 맞이하게 되었고 진학에 대해 생각할 수밖에 없었다. 환희와의 진학 상담은 늘 자유와 모험을 꿈꾸는 핑크빛 이야기로 끝이 나곤 했다. 환희가 꿈꾸는 핑크빛 세계를 현실로 인식하게 하는 터닝포인트가 중요했다. 대화 중에 자주 곁길로 빠지는 환희의 말에 마냥 끌려가지 않으면서, 환희에게 자기만의 학습 동기를 갖도록 체계적으로 안내했다. 환희가 관심을 보이는 핵심어를 모았다. 모험, 즐거움, 여행, 세계, 자유, 사업, 유학. 환희는 그 모든 것을 담을 수 있는 국제경영 분야에 꽂혔다. 세계를 무대로 사람들을 만나고 원하는 일을 할 수 있겠다는 막연한 즐거움 때문이라니 환희답다. 목표로 정한 대학에 합격할 경우, 유럽 여행을 보내 주는 것을 부모님께 조건으로 달았다. 타고난 협상의 왕이다. 환희는 그 길로 안 하던 영어 공부에 집중했다. 토플 점수가 필요했기 때문이다. 1년 후, 환희는 당당히 목표로 한 대학에 합격했다. 즐거움이 중요한 환희지만, 즐거움이 동기가 된다면 공부도 충분히 가능함을 보여주었다.

1유형 선생님이 본 7성향 학생의 좋은 점

● 기발한 아이디어와 재치가 있어 학교생활을 재미있게 한다.

● 실패해도 좌절하지 않고, 융통성이 있으며 자발적이다.

● 친구들과 잘 놀며 학급 행사를 즐겁게 이끈다.

● 새로운 경험을 즐기며 시도하기 좋아한다.

● 호기심과 재미를 잘 연결하면 깊은 지식의 습득도 가능하다.

1유형 선생님이 본 7성향 학생의 힘든 점

◆ 규칙을 가볍게 여기고 무한한 자유를 요구한다.

◆ 재미있는 일을 먼저 하다 보니, 해야 할 일을 소홀히 한다.

◆ 지나치게 낙관적이어서 실패나 실수를 극복하는 방법에 관심이 없다.

◆ 재미가 없으면 집중하는 시간이 짧고 교사의 말을 충분히 듣지 않는다.

◆ 상황을 자신에게 유리하게 해석하고 주장하며 협상과 합리화를 잘한다.

1유형 선생님이 7성향 학생을 위해서 할 일

✓ 긍정적인 성격과 자발성, 새로운 것에 대한 열정을 높이 평가하기

✓ 흥미로운 대화를 나누며 지금 해야 할 일이 무엇인지 질문하기

✓ 엄한 훈계가 필요한 경우는 일대일로 이야기하기

✓ 학생의 말에 끌려가지 않고, 핵심만 짧게 대화하기

✓ 슬픔과 고통 등의 정서를 경험하는 것도 중요함을 조언하기

1유형 선생님과
8성향 학생 진욱

고3 여학생 진욱이는 화난 사람처럼 표정이 자주 굳어 있다. 진욱이는 학급의 부반장으로는 성에 차지 않는다. 본인이 최고 위치에 있어야 하고 자기의 주장대로 되어야 직성이 풀린다. 반장이 없을 때, 반장 대신 학급의 이런저런 일을 맡아서 처리하는 것에 대해 불편한 마음이 있다. "내가 반장도 아닌데, 왜 일을 해야 하는 거야." 퉁퉁거리고 거침없이 싫은 내색을 표현한다.

"진욱아, 선생님 좀 도와주겠니?"

"싫은데요."

"싫다고? 그래도 네가 좀 해."

"왜요?"

"너니까."

진욱이에게는 감정을 담지 않고 평정심을 유지하며 대응하는 것이 중요하다. 나는 이런 대화를 한 학기 내내 주고받았다. 그럴 때마다 진욱이는 자기를 인정하는 "너니까." 이 한마디에 의리를 보여주느라 맡겨진 일을 하기는 했다.

"선생님, 왜 제가 싫다는 데도 계속 저에게 이런저런 일을 부탁하시는 거죠? 제가 싫다고 하면 다른 선생님들은 안 시키셨다고요."

"난 네가 그런 것을 다 해낼 만한 큰 힘을 갖고 있다고 생각했으니까."

"제가요?"

"그럼, 너만큼 큰 그릇도 없지. 그 큰 그릇을 빈 그릇으로 두어야 할까? 혹시 진욱이는 너의 여리고 약한 속마음을 보여주고 싶지 않아서 친구들에게 센 척하는 거 아냐?"

속마음을 들킨 진욱이의 눈빛이 흔들렸다.

"진욱아! 괜찮아. 친구들에게 센 척하는 것도 괜찮아. 그런데 내면의 연약함을 있는 그대로 인정하는 것도 필요해."

나와 마음이 통한 진욱이는 완전히 내 편이 되었다. 자질구레한 일들이 생겨서 "이걸 누구에게 맡길까?" 하면 즉시 진욱이가 대답하였다. 학급에서 의견을 모아야 할 때, 친구들 사이의 불편한 일을 해결해야 할 때 진욱이는 거침없이 선생님이 없어도 상황을 정리했다. 의리의 여왕으로서 학급에서 필요할 때마다 솔선수범했다. 내게 진욱이는 동역자가 되었고, 진욱이는 자신의 존재를 최고로 인정해주는 나를 최고의 선생님이라고 했다. 진욱이는 자신의 많은 에너지를 무엇을 위해서, 누구를 위해서 어떻게 사용할 것인가에 대해 생각하고 행동하게 되면서 자부심을 느꼈다. 배워서 남 주기 위해 공부하겠다는 목표 의식이 자연스럽게 생겼다. 지금은 그 목표대로 대학에 진학하여, 사람들을 보호하고 돌보는 일을 비전으로 열심히 공부하고 있다.

1유형 선생님이 본 8성향 학생의 좋은 점

● 학급에서 학생들을 이끌어가는 것에 도움을 준다.

● 의리가 있어서 친구들을 잘 보호하고 돌보아준다.

● 자신의 생각을 솔직하고 분명하게 말한다.

● 화끈하게 행동하고 대범하다.

● 힘든 상황에서도 당당하고 열정적인 태도를 보인다.

1유형 선생님이 본 8성향 학생의 힘든 점

◆ 폭발적으로 화를 내고, 타협할 줄 모른다.

◆ 학교 규율과 상관없이 자신의 마음 가는 대로 행동할 때가 많다.

◆ 좋고 싫음이 분명하며, 교사의 방식을 존중하지 않는다.

◆ 과도하게 행동하고 거침이 없으며 무례하다.

◆ 친구들에게 잘못하거나 상처를 주고도 가책을 느끼지 않는다.

1유형 선생님이 8성향 학생을 위해서 할 일

✓ 솔직함과 의리 있는 행동을 자주 칭찬하여 좋은 관계 유지하기

✓ 건전한 목표 의식을 갖도록 지도하기

✓ 넘치는 힘과 에너지를 무엇을 위해 사용해야 하는지 알아차리도록 질문하기

✓ 내면의 연약함을 편하게 나눌 수 있도록 같은 편 되어 주기

✓ 몇 가지 규칙만큼은 확실하게 지켜야 한다고 단호하게 지도하기

1유형 선생님과
9성향 학생 우주
....

몸도, 마음도, 생각도 전반적으로 게을러 보이는 우주이다. 지각도 많이 하고 숙제도 잊어버리거나 늦게 내고 편안한 상태로 핸드폰만 보고 있어서 미디어 중독으로 보이기도 한다.

교사들 사이에서 우주는 1, 2학년 때 이미 그런 이미지로 굳어져 있었다. 고3이 되어서도 자기 할 일을 하지 않고, 자신의 상태나 욕구에 대해서 전혀 알아차리지 못하여 표현할 줄도 몰랐다. 어떤 상황에도 괜찮다고만 하면서 결정을 미루고 느긋했다.

이 아이 마음의 두꺼운 벽을 나는 허물어주고 싶었다. 우주는 자신의 진로나 진학에 대해 전혀 관심이 없는 것처럼 보였다. 나는 다른 학생들과 비교했을 때 몇 배나 더 높은 강도로 우주의 사고를 일깨우고, 가슴을 두드리며 씨름했다. 그래야 겨우 그 자극이 전해질까 말까였다. 최선을 다해, 다양한 방식으로 우주를 이끌어 가면서 나는 오히려 에너지가 생기는 것을 느꼈다.

우주가 지각하지 않도록 보상과 벌을 같이 제시했다. 일주일간 지각을 안 하면 짜장면을 사주기도 하고, 지각을 하면 학교 안 호수 주변을 함께 뛰거나 학교 농장 감자밭 풀을 뽑기도 했다. 진학에 대해서는 달래고 달래서, 또 채근하고 채근해서 원서를 쓰게 했고 다행히 대학에 가게 되었다.

"너는 대기만성이야. 선생님은 너를 끝까지 지켜볼 거야."

반복적인 나의 지지에 우주는 "선생님이 하라고 하면 할 거예요." 하며 큰 신뢰를 표현하였다.

졸업 후, 첫 스승의 날에 감사의 카톡이 왔다. 자정이 넘은 시간에.

"선생님, 진짜 선생님 같은 분이 없어요. 오늘 스승의 날 노래 불렀는데 '스승의 은혜는 어버이시라' 할 때 선생님이 떠오르더라고요. 정말 감사합니다. 열심히 쓰다 보니 12시가 넘어버렸어요. 아직도 지각이네요. ㅋㅋ 이렇게 늦게라도 인사한 게 중요한 거죠? 만수무강하세요. 너무 부족하지만, 커피 쿠폰 보내드리니 선생님 좋아하는 커피 드시는 데 보탬이라도 되면 좋겠습니다."

감사 인사마저 여전히 지각했지만, 자신의 감정과 생각을 이렇게 표현할 줄 아는 것이 신기하고 감사했다. 무엇보다 그 후 2학기에 대학에서 성적장학금을 받았다는 소식이 들려왔다. 우주는 천천히 봐주고 끝까지 기다려주면 마침내 자신의 빛을 드러내는, 늦게 피우는 꽃이다.

1유형 선생님이 본 9성향 학생의 좋은 점

- 어느 상황에서든 편안하고 다양한 시각을 갖는다.
- 이해심이 많고, 있는 그대로 수용한다.
- 좋은 습관이 형성되면 그 누구보다 꾸준히 잘한다.
- 느긋하게 반응하여 선생님의 긴장감을 풀어준다.
- 친구들 사이에서 중재의 역할을 잘 해낸다.

1유형 선생님이 본 9성향 학생의 힘든 점

- 무엇을 원하는지 모르거나 자신의 의견을 잘 드러내지 않는다.
- 타성에 젖어 열심히 해야 할 상황에서도 천하태평일 때가 있다.
- 할 일을 미루고, 재촉하거나 잔소리를 할수록 황소고집을 부린다.
- 문제를 해결하려고 하지 않고 저절로 사라지기를 바란다.
- 눈에 띄지 않으려 하고, 딴짓하며 시간을 낭비한다.

1유형 선생님이 9성향 학생을 위해서 할 일

✓ 누구든 이해할 수 있는 넓은 성품을 지닌 것을 인정하고 칭찬하기
✓ 멍한 상태에서 무슨 생각을 하고 있는지 질문하여 빠져나오게 하기
✓ 숨겨진 분노를 인식하여 건강하게 표현할 수 있도록 돕기
✓ 무언가를 결정할 때 충분한 시간과 구체적인 선택지를 주기
✓ 작은 목표, 분명한 목표를 가질 수 있도록 안내하기
✓ 몸을 움직여 경험할 수 있도록 다양한 기회 주기

1유형 선생님과
1성향 학생 준수
....

준수는 차분하고 깔끔하며 예의 바른 행동을 하고, 자기가 맡은 일에 최선을 다하며 완벽을 추구한다. 교사의 손이 필요치 않을 정도로 자기 관리를 잘한다. 교실 책상, 사물함 정리는 학급에서 가장 뛰어나다. 과제의 완성도가 높고 열심히 공부하는데, 시험에서 실수하거나 좋은 성적을 내지 못하면 스스로 용납할 수 없어서 신경질적으로 변한다. 그래서 자신이 생각하는 완벽의 기준에 도달하지 못하면 스트레스를 받고 복통이나 두통을 호소한다. 가끔 자기의 생각이 옳다고 여기는 일에 대해서는 끝까지 고수하기 때문에 주변을 지나치게 힘들게 한다.

고3 생활을 어느 정도 마무리하면서 준수는 한 가지 걱정거리에 극도로 예민해졌다. 원하는 해외 대학 진학을 앞둔 상황에서 부모님이 걱정되어 전전긍긍했다. 자신이 떠나고 없을 때, '평소 아들만 바라보고 사신 두 분이 어떻게 살아가실까? 서로 대화도 없이 지내시는 것은 아닐까?' 염려를 하다 보니 진학 목표를 이루고도 유학 갈 수 없을 것 같다고 한다. 진수는 자신의 진로뿐만 아니라 환경도 완벽해야 했다.

아마도 에니어그램을 배우지 않았다면 나는 이런 준수의 태도에 공감하기보다 직설적인 말로 먼저 나만의 정답을 주려고 하였을 것이다. 지금은 같은 성향의 준수가 더 잘 이해가 되어서 짠한 마음이 든다. 동병상련의 마음이다.

이런 상황에서 누가 누구를 걱정하느냐, 이런 말은 준수에게 아무런 도움이 되지 않는다. 오히려 준수를 더 화나게 한다. 그런 세밀한 것까지 생각하는 것을 진심으로 인정하고 격려하며 도닥여 주었다.

"부모님에게는 부모님의 길이 있고, 준수에게는 준수의 길이 있어. 네가 걱정한다고 해서 부모님의 삶은 달라지지 않아. 걱정하다가 유학을 가지 않고 부모님 곁에 남게 되면 그것이 오히려 부모님을 더 힘들게 하지 않겠니?"

나는 준수와 이성적으로 차분히 이야기를 나누었다. 그 후 준수는 안정이 되었고, 예정대로 자신이 선택한 유학길에 올랐다. 준수가 유학 중에 많은 어려움을 잘 헤쳐나가면서 좀 더 자신에게 관대하고 너그러워지기를 기대해 본다.

1유형 선생님이 본 1성향 학생의 좋은 점

● 높은 이상을 추구하고, 옳음과 공정함의 가치를 중요히 여긴다.

● 예의를 중시하며 남에게 피해를 끼치지 않는다.

● 최선을 다해 노력하고 책임감 있는 태도로 모범을 보인다.

● 꼼꼼하여 교사가 한 번 이야기한 것을 잊지 않고 그대로 맞춰 행동한다.

● 내적 동기가 확실하고 한 번 하겠다고 한 것은 반드시 하며 일의 완성도가 높다.

1유형 선생님이 본 1성향 학생의 힘든 점

◆ 자신이 옳다고 생각하는 일에는 양보하지 않아 긴장감을 조성한다.

◆ 엄격한 잣대로 자신을 힘들게 하고, 걱정과 염려가 많다.

◆ 지나치게 세세하게 요구해서 학급 분위기를 힘들게 할 수 있다.

◆ 교사도 학생도 너무 바빠서 여유 있게 상담할 수 없다.

◆ 작은 비판도 수용하기 힘들어 한다.

1유형 선생님이 1성향 학생을 위해서 할 일

✓ 무엇이든 최선을 다하는 모습을 인정하고 칭찬하기

✓ 실수해도 괜찮아, 다독이며 너그러움과 관대함으로 자존감을 세워주기

✓ 완벽한 상태가 아니어도, 있는 그대로를 받아들이도록 돕기

✓ 지적하기보다 스스로 알아차리도록 질문하기

✓ 유머를 활용하여 학생을 대하기

✓ 긴장을 이완하도록 예술적인 활동 권유하기

2유형 선생님과
2성향 학생 미소
....

복도에서 만나면 항상 웃으며 반갑게 인사하는 미소. 아침에 조회하면서 봤는데도 뭐가 저리 반가울까 싶을 정도로 살갑게 나를 부르며 또 인사를 한다. 고3이면 세상 고뇌 다 짊어진 듯 시들시들할 법도 하건만 어쩜 저렇게 애교 넘치고 해맑을까? 사람을 좋아하고 친근하게 다가와서 예뻐하지 않을 수 없는 아이라는 생각이 든다.

학생들에게 각 수업에 대한 평가와 장단점을 써보게 한 적이 있었는데, 미소가 쓴 평가지를 보고 깜짝 놀랐다. 다른 아이들은 수업 형태나 강의의 어려운 정도, 진도 빠르기, 과제 제출 등으로 수업에 관한 좋고 나쁨을 평가했는데, 미소는 모든 과목에 "선생님과 친해서 좋다." "선생님이 친절하셔서 좋다." 등으로 선생님과 관련된 이야기만 썼다. 언제나 사람에 대한 관심이 많아서 선생님들을 잘 따르고 친구들에게 친절한 아이이다.

집에서 첫째인 미소는 맞벌이하시는 부모님 대신 어린 동생을 도맡아 돌보며 자랐다는 이야기를 글쓰기 시간에 쓴 적이 있다. 2성향이기에 어려서부터 부모님께 도움이 되고 싶어 무슨 일이든 열심히 하느라 힘들었을 텐데 지금껏 표현하지 못했을 미소를 생각하니 나의 어린 시절이 떠올랐다. 미소의 속마음을 들을 시간을 꼭 가져야겠다는 생각이 더욱 들어서 아이를 상담실로 불렀다.

"미소야, 네 꿈이 간호사라고 했지? 선생님이 보기에도 네가 간호사를 하면 정말 잘할 것 같아. 그런데, 혹시 부모님이 원하시기 때문에 하려는 거니?"
"아니에요. 부모님도 권하시고 저도 하고 싶어서요."
"왜냐하면 선생님은 어렸을 때 부모님이나 다른 사람들이 원하는 것을 그냥 할 때가 많았거든. 친구 따라서 친구가 좋아하는 동아리에 든다거나."
"어, 저도 그럴 때 많아요."
"있지, 우리 같은 사람들은 자신에게 집중을 잘하지 못해. 어느새 주의가 다른 사람한테 가. 그래서 자기가 원하는 게 뭔지를 잘 생각하지도 않아. 네 글 보니까 선생님 어렸을 때가 생각났어."
"사실, 엄마한테 힘들다는 얘기를 잘하지 못해요."
"거봐, 근데 그런 감정 꾹꾹 눌러 놓으면 언젠가 폭발한다."
"저는 잘 참아요, 선생님."
"참는 게 좋은 게 아니야. 기회를 잘 봐서 엄마한테 힘든 얘기도 하고 그래. 너 원하는 거 있으면 당당히 얘기도 하고."
"편지 같은 거 쓸까요?"

"그것도 좋겠다. 또, 너 일기 쓴다고 했으니까 일기에 네가 하고 싶은 게 뭔지 그냥 마음 가는 대로 실컷 적어보는 것도 좋아."

"선생님이랑 얘기하니까 되게 좋아요. 그렇게 해 보겠습니다!"

아까 엄마 얘기할 때는 살짝 눈물이 글썽이더니 어느새 생긋 웃으며 인사하고 상담실 문을 나서는 미소의 뒷모습을 애정을 가지고 바라본다.

2유형 선생님이 본 2성향 학생의 좋은 점

- 긍정적인 반응과 지지로 교사에게 힘을 주고 학급 분위기를 밝게 한다.
- 교사와 친구들의 관계를 소중하게 여기고 함께하는 시간을 좋아한다.
- 친구들을 세심하게 잘 챙기고 학급행사 등에 적극적으로 도움을 준다.
- 도울 것을 자청하고, 묻지 않아도 학급의 이야기를 잘 전달해준다.

2유형 선생님이 본 2성향 학생의 힘든 점

- 자신이 해야 할 일을 챙기지 못하거나 자신이 무엇을 원하는지 모른다.
- 거절하지 못해서 일을 떠안거나 과하게 일하고 힘들어한다.
- 교사가 공정한 원칙으로 대해도 자신이 미움을 받는다고 생각하거나 공평한 처사가 아니라고 생각할 때가 있다.
- 솔직하게 이야기를 하지 못하고 쉽게 상처를 받는다.

2유형 선생님이 2성향 학생을 위해서 할 일

- ✓ 학생이 한 수고와 도움에 적극적으로 고마움을 표현하기
- ✓ 학급행사나 친구들의 일을 돕는 것도 좋지만 먼저 자신의 학업과 할 일을 챙기면서 자신을 돌보는 것이 중요함을 알려주기
- ✓ 자신의 시간과 에너지에 한계가 있음을 인식하게 하고, 할 수 없는 일은 거절하도록 경계를 세우고 있는지 질문하기
- ✓ 어려운 과목은 친구와 함께 공부할 수 있도록 기회를 만들어 주기

2유형 선생님과
3성향 학생 빛나
·······

우리 반 반장인 빛나는 언제 봐도 밝고 자기 일을 잘 한다. 따로 얘기하지 않아도, "선생님, 제가 이거 정리할까요?"하거나 가정통신문을 걷어오는 등 먼저 알아서 선생님을 돕는다. 어떤 일이라도 빛나를 시키면 정확하고 신속하게 해내기 때문에 믿고 맡기게 된다. 누구보다도 효율적으로 학급 일을 처리하고, 작은 일들은 친구들에게 적절하게 시킬 줄 안다. 친구들은 빛나의 리더십을 인정하며 제안을 잘 따른다. 학급 회의를 주관하거나 친구들 앞에서 발표할 때 뛰어난 언변, 풍부한 자료 제시, 카리스마 있는 목소리로 좌중을 사로잡는 힘이 있다. 과제물도 시간과 정성을 다한 것이어서 좋은 평가를 받을 수밖에 없다.

그런 빛나가 영어 시간에 새로 모둠이 편성된 후 교무실에 따로 와서 모둠을 바꿔 달라고 했다. 그 모둠의 한 아이가 참여를 잘 하지 않고 수업 시간에 많이 졸아서 싫다는 것이다. 영어를 잘하는 환희로 바꿔달라고 한다. 반장이 그러면 안 된다고 아이를 달래서 보냈지만, 마음이 안 좋다.

빛나가 이기적인 모습을 보이는 것이 좀 실망스러웠지만 왜 친구가 조는 것까지 싫다고 하는지 생각해 보았다. 목표 달성과 효율성을 중시하는 3성향인 빛나는 모둠에서 성과를 내야 하는데, 무기력한 친구가 도움이 되지 않는다고 생각했을 것이다. 똑똑한 친구와 신나게 공부도 하고 선생님들께 칭찬도 받고 싶은 아이의 마음이 이해가 되자 내 마음도 조금 편해져 다음 날 빛나와 다시 이야기했다.

"빛나야, 너 혼자서는 충분히 만점을 받는데 그 친구 때문에 모둠 도장을 받지 못할까 봐 걱정이니? 선생님은 빛나 네가 이미 잘하고 있다는 걸 알아."

"맞아요. 그 애는 왜 그렇게 느려터지고 무기력한지 그게 싫어요."

"모두가 너처럼 속도가 빠른 게 아니야. 꼭 모둠 도장 1등을 해야 만점인 것도 아니고. 1등만 하려다가 네가 중요한 걸 놓치지 않았으면 좋겠어. 성적으로만 친구를 판단하지 않고, 친구의 있는 그대로의 모습을 봐주는 건 어떨까?"

"영어 시간에 도장도 못 받고 칭찬도 못 받으면 재미가 없을 것 같아요."

"모든 것을 경쟁으로만 생각하면 힘들지 않니? 너 지금도 맡은 역할이 많은데 계속 뭔가 더 하고 싶어 하잖아. 물론, 선생님은 너를 많이 믿고 의지해. 반을 위해 애써 주고 많은 일을 해서 정말 고맙지. 넌 네 이름처럼 빛나는 리더라고 생각해. 그런데 리더는 속도가 느리거나 약한 사람도 품을 수 있어야지. 선생님은 너뿐만 아니라 그 친구도 좋아하고 잘 되길 바라거든."

"네, 선생님. 가끔 저도 왜 이렇게 1등에 집착하나 싶을 때가 있어요. 그 친구랑은 잘 지내도록 노력하겠습니다."

"역시! 그래야 우리 빛나지."

2유형 선생님이 본 3성향 학생의 좋은 점

- 밝고 긍정적인 에너지를 가지고 모든 일에 열심히 참여한다.
- 수업 시간에 반응을 잘하며 발표 능력이 뛰어나고 수업 분위기를 주도한다.
- 리더십이 있고 일을 효율적으로 한다.
- 인정받고 칭찬받을 수 있는 모든 일에 적극적이다.

2유형 선생님이 본 3성향 학생의 힘든 점

- 경쟁심이 커서 승부에 집착한다.
- 속도가 느리거나 이해력이 부족한 친구, 잘 어울리지 못하는 친구들을 무시하는 경향이 있다.
- 하고 싶은 것도, 할 줄 아는 것도 많아서 바쁘다.
- 힘든 상황에서도 자신의 감정을 보지 못하고 괜찮다고 한다.

2유형 선생님이 3성향 학생을 위해서 할 일

- ✓ 잘 해낸 일에 대해서 인정하고 칭찬하기
- ✓ 일하는 과정 중에 배우는 것이 있음을 알려주기
- ✓ 돋보이지 않는 학급 일에 대해 협조하도록 제안하기
- ✓ 뒤처지는 친구들을 수용하도록 격려하기
- ✓ 자신의 감정을 알아차리도록 질문하기

2유형 선생님과
4성향 학생 보라
....

보라는 언제 봐도 패션 감각이 뛰어나다. 남들과 똑같은 교복과 체육복을 입어도 보라는 뭔가 다르다. 흔하지 않은 색깔의 머리끈, 목에 두른 작은 스카프 하나로도 보라만의 독특함이 드러난다. 글을 참 잘 쓰는 아이라서 언젠가 보라의 시를 보고 칭찬했는데, 막상 본인은 다른 친구들도 이 정도는 쓴다며 좋아하지도 않는다. 굉장한 감수성을 가지고 있는데 본인은 그것을 장점이라고 생각하지 않는 듯하다.

보라는 쉽게 오락가락하는 자신의 감정 때문에 너무 힘들다고 한다. 작은 일에도 쉽게 상처받고 우울해지는 자신이 싫다고 했다. 아무도 자기가 힘든 걸 이해할 수 없다고 말한다. 어떨 때는 학급 아이들이 다 신나서 참여하는 일에도 보라는 불참한다. 딱히 무슨 이유가 있는 것은 아니다. 기분이 안 좋아 보이면 일부러 놔두었다. 2유형인 나는 힘든 학생이 회복할 때까지 많은 관심을 가지고 챙겨주는 스타일이지만, 보라는 힘들어 보일 때 조언하거나 억지로 말을 시키면 역효과가 난다는 것을 배웠다. 차라리 기다려주면 오히려 힘을 내고 다시 멋진 보라로 돌아온다.

잘 지내는 줄로만 알았는데 어느 날부터 보라가 자주 학교를 빠지기 시작했다. 이런저런 핑계를 대고 학교에 오지 않으려고 했다. 보라 어머니는 보라가 의욕이 너무 없을 때가 있어서 상담을 받게 한 적도 있다고 하셨다. 상담을 꾸준히 하면 좋을 텐데 어느 날은 가기 싫다며 중간에 승용차 문을 열고 내려버리기까지 했다는 것이다.

보라의 결석이 계속되던 날, 어머니와 통화 끝에 나는 보라네 집에 가기로 했다. 미리 말하면 싫어할 것 같아서, 집 앞에 우연히 와서 갑자기 방문한 것처럼 하기로 어머니와 말을 맞췄다. 백화점 지하에서 예쁜 케이크를 하나 사들고 가서 이야기를 나눴다. 쑥스러운 듯 웃는 보라, 다행히 싫어하지는 않았다. 학교에 매일 매일 나오는 것이 힘들었겠다며 공감의 말로 자연스럽게 이야기를 시작했다. 보라는 자기 감정에 따라 어떤 날은 괜찮지만 어떤 날은 마음이 움직이지 않아 학교에 오기 싫었을 것이다.

나는 담백하게, "학교 안 나올 때는 뭐하며 시간을 보내니? 요즘 마음은 어때?" 물어보니, 보라도 차분히 자신이 무엇을 하는지 말했다. 뜻밖의 방문에도 불구하고 방은 깔끔했으며 귀여운 봉제 인형들이 꽤 많았다. 고등학생인데 아직도 저런 걸 좋아하는구나, 키 큰 이 소녀 속에 아직 어린아이가 있구나 싶어 찡한 느낌이 들었다.

나의 방문이 보라에게 힘을 준 덕분인지, 보라는 다음 날 바로 학교에 나왔고 무사히 2학년을 마쳤다. 지금도 스승의 날이나 내 생일에 연락하는 보라는, 어엿한 대학생이 되어 학교생활을 잘하고 있다. 가만히 기다려주고 아이의 마음을 읽어주려 한 나의 진심이 통했던 것 같아 감사하다.

2유형 선생님이 본 4성향 학생의 좋은 점

● 창의력이 있고 표현력이 우수하다.

● 마음이 섬세해서 친구의 아픔을 진심으로 공감할 줄 안다.

● 교사의 감정도 읽어주며 때때로 위로해 준다.

● 감수성이 풍부하고 미적 감각이 뛰어나다.

2유형 선생님이 본 4성향 학생의 힘든 점

◆ 자신의 감정을 다른 사람이 잘 알아주지 못한다고 여기며 좌절한다.

◆ 자기만의 이유로, 상황에 맞지 않아도 주장을 굽히지 않을 때가 있다.

◆ 우울하고 힘든 감정을 계속 표현한다.

◆ 매일 규칙적으로 해야 하는 일과를 힘들어하거나 시간을 잘 지키지 못한다.

2유형 선생님이 4성향 학생을 위해서 할 일

✓ 어떤 일로 속상함을 토로할 때 충분히 시간을 가지고 감정을 공감해 주기

✓ 아이의 특별한 재능을 인정해주고 이런 네가 있어서 참 좋다고 말해 주기

✓ 해야 할 일보다 하고 싶은 것을 먼저 했을 때도 무조건 혼내거나 규칙을 앞세우기
  보다는 어떤 이유로 그랬는지 들어주기

✓ 일상에서 특별한 순간을 찾을 수 있도록 질문하기

2유형 선생님과
5성향 학생 지성
....

지성이는 표정만 보면 어떤 생각을 하고 있는지 도대체 읽을 수가 없다. 말도 별로 없으며 질문을 하면 몇 초간 뜸을 들이고 대답을 한다. 그런데 대답을 듣다 보면, '아 지성이가 생각하느라 말을 느리게 하는 거구나' 싶다.

교복 바지가 헐렁헐렁할 정도로 말랐고 언제나 책을 읽고 있다. 도서관에도 자주 가고 책에 파묻혀 산다고 할 만큼 손에서 책을 놓지 않는다. 지성이 어머니는 지성이가 사람을 좋아하지 않고, 책 속으로 도망을 가는 것 같다고 하셨다. 나도 학창 시절 친구의 소중함을 모른 채 책만 읽으며 시간을 보내는 지성이가 걱정되었다. 하지만 그것은 2유형인 나의 관점일 뿐이다. 에니어그램을 배우지 않았다면 지성이에게 상담을 받도록 권유했을지도 모르겠다. 나는 어머니에게 지성이가 책 속에서 행복한 시간을 보내고 있다고 안심시켜 드렸다. 지성이는 다른 아이들처럼 축구 하려고 몰려다니는 것보다 혼자만의 시간을 보내는 것이 더 편하고 즐거워 도서관에 가는 것이라고 설명했다.

지성이의 관심 주제인 천문학이나 별자리에 관해 대화해 보면 그 깊은 지식에 감탄하게 된다. 또, 주변에 무심하다고 생각했는데 모든 것을 다 관찰하고 있었고 담임인 나에 대해서도 나름 잘 파악하고 있다는 것을 알게 되었다.

지성이 어머니는 남학생 있는 집이라고 여길 수 없을 만큼 식비가 적게 들며, 지성이가 공부에 집중하면 밥도 잘 안 먹는다고 했다. 반 아이들에게 아이스크림을 사주었을 때도 지성이는 먹지 않겠다고 했다. 한 번 더 권해도 싫단다. 모처럼 특별 간식을 준비한 건데 처음에는 섭섭했다. 그런데 지성이는 먹는 것에 크게 관심이 없다는 것을 알게 되었다. 간식 거부는 나를 거부하는 것이 아니라는 것을 알고 난 후에는 섭섭하지 않았다.

반끼리 축구 시합을 할 때는 축구를 하지 않는 지성이도 꼭 나가서 본다. 사진과 동영상을 찍고, 반별 점수와 모든 경기 상황을 꼼꼼히 기록한다. 그 기록이 누구를 위한 것인지는 알 수 없으나 그 치밀함은 정말 혀를 내두를 정도다.

고3을 앞두고 지성이 어머니께서 상담하러 오셨다. 과학도 학원에 가서 배웠으면 좋겠는데 아이가 새로운 학원에 가는 것을 싫어해 가지 않겠다고 버틴다며 속상해하셨다. 나는 새로운 환경, 낯선 선생님과 아이들을 만나야 하는 것이 5성향인 지성이에게 얼마나 부담이 되는지 짐작이 되었다. 그래서 인터넷 강의를 듣는 것이 지성에게 더 좋을 것이라고 말씀드렸다. 지성이는 결국 인터넷 강의로 과학을 공부했다. 지성이는 그렇게 내내 별자리를 들여다보더니, 다음 해 명문대에 당당히 붙어 학교를 빛냈다.

2유형 선생님이 본 5성향 학생의 좋은 점

● 생각이 깊고, 객관적이며 합리적인 해결책을 제시한다.

● 책을 많이 읽고, 특정 관심 분야에 대해서 박식하다.

● 자주적이고 독립적이다.

● 자신이 선호하는 분야의 활동에는 꾸준히 참여한다.

2유형 선생님이 본 5성향 학생의 힘든 점

◆ 무표정하고 감정을 잘 표현하지 않아 어떤 상태인지 알기가 어렵다.

◆ 친구 관계의 폭이 좁고 관심 없는 분야에는 소홀하다.

◆ 발표해야 할 때 어려워하거나 지레 포기한다.

◆ 상대방의 감정에 무관심하여 소통의 어려움이 있다.

2유형 선생님이 5성향 학생을 위해서 할 일

✓ 관심 분야에 대해 인정해주고, 깊이 있는 탐구에 대해 칭찬해주기

✓ 자리 배치나 모둠 편성 시 편안한 친구와 함께하도록 배려하기

✓ 학생의 관심 분야와 해야 하는 일을 연결해 주기

✓ 감정을 배제하고 논리로만 말할 때도 이해해주기

2유형 선생님과
6성향 학생 한결

한결이는 착하고 책임감도 강해서 어떤 일을 맡기면 성실하게 매일 잊지 않고 한다. 그런 한결이와 1학기 1차 지필고사 후 면담을 진행하다가 깜짝 놀랐다. 생각보다 걱정이 많고 불안해하는 학생이라는 것을 알았기 때문이다.

이제 막 1학년이 된 아이가 수능 시험을 잘 보지 못하거나 아예 망치면 어떻게 하냐고 진지한 얼굴로 묻는다. 실제로 그런 생각에 울어본 적도 있다고 했다. 앞으로 2년도 더 남은 일을 왜 미리 걱정하고 울기까지 하는지 이해가 되지 않았다. 한결이는 시험 불안증이 있는데, 특히 수학 시험지를 받으면 머리가 하얗게 되고 쉽게 풀 수 있는 문제도 풀지 못하게 된다고 했다. 눈물까지 그렁한 한결이를 보니 너무 안타까워서, 아이가 지금 느끼는 불안을 낮춰 주는 것이 내가 할 일이라는 생각이 들었다. 한결이의 두려움은, 모든 것을 긍정적으로만 바라보는 내 성향으로는 이해하기 어려운 것이다. 한결이에게는 괜찮다고 말해 주는 사람이 필요하다. 다만 무조건 잘 될 거라고 말해 주는 것은 도움이 되지 않는다.

일단 학습 플래너를 선물했다. 선생님이 확인해 줄 테니 매일 써보면 어떠냐고 했더니 해 보겠단다. 이렇게 매일 차근차근 공부하고 실력을 쌓아서 차츰 어려운 문제도 풀 수 있게 공부하자고 했다. 같이 매일의 계획과 월별 계획, 학기별 목표, 1학년 최종 목표 등을 정해보았다. 모의고사를 편한 마음으로 보면서 충분히 수능을 대비해 연습하자고 했다. 특히 수학은 매일 문제를 풀면서 점수 기록을 하고, 시간을 재며 문제 푸는 연습도 시켰다. 성실하게 문제를 많이 풀면 실전에서도 좋은 결과를 얻을 수 있다고 안심시켰다. 너무 먼 미래를 걱정하느라 에너지를 낭비하지 말고 지금 할 수 있는 것이 무엇인지 생각하는 습관을 들이도록 했다.

조종례 시간 전달 사항에 대해 한결이는 질문이 많다. '분명 내 이야기를 잘 들은 것 같은데 왜 자꾸 묻지?' 한결이의 질문으로 다른 학생들에게도 더 자세히 설명할 수 있는 점은 좋은데 처음에는 왜 이렇게 다시 묻는지 짜증이 날 때도 있었다. 남아서 재차 이것저것 묻는 한결이를 보며, 자기가 안심할 때까지 정확하게 묻고 또 묻는 것임을 깨닫게 되었다. 불안이 많은 6성향 아이라는 것을 다시 염두에 두면서 정확하고 확실하게 다시 잘 설명해 주었다. 그러자 한결이도 조금 편안해 보였다. 나를 더 신뢰하게 되자, 한결이는 특유의 성실함을 잘 발휘하여 내게 보석과 같은 학생이 되었다.

2유형 선생님이 본 6성향 학생의 좋은 점

● 책임감이 강하여 맡은 일을 끝까지 해낸다.

● 규칙을 잘 지키고 교사의 말을 잘 따른다.

● 생각하지 못한 부분에 대해 날카롭고 명확한 질문을 잘한다.

● 협력하여 일의 마무리까지 잘 해낸다.

2유형 선생님이 본 6성향 학생의 힘든 점

◆ 불안과 걱정이 많아서 미래의 일을 염려하고 힘들어한다.

◆ 어떤 일의 긍정적 결과보다 부정적 결과를 미리 생각한다.

◆ 이미 설명한 내용에 대해 반복적으로 여러 번 질문한다.

◆ 지나친 책임감으로 부담감을 많이 느끼고 자주 하소연한다.

2유형 선생님이 6성향 학생을 위해서 할 일

✓ 반복되는 질문에 화내지 않고 차분히 설명하기

✓ 일을 시작할 때 세부적인 절차를 알려주기

✓ 미래의 불안을 표현하더라도 공감해 주고, 현재에 집중하도록 질문하기

✓ 지금도 충분히 잘하고 있다고 격려하기

2유형 선생님과
7성향 학생 환희
·······

언제나 밝은 얼굴로 생글생글 웃으며 인사하는 환희. 선생님이 참 좋다고 말해 주면서 긍정의 에너지를 뿜어내는 환희가 좋다. 친화력이 좋아 다른 반에도 친구가 얼마나 많은지! 환희는 우리 반의 귀여운 마스코트이고, 학생회 일에 열정을 다하며 선생님들 앞에서 발표도 똑 부러지게 해내어 칭찬을 받는 기특한 학생이다.

그런데 환희는 잦은 지각으로 나를 힘들게 했다. 급히 나오느라 책을 안 가져오거나 물건을 여기저기 두고 다니기도 했다. 어쩌다 환희가 정말 일찍 등교할 때가 있는데 그날은 아침에 학생회 회의가 있는 날이다. 자기가 좋아하는 학생회 활동이라고 신경 써서 일찍 온 것이다. 그 모습이 대견하기도 하지만 한편 얄밉기도 했다.

환희는 엄마가 계시지 않지만, 주눅 들거나 눈치 보지 않고 밝게 생활하는 모습이 기특하다. 하지만 들쭉날쭉한 생활 습관, 흘리고 다니는 물건들을 보면 집에 가서 밥이나 제대로 먹는지, 웃고 다니지만 속은 허한 게 아닌지 걱정이 되어 아이들 몰래 환희를 엄마처럼 챙기고 싶기도 하다. 환희가 나를 믿고 의지했으면 하는 마음도 들지만, 담임으로서 적당한 거리를 두고 스스로 생활을 다잡도록 돕는 것이 최선이라는 것을 알기에 애써 내 마음을 누른다.

며칠 전엔 자기소개서를 접수해야 하는데 마감 시간이 되도록 글을 완성하지 못해 옆에서 지켜보는 나까지도 심장이 떨렸다. 종 칠 때 아슬아슬하게 들어오는 습관처럼, 5시 마감인 자소서를 4시 58분까지 붙잡고 있었다. 자신이 하는 일에 얼마나 시간이 걸릴지 가늠하지 못하는 것이 답답했다.

요즘 나의 임무는 수능 시험 날 환희가 제시간에 고사장에 들어가도록 지금부터 아침에 일찍 깨우는 특별 관리를 하는 것이다. 아무리 혼내도 몇 분 후면 배시시 웃고 마는 환희. 처음엔 속이 터졌지만 무섭게 혼내는 것은 효과가 없다. 당근을 주자! 특별 관리하는 동안 일주일에 지각을 두 번 이하로 줄이면 원하는 음식점에 친구와 함께 데려가 주겠다고 약속했다. 결국 작전이 성공하여 나는 환희와 친구 세 명을 이끌고 가서 국물 떡볶이와 순대, 튀김을 실컷 먹었고, 같이 셀카도 여러 장 찍으며 좋은 시간을 보냈다. 그 후, 환희는 수능 시험도 제시간에 가서 무사히 치를 수 있었다.

2유형 선생님이 본 7성향 학생의 좋은 점

- 명랑하고 밝은 얼굴로 잘 웃는다.
- 학급에 유쾌하고 긍정적인 에너지를 주며 활력소가 된다.
- 친화력이 좋아 친구를 쉽게 사귀고 분위기를 잘 띄운다.
- 순발력, 창의력이 뛰어나고 좋은 아이디어를 많이 낸다.

2유형 선생님이 본 7성향 학생의 힘든 점

- 시작한 일을 끝까지 마무리하기 어려워한다.
- 시간을 잘 지키지 못하고, 규칙에 대한 관념이 희박하다.
- 장난치는 것을 좋아해 수업에 방해가 되는 행동을 할 때가 많다.
- 한 자리에 가만히 있지 못하고 산만하며 정리를 제대로 못한다.

2유형 선생님이 7성향 학생을 위해서 할 일

- ✓ 자신의 선택에 대해 끝까지 책임지도록 격려하기
- ✓ 다른 사람에게 피해를 주지 않도록 경계선을 세워주기
- ✓ 혼을 내고 벌을 주기보다 눈에 보이는 보상을 제시하거나 잘했을 때 칭찬하기
- ✓ 객관적인 사실을 기반으로 현실을 볼 수 있게 질문하기

2유형 선생님과 8성향 학생 진욱

진욱이는 씩씩하고 듬직한 학생이다. 영어 부장을 자기가 하고 싶다고 지원하기에 적극적인 아이라고 생각했다. 공지 사항도 잘 알려주고 꼬박꼬박 교무실에 와서 내 노트북도 미리 챙겨 교실에 설치하는 역할을 잘했다. 그런데 수업은 잘 듣지 않았고, 아예 엎드려서 자는 날도 있었다.

우리 학교는 핸드폰을 걷지 않지만 수업 시간에 사용하는 것은 당연히 금지되어 있다. 영어 시간에는 학기 초부터 '핸드폰은 서랍이나 가방에 두고 책상 위에도 올려놓지 않는다.'라는 규칙을 정했다. 어느 날 책상 위에 핸드폰이 유독 많이 올라와 있어서 아이들에게 넣으라고 했다. 다들 순순히 말을 듣는데 진욱이는 책상에 엎드린 채 핸드폰을 그대로 놓아두고 있었다. 핸드폰을 넣기는커녕 고개도 들지 않고 그냥 손을 뻗어 핸드폰을 뒤집어 놓을 뿐이다. 화가 났지만 일부러 나직한 목소리로 얼른 넣으라고 했다.

"뒤집어 놨잖아요."

"서랍에 넣자. 친구들도 다 넣었어."

"안 쓸게요."

"안 쓰는 거 알아. 그래도 넣어."

"싫은데요."하고 진욱이는 여전히 엎드려 있었다.

내 얼굴이 붉어졌다. 울컥하는 마음을 겨우 참았다. 이 상태로 화를 내면 더 안 좋게 될 수 있음을 알기에 나는 애써 침착한 척 수업을 재개했다. 하지만 속으로는 울 것 같았다. 다른 학생들이 나를 어떻게 봤을지도 걱정되고, 진욱이가 무서웠다. 다음 시간부터 이 학생을 어떻게 대하나 싶어 막막했다.

그렇게 몇 달이 지나도록 진욱이를 피하듯 모른 척하고 수업을 하던 나는 어느 날 궁금해졌다. 나는 불편한 마음이 큰데, 진욱이는 아무렇지도 않은 듯했다. 기회를 봐서 말을 걸어보니, 그동안 내가 왜 힘들어했나 할 정도로 진욱이는 아무렇지도 않았다. 진욱이는 나에게 어떤 감정이 있어서 그런 행동을 한 게 아니었는데, 나는 무섭다고 피하기만 했었다.

에니어그램을 배우고 나서 8성향인 진욱이가 겉으로는 거칠지만 결국 여린 아이라는 것을 알았다. 속에 여리디여린 마음을 꼭꼭 감추고 겉으로 큰 소리를 내는 진욱이를 잘 이해하게 되자 전혀 무섭지 않게 되었다. 진욱이와 나는 다음 해에도 또 수업으로 만났다. 담임 선생님에게 들으니 진욱이가 전체 교과 중 딱 세 과목만 듣는데 그중 하나가 내 과목이란다. 학생의 성향을 이해하고 수용할 때 미움이 사라지고 연민으로 볼 수 있게 된다. 그것이 학생 이해의 시작이 아닐까.

2유형 선생님이 본 8성향 학생의 좋은 점

● 아이들 사이에서 리더십을 발휘한다.

● 의리가 있고 친한 친구들을 보호하려고 한다.

● 일을 맡기 좋아하고 추진력이 있다.

● 좋아하는 수업 시간에 적극적으로 반응하고 열정적이다.

2유형 선생님이 본 8성향 학생의 힘든 점

◆ 자신의 힘을 과신하거나 능력을 과대평가하는 경향이 있다.

◆ 교사와 기 싸움을 하거나 만만하다고 생각하는 교사의 말을 듣지 않는다.

◆ 반에서 약한 아이들을 놀리거나 함부로 대한다.

◆ 규칙을 잘 준수하지 않는다.

2유형 선생님이 8성향 학생을 위해서 할 일

✓ 학급에서 연약한 학생들을 보호하는 역할 주기

✓ 목소리를 낮추어 부드럽게 대화하도록 안내하기

✓ 리더십을 인정해주고, 같은 편임을 알려주기

✓ 힘을 정의롭게 사용할 수 있도록 질문하기

2유형 선생님과
9성향 학생 우주

고3인 우주는 뭘 물어봐도 씩 웃기만 하고 딱히 대답을 하지 않는다. 걸음도 느리고 영감 같은 구석이 있다고 해야 하나… 느긋해도 너무 느긋하다 싶은데, 유순한 우주를 좋아하는 친구들이 진짜 많다. 의외로 축구도 열심히 한다. 뚝심 있는 수비가 일품이란다.

우주와 상담을 하면서 공부에 대한 자신감이 많이 없다는 생각이 들었다. 이제 와서 열심히 노력하거나 새로운 시도를 하는 게 어려운 것 같았다. 우주 같은 9성향 아이에게는 급하다고 채근해서는 안 된다. 왜 이렇게 꿈쩍 않고 아무것도 안 하는지 답답할 때도 있지만, 자기가 하기 싫은 건 절대로 안 하는 스타일이라서 나도 우주를 기다려준다. 그러면서 적절한 방향을 안내해야 한다.

우주와 오랜 시간에 걸쳐 천천히 이야기하며 겨우 몇몇 학교를 정해서 수시 원서를 넣었다. 자기소개서도 못 쓰겠고 면접도 싫어서, 대부분 교과 전형으로 넣고 면접은 딱 한 개만 했다. 그 단 한 개의 면접을 준비하기 위해 모의 면접을 하는데, "우주가 준비를 안 해왔어요."라며 담당 선생님이 나가 버렸다. 큰소리로 이야기하면 위축되는 아이인지라 나는 상담실에 들어가 아이를 다독이며 차분히 한 단계씩 준비시켰다. "이 문제는 집에 가서 좀 더 검색하자. 다시 대답해보자. 목소리를 크게 하고, 눈은 선생님을 봐야지." 우주가 할 수 있을 만큼 최선을 다하도록 연습을 시켰다.

다음 날 우주 어머니에게서 문자가 왔다. 어머니와 우주가 같이 면접장에 일찍 도착해서 기다리는데, 긴장이 고조되면서 스트레스를 받은 우주가 면접장에 들어가지 않아 그냥 집으로 왔다는 것이다. 내가 힘들게 구슬려가며 대학을 찾고 면접 준비한 것이 그 고집 때문에 다 허사가 되었다고 생각하니 기운이 빠졌다. 그러면서 우주도 힘들어한다는 말을 듣자 '얼마나 스트레스가 심했으면 그랬을까, 지금은 얼마나 자책을 하고 있을까'하는 마음이 들어 너무 속상했다. 나는 일부러 모른 척하고 있다가 하루가 지나고 나서 괜찮냐고 물어봤다. 처음엔 묵묵히 있더니, 속상하다고 말을 했다. 곰돌이 같은 우주 얼굴을 보면서 너도 얼마나 힘들었겠냐고 잘 위로해 주고 보냈다.

시간이 지나 다행히 다른 수시전형으로 컴퓨터 관련 학과에 합격한 우주에게 한껏 호들갑을 떨며 축하를 해주자 빙긋 웃는다. 학기 초엔 입을 꾹 다물고 있던 녀석이 이젠 제법 나한테 농담도 하고 편하게 대해주니 기쁘다. 친구 두 명과 방학 동안 일본 여행을 다녀온 우주는, 작은 일본 인형 자석을 내게 내밀며 또 씨익 웃는다. 우주의 미소에 익숙해질 만하니 졸업을 하게 되어 아쉬운 마음이 몰려온다.

2유형 선생님이 본 9성향 학생의 좋은 점

- 유순하고 착하며 친구들과 원만하게 잘 지낸다.
- 매사에 꾀부리지 않고 매일 반복적으로 해야 하는 일을 꾸준히 한다.
- 친구들 사이에 갈등이 있을 때 중재를 잘한다.
- 교사의 조언을 편안하게 수용하고 긍정적으로 반응한다.

2유형 선생님이 본 9성향 학생의 힘든 점

- 하기 싫은 일은 꿈쩍하지 않는다.
- 자신감이 부족해 소극적이며, 결정을 내릴 때도 우유부단하다.
- 거절을 잘하지 못하며 친구들이 원하는 대로 행동한다.
- 자신이 원하는 것을 알지 못하고 자기표현에 서투르다.

2유형 선생님이 9성향 학생을 위해서 할 일

✓ 매일 꾸준히 하는 좋은 습관을 찾아 칭찬해주기
✓ 강요하면 더욱 고집 피우고 말을 안 들을 수 있으니 부드럽게 권유하기
✓ 자신이 원하는 것을 알아차리도록 질문하기
✓ 결정이 필요할 때 충분한 시간을 주어 스스로 선택하도록 배려하기

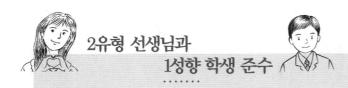
준수는 이름 그대로 참 준수하다. 키도 크고 체형도 표준인데다 가는 테 안경을 낀 얼굴에 단정한 옷차림을 하고 있다. 공부도 잘하고 예의도 바르고, 일등 신랑감 같은 분위기랄까… 고2 1학기에는 전교 부회장, 2학기에는 학급회장으로 뽑힐 만큼 친구들에게 리더십을 인정받는 학생이다.

학교 축제 기간이어서 반마다 단체 공연 연습이 한창일 때, 나는 준수의 리더십을 확인하게 되었다. 이과 남학생 반인데도 영어 시간에 공연 연습을 하게 해 달라고 요청해서 수업의 절반을 내주었다. 놀랍게도 모범생인 준수가 춤도 참 잘 춘다. '피아노 실력도 수준급이라는데 그의 능력의 끝은 어디인가?' 준수가 연습시키는 것을 보고 참으로 놀랐다. 큰 소리로 자기 반 친구들을 쥐 잡듯 잡는다. 군대 조교가 훈련 시키듯 동작을 반복하고 노래를 틀고 또 틀고, 보는 내가 다 질릴 지경이다. 그런데 친구들은 준수가 시키는 대로 잘 따라 하고 있다. 준수는 아이들이 모두 안무를 숙지할 때까지 연습을 시켰다. 그 결과 축제 때 당당히 2등을 차지했다. 친구들을 매섭게 이끄는 그 카리스마! 뭐든지 잘하고 모범이 되는 리더이기에 친구들도 말을 잘 들었지만, 나의 눈에는 힘들어하는 아이들이 보였다.

나는 준수에게 목표를 정해서 쭉 밀고 나가는 추진력이 대단하다고 말해 주었다. 준수는 대충 연습하려면 공연에 나가지 않는 게 낫다고 한다. 그렇게 연습을 많이 시켜서 애들이 불만이 있지 않느냐고 하자 완벽한 공연을 만들려면 어쩔 수 없다고 한다. 모두가 즐거운 축제인데 너무 몰아붙이면 오히려 반 분위기가 안 좋아질 수 있다고, 친구들이 따르기는 해도 지나치게 지적하면 자존심에 상처를 입을 수 있다고 얘기해 주었다. 리더는 말을 할 때 신중해야 함을 알려주었다.

공부도, 피아노 연주도, 학생회 활동도 다 어떻게 하느냐고 물었더니, 잠을 줄일지언정 해야 할 일은 완벽히 다 하려고 한단다. 그래서 2학년 올라와서 잠이 더 줄었다고 하는데 참 걱정이 된다. 만족을 모르고 자기를 몰아붙이는 준수. 완벽남처럼 보이지만 그것을 위해서 얼마나 힘들게 애쓰는지 보이는 것 같다. "너는 이미 충분히 잘하고 있어. 너 자신도, 친구들도 그렇게 닦달하지 않아도 돼. 그렇게 긴장 속에서 살면 너무 힘들지 않니?" 다행히 준수는 피아노를 치며 긴장을 푼다고 한다. 준수를 위해서 좋은 일이라고 생각한다.

2유형 선생님이 본 1성향 학생의 좋은 점

- 규칙과 시간을 잘 준수하고 과제 수행이 빠르다.
- 리더십이 있으며, 더 나은 학급을 위해서 개혁하는 마음으로 앞장선다.
- 합리적이고, 자기 의견을 명확하게 말한다.
- 예의 바르고 해야 할 일에 대해 책임감 있어 다른 학생들의 모범이 된다.

2유형 선생님이 본 1성향 학생의 힘든 점

- 지나친 완벽주의로 작은 일에도 자책할 때가 많다.
- 융통성이 없으며, 자신이 정한 잣대와 방법을 다른 사람에게도 강요한다.
- 부드럽게 자신의 의사를 전하지 못하고, 강하거나 신경질적으로 표현한다.
- 교사나 친구들에게 잘못된 점을 지나치게 지적한다.

2유형 선생님이 1성향 학생을 위해서 할 일

- ✓ 완벽하지 않다고 말할 때 이미 충분히 잘하고 있다고 격려하기
- ✓ 모두의 다름을 인정하고 다른 사람을 비판하지 않도록 알려주기
- ✓ 다른 사람들에게 부드러운 말로 자신의 의사를 표현하도록 하기
- ✓ 옳은 말과 행동이라도 상대방이 상처받을 수 있음을 말해 주기

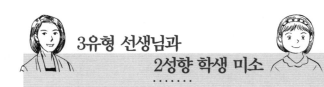

　　남학생인 미소는 고3 때 1학기 반장을 하면서 학급에 지금 무엇이 필요한지 잘 알아차리고 그 필요를 채워주었다. 학급 비품이 떨어지면 알아서 채워 넣고, 느슨하게 공부하는 짝꿍에게는 공부해야 한다고 잔소리 아닌 잔소리를 하기도 했다. 학급 분위기 쇄신이 필요하면 적절한 때에 담임선생님과 의논해 학급 회의를 개최하여 의견을 수렴했다. 자신의 임기가 끝난 2학기에도 반장의 영역을 침범하지는 않으면서, 도움이 필요한 부분을 조용히 지원해주어 2학기 반장이 매우 고마워했다. 어쩜 이렇게 남의 필요를 잘 보고 그것을 채워주는지 놀라울 따름이었다.

　　우리 학교에서는 해마다 연극대회가 있는데 여러 친구가 미소와 함께 연극을 하고 싶어 했다. 눈치가 빨라서 다른 친구의 감정 상태를 잘 읽어 낼 뿐 아니라 남몰래 배려를 잘해주기 때문이다. 그래서 매년 누구와 팀을 이루든 원만하게 의사소통을 했다. 또 친구의 이야기를 진심으로 잘 들어주고 가끔 해결책도 제시해주기에 친구들이 미소를 찾아가 고민 상담을 하곤 했다. 영어 페스티벌 예선 때 실수를 해 속상해하는 친구에게도 마음을 다해 같이 슬퍼 해주고 위로를 해주어 그 친구가 정말 고마워했다. 미소에게 상담을 받고 위로받았다는 학생이 남녀를 불문하고 정말 많다. 고등학교 이공 계열 남학생에게서 이런 섬세한 감성과 따뜻함을 보는 건 참 드문 경우이다.

　　담임인 나에게도 미소는 고맙고 힘이 되는 존재이다. 미소에게 일을 맡기면 교사가 무엇을 원하는지 잘 알아 그에 맞추어 자료를 정리해 제출한다. 졸업 후에도 스승의 날에 안부 문자를 보내며 하트 이모티콘까지 날려준다. 학급 일에도 도움이 되고 교사에게도 힘이 되어 준다. 그러나 한편으로, 남만 챙겨주다가 정작 자기 것은 잘 챙기지 못하는 미소가 짠하다. 한번은 미소가 영어 시험 전에 어려운 내용 요약정리를 해서 친구들에게 나눠주었다. 당시 친구들이 무척 고마워했는데, 다음 시험 때가 되자 '왜 이번에는 해주지 않느냐'고 요구한 적이 있었다. 당연한 듯 요구하는 친구들에게 미소는 배신감을 느꼈다고 했다. 나는 미소가 힘들지 않을 만큼만 남에게 에너지를 쏟아야 한다고 조언했다. 자신을 잘 돌보아야 남도 잘 돌볼 수 있다는 것을 말해주었다.

3유형 선생님이 본 2성향 학생의 좋은 점

- 교사에게 존경과 사랑을 표현하며 힘을 준다.
- 또래 상담자 역할을 해주어 학생 갈등 관리에 도움을 준다.
- 학급과 친구의 필요를 빨리 발견하고 필요를 채워준다.
- 남들이 하기 싫어하는 일도 자발적으로 나서서 한다.

3유형 선생님이 본 2성향 학생의 힘든 점

- 객관적 사실보다는 주관적 관점으로 볼 때가 있다.
- 자신이 한 수고를 알아주길 바라는데, 수고가 당연하다 여겨지면 감정적으로 상처 받고 새침해진다.
- 학급이나 다른 친구의 일을 돕다가 정작 자신의 것을 잘 챙기지 못한다.
- 교사에게 친밀감을 표현하는 정도가 지나칠 때가 있고 애정을 독차지하려고 한다.

3유형 선생님이 2성향 학생을 위해서 할 일

- ✓ 자발적으로 한 일이라도 그 수고를 인정해주고 칭찬해주기
- ✓ 수고하고 베풀지 않아도 자기 존재 자체로 소중함을 알려주기
- ✓ 마음이 상했을 때 감정적으로 행동하기보다는 마음이 상한 원인을 적으며 생각해 보도록 지도하기
- ✓ 남을 위해 많은 일을 하기보다 자신이 원하는 것을 해도 괜찮다고 해주기

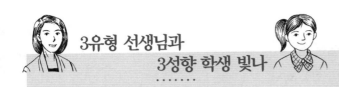

3유형 선생님과
3성향 학생 빛나
....

빛나는 수업 들을 때 선생님 말씀을 하나도 놓치지 않고 전부 이해하려는 태도로 집중한다. 선생님이 스쳐 지나가듯 말씀하신 것도 미심쩍은 것은 꼭 한 번 짚고 질문한다. 그리고 중요하다고 말한 것은 꼭 크게 표시해둔다. 사실 그것이 시험에 출제되는지 아닌지에 관심이 많다. 그래서 "만약 시험에 나오면 이렇게 써도 되나요?" "이건 예전 교육과정 내용인데 꼭 해야 하나요?" 하며 시험 만점을 위해 챙겨야 할 것은 챙기고 불필요한 것은 제외하려고 한다. 학습에 대한 지적 호기심이 없는 건 아니지만 대학입시에 필요한 시험점수에 과하게 집착하는 면이 있어 바라보는 내 맘이 불편하다.

대회에 참가할 때는 어떤 친구와 같은 팀을 구성해서 대회에 나가야 수상 확률이 높은지 알기에, 평소 친하지 않은 친구와도 팀을 구성한다. 다른 친구들도 빛나의 능력이 뛰어난 것을 알기에 빛나와 같은 팀을 하는 것이 나쁘지 않다. 서로의 이익과 기대 수준이 맞아 팀이 구성되는 것이다. 대회 입상이라는 공동의 목표 아래 빛나의 리더십이 더해져서 실제로 성과가 좋은 편이다.

빛나는 목표가 뚜렷하고 이것을 실행하기 위한 계획과 추진력을 가지고 있다. 공인어학시험을 준비할 때 여름방학 딱 2개월만 집중해서 공부하겠다는 목표를 세우고, 그 기간에는 다른 데 눈 돌리지 않고 정말 무섭게 집중하여 원하는 점수를 얻었다. 학습 방법에도 관심이 많아 같은 시간을 공부해도 최대의 학습효과를 내기 위한 자기만의 방식을 찾는다. 학업 면에서의 성취욕은 가히 뛰어나다.

대학입시에 필요한 것은 최선을 다하기 때문에, 성적만 아니라 학교 활동 면에서도 전략적으로 접근한다. 입시에 도움이 되는 것만을 골라서 한다는 느낌이다. 그래서 시상을 하지 않는 학습활동에는 열심히 참여하지 않는다. 그것을 알아차린 나는 "학교 시상은 없지만 잘 해내면 대신 내가 상을 줄게." 했고, 이에 동기부여를 받은 빛나가 열심히 참여했다. 동기부여와 목표 의식은 빛나를 움직이게 하는 원동력이다.

빛나는 친구들과 같이 있는 동안에도 연예인 근황이나 소소한 일상을 나누면서 수다 떠는 것은 시간 낭비라 생각한다. 그저 친구와 함께 있기만 해도 행복할 수 있다는 것을 빛나가 알았으면 좋겠다.

3유형 선생님이 본 4성향 학생의 좋은 점

● 다른 사람의 감정을 잘 공감하며 감수성이 풍부하다.

● 상상력이 뛰어나고 글쓰기나 음악, 미술 등에 재능을 보인다.

● 남들이 느끼지 못하는 인생의 깊은 의미를 추구하는 경향이 있다.

● 기아, 난민, 유기견 등에 대한 긍휼한 마음과 연민이 있다.

3유형 선생님이 본 4성향 학생의 힘든 점

◆ 상처를 쉽게 받고 마음이 여리다.

◆ 지나치게 감상적일 때가 있고 하루에도 감정 기복이 심하다.

◆ 학교 규칙이라도 자신에게 의미가 없으면 지키지 않으려 한다.

◆ 객관적 사실보다는 감정에 이끌려 주관적이거나 비관적으로 해석할 때가 많다.

3유형 선생님이 4성향 학생을 위해서 할 일

✓ 감정이 상해서 아무것도 안 하려고 할 때, 먼저 감정을 물어봐주기

✓ 독특함과 의미를 추구하는 경향을 이해해주고 수용해주기

✓ 학생과 대화하며 적절한 생활 규칙을 합의하여 정하고 부드럽게 이끌어주기

✓ 반복적으로 자기 이야기를 하더라도 시간을 내어 들어주고 공감해주기

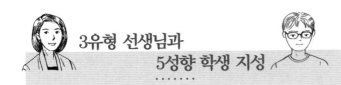

3유형 선생님과
5성향 학생 지성
······

　고등학교 1학년인 지성이는 자기가 관심 있는 분야에는 깊이 있는 지식을 가지고 있다. 어려서는 공룡 이름과 습성을 종류별로 다 외우고 있더니 크면서는 축구광이 되었다. 특별히 유럽의 유명한 리그를 꿰뚫고 있다. 유명 축구팀의 경기 전적, 축구선수의 이적 상황과 연봉, 각 팀의 감독과 전술, 유명 축구선수가 신는 축구화의 종류와 장단점까지 다 파악하고 있다. 유럽과 한국의 시차로 인해 새벽 4시 30분에 하는 경기도 잠을 줄여가며 실시간 관전을 고수한다. 경기 하이라이트만 보면 재미가 없다는 거다. 관심이 없는 것은 하나도 기억하지 못하면서 자기 관심 분야는 이렇게 열과 성을 들인다. 그렇다고 축구 관련 진로로 가고 싶은지 물어보면, 길이 너무 좁으니까 다른 안정적인 직업을 선택하고 축구 관람은 취미로만 하겠다고 한다.

　핸드폰 게임을 해도 전략과 전술이 필요한 게임을 선호하고 머리 쓰는 것을 좋아한다. 소수의 사람과 깊은 관계는 편안하게 생각하나 폭넓은 관계를 많이 맺어야 하는 것은 불편해 한다. 선배들과 축구를 하면 그 후로 마주칠 때마다 인사를 해야 하는 게 싫어서 그들과는 축구를 하지 않으려고 한다. 더 넓은 관계에서 배울 수 있는 것이 많은데 배울 대상을 제한하는 것 같아 안타깝다.

　지성이는 학교 단체 활동이나 대회에 팀을 이루어 나가는 것을 부담스러워한다. 그보다는 혼자 조용히 할 수 있는 대회를 더 선호한다. 대학입시에 도움이 될 거라 여겨지는 대회의 참여를 권해도 팀을 조직하는 것이 부담스럽고 어차피 상을 타기 힘들다며 참여하지 않았다. 누가 이끌어 불러주기 전에는 남에게 먼저 다가가지 않는다. 때로는 다른 친구가 같이 놀자고 해도 먼저 선을 그을 때가 있다.

　지성이는 표정 변화가 참 없는 편이다. 밝은 표정으로 많이 말하는 것을 여간해서는 보기 어렵다. 자기와 관심사가 같거나 충분히 오랜 시간 알고 지낸 소수의 사람에게만 마음 문을 열고 이야기를 길게 할 수 있다. 처음엔 지성이의 무표정한 모습과 단답형의 대답이 나한테 불만을 표시한 것이라 느꼈다. 그러나 그건 지성이의 성향이지 그 이상도 이하도 아닌 것을 알게 되었고 그러니 내 마음도 편해졌다. 지성이에게는 자신의 관심사를 존중하고 묵묵히 지지해주는 것만으로 충분한 격려가 되었다.

3유형 선생님이 본 5성향 학생의 좋은 점

● 감정 기복 없이 조용히 자신의 할 일을 알아서 한다.

● 지적 호기심이 있어서 스스로 탐구하는 자세를 가지고 있다.

● 책을 많이 읽고 자신의 관심 분야에 대해 해박한 지식이 있다.

● 객관적이고 분석적이어서 어디에도 치우치지 않는 의견을 낸다.

3유형 선생님이 본 5성향 학생의 힘든 점

◆ 교사의 수업 진행에 반응이 없고 모둠 활동을 귀찮아한다.

◆ 무표정하고 말수가 적어서 무슨 생각을 하는지 알기 어렵다.

◆ 새로운 환경에의 적응 속도가 느리고 학교 안에서도 행동반경이 좁다.

◆ 주목받지 않는 일을 선호하고 새로운 일에 도전하지 않는다.

3유형 선생님이 5성향 학생을 위해서 할 일

✓ 승부나 열의가 없어 보여도 채근하지 말기

✓ 낯선 환경, 처음 만나는 사람들과 낯가림하는 것을 알고 기다려주기

✓ 관심 분야를 물어봐 주고 친구들과 공유할 수 있도록 기회를 만들어 주기

✓ 관심을 과도하게 표현하지 말고 적당히 격려하기

3유형 선생님과
6성향 학생 한결
．．．．．．．

2020년 코로나19가 대유행하는 시기에 등교하는 것, 외출하는 것 그 자체가 한결이에게는 큰 부담이다. 감염병 예방 관리 수칙은 강조하지 않아도 철저히 지킨다. 손 세정제로 자기 손을 소독할 뿐만 아니라, 교실 문손잡이와 책상에 소독제를 분사하고 교실 환기도 한다. 점심 식사 전에는 화장실에서 꼭 세정제로 손을 씻는다. 아무리 답답해도 마스크는 절대로 턱에 걸치는 법이 없이 정석대로 쓴다. 심지어 온라인 수업을 할 때, 집에서도 마스크를 쓰고 수업을 듣기도 했다.

2교시 후 쉬는 시간에 체온 측정을 하는데 다른 학생들의 체온이 높지는 않은지, 선생님이 제대로 측정하고 확인하는지 관심이 많다. 옆에서 선생님을 감시하는 기분이 든다. 한 학생이 37.2도가 나와 재측정을 하자, 한결이는 "선생님, 방역이 중요합니까? 행정적 편의가 중요합니까?" 한다. 선생님이 대충 체온을 낮춰 기록하고 넘어갈까 봐 미리 지적하는 것이다.
"그러니까 정확한 사실을 알기 위해 재측정을 하는 거야. 체온계의 일시적인 오류인지, 아니면 정말 친구가 열이 있는지. 사실 확인을 하고 지침대로 할 거야." 하니 안심한다. 다행히 그 친구는 재측정 시 36.8도가 나왔고 한결이는 웃으며 자리를 떴다.

예전 같았으면 한결이의 질문에 "아유~ 선생님이 알아서 할 거니까 됐어." 하고 넘어갔을지도 모른다. 가뜩이나 코로나 시국에 챙기고 보고할 일이 많은데, 학생까지 옆에서 감독하는 눈초리로 예의 주시하고 있으면 교사로서 유쾌하지 않다. 그러나 한결이는 공동체의 감염 예방과 안전을 걱정하는 것이지 교사를 공격하려는 의도가 아닌 것을 알기에, 한결이의 불안을 덜어주는 방향으로 대답해줄 수 있었다.

한결이가 대학에 합격했다는 소식을 들었는데도 만나서 보니 표정이 밝지만은 않다. "한결이 요즘 어떻게 지내니? 무슨 걱정이 있니?"
"대학 가서도 걱정입니다. 공무원 시험은 붙을 수 있을지, 취업은 잘 할 수 있을지… 선생님, 공무원 시험 준비는 어떻게 하면 돼요? 미리 대비해서 나쁠 건 없잖아요."
"음, 그렇구나. 그런데 3년 전에는 대입을 걱정했지만, 지금의 상황은? 4년 뒤에도 취업 잘 할 수 있을 거야. 너무 먼 미래를 대비한다고 걱정하느라 현재 놓치고 있는 건 뭘까? 고등학교를 졸업하기 전 지금, 여기에서만 경험할 수 있는 게 있지 않을까? 일단 그것부터 해보면 어떨까?"
그러자 한결이는 생각이 달라졌는지 눈빛을 반짝이며 감사해했다.

3유형 선생님이 본 6성향 학생의 좋은 점

- 꾸준하고 성실하며 매일의 반복적인 일도 잘 해낸다.
- 신뢰 관계가 형성된 교사의 지도를 잘 따른다.
- 제출 기한이나 과제 수행에 관한 구체적인 질문을 잘해서 수업 시간과 학급 경영에 도움이 될 때가 있다.
- 학급 일을 맡기면 다시 확인해보지 않아도 될 정도로 맡은 역할을 확실히 잘 해낸다.

3유형 선생님이 본 6성향 학생의 힘든 점

- 무엇이든 재차 확인하려고 해서 사소한 것까지 질문이 많다.
- 새로운 일을 하려고 할 때 안 되는 이유부터 먼저 말한다.
- 교사의 호의를 있는 그대로 받아들이지 않고 의심의 눈초리로 바라볼 때가 있다.
- 학급 운영 계획이나 학사 일정이 변경되는 것에 대해 미리 말해주지 않으면 분개한다.

3유형 선생님이 6성향 학생을 위해서 할 일

- ✓ 맡은 일을 성실히 해내는 점을 칭찬하고 인정해주기
- ✓ 반복되는 질문에 인내심을 갖고 대답해주며 논리적으로 설명해주기
- ✓ 미래에 대한 두려운 마음은 공감해주되 두려움이 다 현실이 되지는 않는다는 점을 알려주기
- ✓ 학생이 믿고 따를 수 있는 기준과 신뢰할 만한 원칙을 세우고 그것을 지켜주기

환희는 언제나 근심 걱정이 없어 보인다. 저렇게 해맑기만 해서 세상을 어떻게 살아가나 싶다. 수업 종이 울려도 먼저 자리에 앉아 있는 경우가 없다. 아무리 앉으라고 말해도 한 귀로 듣고 한 귀로 흘리기에 교사 입실 시 앉아 있지 않으면 수행평가 점수에 반영하겠다고 하니 그때부터는 자리에 앉는다. 고2 정도 되니 이 방법이 통하기는 한다.

그러나 선생님이 들어와서 수업이 시작되기 전 몇 분 동안에도 환희의 입은 여전히 쉴 새가 없다. 끊임없이 주변 학생들과 얘기하고 장난을 친다. 그러다 사소하게 다투기도 하고 가벼운 욕이 오가기도 한다. 하루 이틀도 아니고 매 시간마다 이러니 교사로서는 피곤한 일이다. 주의를 줘도 그때뿐이고 매번 "아, 네, 선생님, 그러지 말아야죠." 그러면서 대수롭지 않게 받아들인다. 나의 말은 빛의 속도로 환희의 귓가를 스쳐 지나가는 것 같다. 환희가 대답하는 그 순간만큼은 진심이라는 것을 안다. 그러나 그 진심의 지속 시간이 너무 짧아 불과 몇 분 만에 잊어버린다. 행동의 변화까지 가지 못하고, 그 순간의 생각에 그치기 때문이다.

한번은 수업 시간에 환희의 입에서 툭 튀어나온 욕을 내가 받아 적어 며칠간 누적 기록해 두었다. 어느 날 또 욕이 나왔을 때 그 동안 같은 욕을 했던 날짜를 전부 말해주었다. 말을 시각화하니 지나간 일이라고만 하기에는, 물결처럼 떠내려갔던 언어가 자신에게 되돌아와서 찔리는 눈치다. 그 뒤로는 장난스러운 욕이나 부산스러움을 조심하려고 노력하는 게 보인다.

사실 환희는 생각도 빠르고 이해력도 좋은 학생이다. 자기가 흥미 있는 것에만 주의를 집중하고 규율이나 규범을 중요하게 생각하지 않을 뿐이다. 막상 수업이 시작되면 잘 모르는 부분을 알게 될 때 "아~! 그렇구나! 그렇네!" 하며 고개를 끄덕거리고 추임새도 넣는다. 이해했다는 확실한 반응과 궁금한 부분에 대한 질문은 수업 진행에 활력소가 되기도 한다. 수업 분위기를 경직되지 않고 살아있게 하면서도 어수선해지지 않도록 하는 것, 이것이 내가 환희와 만들어가야 할 지점이다.

3유형 선생님이 본 7성향 학생의 좋은 점

● 경직된 분위기를 풀어주고 밝게 만드는데 탁월하다.

● 긍정적인 에너지를 가지고 있어 수업에 활력을 넣어준다.

● 주변에 친구들이 많고 친화력이 뛰어나 새로운 모임에서도 잘 적응한다.

● 학교나 학급 행사에 기획력과 창의력이 뛰어난 아이디어로, 행사를 잘 이끈다.

3유형 선생님이 본 7성향 학생의 힘든 점

◆ 계획성 없이 즉흥적으로 움직인다.

◆ 교사의 지도와 권위, 학교 규범 준수를 별로 중요하게 생각하지 않는다.

◆ 자기 발전을 위한 노력보다는 당장 하고 싶은 것 위주로 하는 모습을 보인다.

◆ 진득하게 앉아 있거나 가만히 있는 것을 힘들어하여 수업에 방해되는 행동을 한다.

3유형 선생님이 7성향 학생을 위해서 할 일

✓ 학생의 집중 시간이 짧으니 적은 분량씩 학습량을 부여하기

✓ 훈계보다는 적절한 칭찬으로 학습 목표에 도달하도록 돕기

✓ 도가 지나치다 싶은 행동에는 즉시 짧고 간결하게 제지하기

✓ 학급 행사를 기획하여 진행하는 등, 끼와 재능을 발휘하도록 기회를 주기

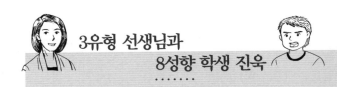

진욱이는 서열이 중요한 학생이다. 교사, 학생 막론하고 자신에게 적인지 동지인지, 자기보다 강한지 약한지 등 어떻게 느껴지냐에 따라 상대를 대하는 태도가 다르다. 한 해 선배라 해도 만만하게 여겨지면 오만한 태도로 대한다. 선생님이라 해도 조금이라도 어리숙해 보이거나 수행평가의 기준이 모호하든지 일관성이 없는 것 같다면, 자신의 불만 사항을 여과 없이 교사에게 표현한다. 공손하게 표현하기보다는 막 따지고 드는 어투라서 교사들의 입장으로 보면 여간 곤란한 게 아니다. 때로는 학급 아이들의 의견을 반영하여 나서서 마치 자기가 정의의 대변자라도 된 것처럼 얘기하기도 한다.

진욱이는 자신의 진로 지도를 위해 애쓰는 선생님께는 공손히 대한다. 대학 진학 추천서를 써주거나 태권도를 지도한 선생님께는 아주 깍듯하게 대한다. 자기를 위해 애썼던 것에 대한 감사 인사도 잊지 않는다. 때로는 너무 깍듯한 태도가 부담스럽다. 마치 어떤 조직에서 부하가 권력 있는 사람에게 충성을 하는 느낌이라 씁쓸하기도 했다.

나는 진욱이에게 만만하게 보이지 않으려고 수업에서는 공정한 평가의 기준과 한결같은 원칙을 적용하고, 학생들을 존중하는 태도로 대하려 했다. 학급 학생들의 불만을 진욱이가 대변하는 일 자체가 생기지 않도록 노력했다. 진욱이가 가진 학생들에 대한 영향력이 교사에 대해서도 긍정적으로 나타나도록 해야 했다. 내가 진욱이를 누르려 하면 진욱이는 더 반항할 것이기에 같은 편이라는 인상을 주려고 했다. 진욱이의 말에 적절하게 긍정해주되, 지나치게 표현하면 짧게 훈계했다.

어느 날, 진욱이가 생활지도부의 조사를 받을 사안이 발생했다. 초기 단계에서 진욱이는 담임인 나를 먼저 찾아왔고 자신의 상황에서 억울함과 분노를 표현했다. 다소 주관적인 관점의 이야기여서 다 사실인 것 같지는 않았지만, 일단 경청해주었다. 진욱이는 나를 통해 조사의 방향을 바꾸는 데 힘을 발휘하려고 했었던 것 같다. 그 뒤 생활지도부의 이야기까지 양쪽 입장을 다 듣고 나니, 진욱이가 생각하지 못한 것이 어떤 것인지 알게 되었다. 결국 조사는 공정하게 진행하되 진욱이가 억울하다고 느끼는 부분은 헤아려주고 풀어줄 수 있었다. 선생님이 자기를 나쁜 아이로 대하지 않고 자기 진심을 들어주려 해서인지 진욱이는 그 뒤 내게는 거친 행동을 조심하려고 노력했다.

3유형 선생님이 본 8성향 학생의 좋은 점

● 자기주장과 표현이 분명하고 힘과 에너지가 있다.

● 의리와 정의감이 있어 약한 아이들을 잘 보호한다.

● 친구들을 잘 이끌고 앞장서서 돌파하는 힘이 있다.

● 수업 진행에 든든한 지원군이 될 수 있다.

3유형 선생님이 본 8성향 학생의 힘든 점

◆ 자기 편을 만들어 힘을 모으려 한다.

◆ 교사의 권위에 도전하여 힘겨루기를 한다.

◆ 자기 자신의 능력을 과대평가하는 경향이 있다.

◆ 자기보다 아래라고 생각하는 사람의 말을 듣지 않는다.

3유형 선생님이 8성향 학생을 위해서 할 일

✓ 가지고 있는 힘을 정당하게 쓸 수 있는 역할을 맡겨주기

✓ 학급의 공동생활에서 모두가 지켜야 하는 규칙이 있음을 알려주기

✓ 약한 아이를 괴롭히거나 무시하지 않고 보호하는 것이 진정한 힘이라는 것을 알려주기

✓ 자신이 하고 싶은 대로 한 행동이 다른 사람에게 상처를 주고 힘들게 할 수 있음을 알려주기

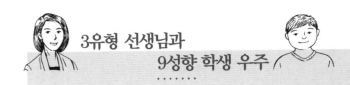

3유형 선생님과
9성향 학생 우주

"선생님, 정말 모르겠어요. 뭘 해도 그럭저럭 할 것 같은데 뭘 해야 할지는 모르겠어요."

고1 학교생활기록부에 진로 희망 사항을 적어야 하는데 우주는 며칠을 고민하고 와서도 이렇게 말한다. 기재 누락과 구분하기 위해 '현재 진로 희망 없음'으로 입력할 수도 있는데 그건 또 싫단다. 그러더니 결국 그냥 친한 친구의 진로 희망 중에서 괜찮다고 생각한 것을 적어 냈다. 평소 우주는 자기 소신과 주관을 드러내기보다는 친구들의 의견에 보통 따라가는 편인데, 자신의 진로에 대해서도 구체적인 그림을 그리기 어려워했다.

하루는 우주가 야간 자율학습시간에 몰래 내려가 친구와 탁구를 치다가 걸렸다는 말에 나는 깜짝 놀랐다. 혼자서는 그럴 리가 없는데 친구가 하자는 대로 따라갔던 것이다. 운동을 그렇게 좋아하지는 않지만 우주는 친구들과 함께하는 배드민턴, 탁구를 좋아하여 즐겨 쳤다. 운동하지 않는 것보다는 자기에게 맞는 운동을 찾아서 하는 모습이 기특했다. 그런가 하면 여자친구가 생겨 자기 생활을 관리하고 챙겨주니 좀 더 자신의 성장을 위해 노력하는 모습을 보였다.

우주는 욕심이 별로 없다. 내가 볼 때 좀 더 바짝 공부하면 그 이상의 성과를 낼 수 있을 것 같은데 적당히 하여 악착같은 면이 보이지 않는다. 수업 시간에도 스르르 졸거나 어느 순간 멍해질 때가 있다. 책상 서랍도 별로 정돈이 되어 있지 않다. 어느 날은 종례 후인데 우주 책상 위에 책도 여러 권 펼쳐져 있고 필기구도 책 위에 그대로 놓여 있었다. 누가 봐도 잠시 자리를 비운 학생의 책상 같았는데 우주는 집에 가버린 것이었다. 다음날 물어보니 "어차피 내일 와서 이 부분을 이어서 공부할 건데, 새로 펼치려면 귀찮아서요." 한다. "그래도 하루의 시작과 마감을 하는 의미에서 정리하면 어떨까?" 하니 가만히 듣는다. 그러더니 그 후로는 책상을 정리하고 하교했다. 꼭 해야 할 일에 대해 강하게 말하면 오히려 하지 않으려 했는데, 의미와 필요성으로 부드럽게 권하는 것이 도움이 되었다.

3유형 선생님이 본 9성향 학생의 좋은 점

● 매일 반복되는 일을 해도 싫증 내지 않고 끈기 있게 한다.

● 원만하고 유순하여 친구들과 두루 잘 지낸다.

● 친구들 간에 갈등이 생겼을 때 중재를 잘한다.

● 주어진 상황에 순응하고 교사의 말을 잘 따른다.

3유형 선생님이 본 9성향 학생의 힘든 점

◆ 마음이 상하면 행동하지 않는다.

◆ 일을 계획하지 않거나 계획을 해도 두리뭉실하다.

◆ 멍하니 있다가 지시사항을 듣지 못해서 나중에 다시 알려줘야 할 때가 있다.

◆ 이래도 좋고 저래도 좋다는 식이어서 자기 의견을 말하지 않는다.

3유형 선생님이 9성향 학생을 위해서 할 일

✓ 작은 일부터 시작해서 점차 자신감을 가지고 할 수 있게 이끌어주기

✓ 멍하니 있을 때 빨리 주의를 환기하고 수업에 참여하도록 하기

✓ 말을 할 때 적은 분량씩 끊어서 학생이 이해했는지 확인하기

✓ 선택을 힘들어하는 상황에서 구체적인 질문을 해서 자신이 스스로 선택하도록
  돕기

3유형 선생님과
1성향 학생 준수
....

준수는 참 반듯하고 예의 바르다. 누가 뭐래도 언제나 모든 상황에 최선을 다하고 바른 태도를 유지한다. 입시가 끝난 고3 교실에서도 준수는 눈에 띈다. 남들은 수업을 대충 들을 때, 준수는 여전히 긴장의 끈을 놓지 않고 바른 자세로 앉아 있다. 그것이 학생으로서 마땅한 자세라고 생각하기 때문에 흐트러지는 아이들을 이해할 수 없고 수용하기 어려워한다. 나도 내 선에서 최선을 다하고 사는 교사인데, 준수를 대하고 있으면 내가 더욱 흠 없이 완전한 교사가 되어줘야 할 것 같다.

한번은 선배, 후배 간에 멘토-멘티를 정하는데, 고2 학생 한 명이 고3인 준수를 멘토로 신청하고 싶어 했다. 그 학생이 콕 집어서 준수를 원했음에도 불구하고 준수는 일부러 다른 학생을 멘티로 지정했다. 그 학생의 평소 학교생활 태도가 건방지고 예의 없다고 생각했기 때문이다. 준수는 옳고 그름의 기준이 분명해서 그 기준을 어기는 사람은 나쁜 사람이라고 생각한다. 그리고 올바른 사회를 구현하기 위해 자기가 할 책임이 무엇인지 생각해보고 심리학과에 진학했다. 범죄심리학을 전공하여 범죄 예방을 통한 정의를 이루고 싶다고 한다.

준수는 학교생활에 적응하기 힘들어하는 친구를 도와주기도 했다. 학교는 당연히 와야 하고 열심히 수업을 듣는 것이 마땅한데, 같은 반 친구가 학교생활을 겉돌고 있는 것이 안타까웠기 때문이다. 또 친구를 돕는 것이 학생으로서 바른 모습이고, 친구가 올바른 길로 가도록 돕는 것이 자기 책임이라고 생각했다. 준수 덕분에 그 친구의 수업 태도가 바로 달라지고 매일 학교에 잘 나오게 된 것은 아니었지만, 최소한 자기에게 관심을 가지고 기다려주는 친구가 있어 마음이 든든해지기에는 충분했다.

준수는 자기가 정한 기준에 도달하기 힘들거나 불안이 올라올 때 손톱을 물어뜯기도 하고 자신을 자책할 때가 있다. 내가 볼 때는 그 정도면 충분한 것 같은데 100점이 기준일 때 1점이라도 모자라면 자책하는 모습이 안쓰러웠다. 나는 1등이라면 100점이든 95점이든 별 상관없다고 생각하기에 더욱 안타까웠다. 나는 준수가 불안해할 때, 충분히 수고했고 잘했다고 말해주었다. 또한 지금 하는 일을 감사하고 만족할 줄 아는 것이 자신을 사랑하는 일임을 알려주었다. 준수는 한결 편안해져서 긴장이 풀린 모습을 보였다.

3유형 선생님이 본 1성향 학생의 좋은 점

● 학급과 학교의 규칙을 잘 따른다.

● 예의가 바르고 공손하며 교사를 존중한다.

● 자기 주도적인 학습 습관을 갖고 있다.

● 매사 최선을 다하고 일 처리가 확실하다.

3유형 선생님이 본 1성향 학생의 힘든 점

◆ 모든 것을 완벽하게 하려고 해서 스스로 힘들어한다.

◆ 기준이 높고, 그 기준에 미달될 때 자책을 한다.

◆ 사고의 유연성이 부족하여, 자신이 생각하는 원칙과 다른 것을 수용하기 어렵다.

◆ 친구들의 잘못이나 교사의 잘못을 지적한다.

3유형 선생님이 1성향 학생을 위해서 할 일

✓ 조금 틀리거나 부족해도 괜찮다고, 지금도 충분히 노력하고 있다고 말해주기

✓ 애써서 완수해 내는 모든 것들에 대한 수고를 알아주기

✓ 자신의 기준이 유일한 기준이 아니고 다양성이 존재함을 인식하도록 도와주기

✓ 여유를 가지고 몸을 움직이는 취미나 활동을 가져보도록 조언해주기

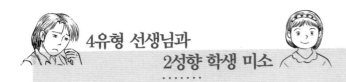

　미소는 이름 그대로 환한 미소와 상냥한 말투로 교사와 친구들에게 반갑게 인사한다. 긴장해 있는 개학 첫날부터 밝은 얼굴로 "선생님 작년에 몇 학년이셨어요? 선생님 이름이 뭐예요? 선생님 지나갈 때 봤어요." 하며 말을 건네주었다. 미소의 말에 내 얼굴도 밝아진다. 가끔은 왜 이렇게 가까이 다가오나 하는 생각도 들지만, 우리 반 학생이 나에게 관심을 보이는 것이 싫지 않고 반갑다. 다만 다른 선생님에게나 친구들 모두에게 관심을 보이는 모습을 보면, 나에게만 특별히 관심을 가지는 것은 아니라서 약간 씁쓸하다. 미소한테 특별한 선생님인 줄 알았는데 아쉽다.

　미소는 어려운 친구들이 보이면 잘 도와준다. 수학 시간이었는데 그날따라 문제가 어려웠는지 몇몇 아이들이 힘들어하고 있었다.
　"이번 시간 문제가 많이 어렵네. 어려운 친구들 손 들어볼래?"
　몇 명이 손을 든다.
　"도와줄…"
　"저요, 제가 도와줄게요."
　내 말이 끝나기도 전에 미소가 손을 들며 도와주려고 한다.
　"그래, 고마워. 같이 해결해보자."

　학급에 뭔가 해야 할 일이 있을 때도, 심부름시킬 사람이 필요할 때도 언제나 미소가 나서서 하려고 한다. 심지어 자기 과제를 다 못했는데도 친구를 돕고 싶어 한다. 그럴 땐 내가 못하게 할 때도 있다.
　"미소야, 네 과제부터 하고 하자."
　이럴 때 미소는 너무 아쉬워한다. 나는 미소의 이런 모습을 보면서 자기 할 것은 하고 다른 사람을 도와줘야 할 텐데 하는 생각이 든다.

　미소가 오늘도 활동을 다 못해서 남아 있는 한결이를 도와주고 있다.
　"미소야, 오늘도 방과 후에 뭐 없어? 집에 안 가도 괜찮아?"
　"네, 선생님. 오늘도 시간 있어요. 한결이 도와주고 갈게요."
　"그래, 고맙구나."
　"한결아, 너 오늘 집에 갈 때 우리 집 쪽으로 가야 한다. 오늘 내가 너 도와줬으니까. 알았지? 그리고 맛있는 거 사줘. 안 사주면 너랑 안 놀 거야."
　미소의 도움은 고맙지만 돕고 나서 은근히 무엇인가 바라거나 자기 뜻대로 친구가 해주기를 바라는 것이 신경 쓰인다.

"미소야, 그건 아니지. 그냥 도와줘야지. 아니면 그냥 집에 가도 좋아."

"아, 아니요. 그냥 장난으로 한 말인데. 헤헤."

나는 친구 관계에서 자기 마음대로 조종하려는 것이 2성향의 특징임을 알기에 미소를 있는 그대로 보려고 노력한다. 혼내기보다는 따뜻하게 말해주려고 한다.

4유형 선생님이 본 2성향 학생의 좋은 점

- 선생님에게 관심이 많고 감정적으로 친근하다.
- 도움이 필요한 친구나 선생님을 잘 도와준다.
- 친구들과 사이가 좋다.
- 따뜻하며 밝고 긍정적이다.

4유형 선생님이 본 2성향 학생의 힘든 점

- 도와주면서 다른 것으로 보상을 원하거나 은근히 부담을 줄 때가 있다.
- 친구 관계에 매달려서 학업과 관계에서 어려움이 생길 때가 있다.
- 자기가 친하게 지내고 싶은 친구와 다른 친구가 친해지는 것을 경계해서 갈등이 생긴다.
- 필요 이상의 도움을 줄 때가 있다.

4유형 선생님이 2성향 학생을 위해서 할 일

- ✓ 친절하고 상냥하게 말해주기
- ✓ 다른 사람을 신경 쓰는 것만큼 자신의 일도 잘 관리할 수 있도록 돕기
- ✓ 잘한 것을 찾아 칭찬해주기
- ✓ 학생이 하는 말이 대수롭지 않더라도 진심을 담아 들어주고 공감해주기
- ✓ 학생 자신이 진심으로 원하는 것을 알 수 있도록 질문하기

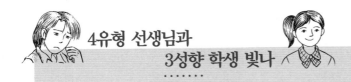

4유형 선생님과 3성향 학생 빛나
....

빛나는 작년 5학년 선생님이 극찬하는 야무진 학생이다. 용모도 단정하고 적당히 멋을 낼 줄 아는 예쁜 아이다. 첫날 자기소개를 하는데 몇몇 아이들이 작은 목소리로 말했다. 빛나가 내 답답한 마음을 알았는지 반 전체가 잘 들리게 낭랑한 목소리로 발표했다. 수업 시간에도 열심히 참여하는 모습이 좋았다. 긍정적이고 다른 친구들이 잘 해낼 수 있도록 격려하며, 리더로서 수업이 어려운 아이들을 옆에서 잘 도와줬다. 작년 선생님께서 빛나에 대해 왜 극찬했는지 이해가 되었다.

그러나 시간이 조금 지나자 빛나는 내 시선이 닿지 않는 곳에서 은근슬쩍 대충하기 시작했다. 1인 1역을 하고 하교하기로 했는데, 내가 볼 때는 열심히 하는 것 같더니 어느 순간 사라져버렸다. 다음 날도 또 후딱 하고 가려는 아이를 붙잡으니, 학원에 빨리 가야 한다며 대충했다.

수업 시간에 나의 시야 밖에서는 은근슬쩍 장난치고 떠들기도 했다. 과제도 멋있게 잘한 것 같은데, 꼼꼼하게 보면 잘못한 점들이 가끔 보였다. 칭찬해주면 무척 뿌듯해하고 친밀하다는 느낌을 받지만, 보완해야 할 점을 이야기하면 듣고 싶지 않아 했다. 게임 형태로 수업을 할 때 가끔 속임수를 써서 이기려고도 했다. 모둠에서 잘하지 못하는 아이가 걸리면 몰래 답을 알려준다든지, 틀렸는데 정답으로 점수를 계산한다든지. 속이면서까지 경쟁하는 아이가 나는 불편했다.

에니어그램을 배운 후 빛나가 얼마나 성과를 좋아하는 아이인지 알게 되었다. 빛나에게 상을 타는 일, 발표를 멋지게 하는 일, 보고서를 멋지게 작성해서 칭찬받는 일 등은 매우 중요한 일이지만 해도 별로 티가 나지 않는 일은 중요하지 않았다. 하루는 빛나가 창문을 열심히 닦고 나에게 잘했냐고 물었다. 나는 무척 잘했다고 하며 작은 일이지만 자기 몫을 끝까지 해내는 게 제일 멋지다고 칭찬해주었다. 그 뒤로 창문을 잘 닦는 날이 좀 더 늘어났다.

한편 빛나에 대한 내 기준이 높다는 것을 깨달았다. 빛나는 목표를 끝냈으니 다른 것을 해도 되겠지 하고 쉽게 생각한 것 같았다. 나는 빛나에게 하나의 활동이 끝나면 다른 아이를 돕는 수행목표를 주었다.

빛나의 과제에 대해서는 일단 잘한 것을 칭찬해준 후에 보완할 점 하나만 알려주어 수정하도록 했다. 빛나는 과제의 완성도를 높이기 위해 여러 번 수정하는 것을 받아들였다. 게임할 때 속임수를 쓰지 않도록, 먼저 전체 아이들에게 "게임에서 이기기보다는 솔직하게 하는 것이 더 멋있어."라고 했다. 때로는 솔직하게 말하여 손해 본 아이들에게 스티커를 더 붙여주고 "솔직해서 진짜 멋지다."라고 칭찬해주었다. 그랬더니 빛나도 좀 더 솔직해지고자 노력하였다.

4유형 선생님이 본 3성향 학생의 좋은 점

- 똑똑하고 야무지며 수업에 적극적이고 발표를 잘한다.
- 선생님을 도와주고자 상황을 살피며 그에 알맞게 행동한다.
- 모둠 친구들이 일을 잘 해내도록 격려하여 좋은 결과를 낸다.
- 자신이 하고자 하는 일을 성취하려고 노력한다.

4유형 선생님이 본 3성향 학생의 힘든 점

- 자신이 드러나는 일에는 열심히 하지만, 주목받지 않는 일에는 신경을 쓰지 않는다.
- 자신의 단점, 고쳐야 할 점에 대해 잘 들으려고 하지 않는다.
- 경쟁심 때문에 사소한 거짓말을 하거나 친구들을 몰아붙인다.
- 깊이 있게 생각해야 할 과제에 대해 진지하게 접근하지 않고, 화려하며 멋있는 결과를 빠르게 내는 것에만 치중한다.

4유형 선생님이 3성향 학생을 위해서 할 일

- ✔ 드러나지 않는 사소한 일에도 충분히 의미가 있음을 지도하기
- ✔ 결과만 아니라 과정에도 가치와 기쁨이 있음을 알려주기
- ✔ 학생의 효율성을 인정해주되, 과제의 완성도를 높일 수 있도록 안내하기
- ✔ 열심히 노력하는 것을 칭찬해주기
- ✔ 자신의 감정을 파악할 수 있도록 질문하기

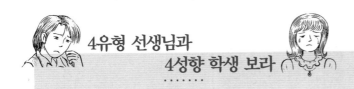

보라는 따뜻하고 애교가 있으며 수업에 열심히 참여하는 학생이다. 맑고 촉촉한 눈빛을 가진 보라는 특히 프로젝트 수업이나 미술 수업에 열정적으로 참여한다. 보라는 친한 친구들과 마음을 깊이 나누는 것을 좋아한다. 선생님과도 긴밀한 관계를 유지하길 원하며 살짝 와서 자신의 속내를 털어놓기도 한다. 방과 후에 자신의 고민이나 힘든 가정사에 대해 은근히 이야기하기도 한다. 딱히 문제가 없이 잘 지내는 것처럼 보이지만, 보라는 가끔 우울해 보인다. 친구와 함께 하는 협력학습이 잘 안되거나, 그림이 생각보다 잘 그려지지 않을 때, 아침에 엄마와 다투고 온 날 등은 표정이 어둡고 수업에도 잘 집중하지 못한다. 무슨 문제가 있냐고 물어보면 어떤 날은 속내를 잘 털어놓지만 때로는 고민하다가 주저하면서 "아무것도 아니에요. 별일 없어요." 하고 자기 자리로 돌아가곤 한다. 그러다가 한참 후에 고민을 털어놓기도 한다.

어느 날 보라가 우울한 표정으로 아무것도 안 하고 있었다. 나는 왜 그러는지 물어보았지만 별다른 대답 없이 계속 아무것도 안 해서 마음이 불편해졌다. 기분이 안 좋아도 할 것은 해야 한다고 구슬려 보았으나, 잘 통하지 않자 약간의 화도 삐죽이 올라왔다. 딱딱해진 선생님의 말투에 보라는 엉엉 울어버렸다. 쉬는 시간에 따로 불러 이야기를 들어보니, 엄마와 아침에 다퉈서 수업할 기분이 아니라고 했다. '기분은 풀어야 할 다른 문제이고 수업은 수업이지.'라고 말을 할까 하다, "네 마음이 상했었구나."하고 달래준 후에 아이의 고민을 진지하게 들어주었다. 그 후 보라는 다시 밝은 모습으로 수업에 집중했다.

보라는 친구들과 즐겁게 잘 지내다가도 가끔 사이가 틀어질 때가 있다. 친구가 자신을 싫어하는 것 같아서 스스로 친구를 멀리하거나 친구의 사소한 말에 상처를 받는데, 그럴 때는 참 안쓰럽다. 무심코 한 친구의 행동과 말에 상처를 받아서 수업에 집중하지 못하고 눈물까지 쏟을 때가 있다. 그러면 관계 회복을 하는데 많은 시간이 걸린다. 나는 보라가 수업의 흐름을 방해하거나 친구의 말을 계속 왜곡해서 들으면 답답하다. 그래도 보라 스타일을 알기에 일단 공감해주고 시간이 조금 흐른 후 상담을 한다. 친구들의 행동과 말의 의도나 성향을 설명한다. 그러면 다시 마음이 회복되어 언제 그랬냐는 듯 웃으면서 집에 돌아간다.

4유형 선생님이 본 4성향 학생의 좋은 점

● 작은 일에도 의미를 찾고 표현을 잘한다.

● 과제물을 아름답게 잘 꾸민다.

● 친구와 선생님에게 진실한 태도를 보인다.

● 창의적인 질문이나 답변으로 수업에 활력을 더해준다.

● 친구들이나 선생님의 감정을 잘 알아차리고 공감해준다.

4유형 선생님이 본 4성향 학생의 힘든 점

◆ 우울할 때는 수업에 참여하지 않고, 과제를 쉽게 해내지 못한다.

◆ 자신을 싫어하고 부끄러워하며, 다른 친구들과 자신의 관계를 왜곡한다.

◆ 오해가 생겼을 때 과하게 상처받거나 공격을 받았다고 생각한다.

◆ 기대치가 너무 높아서 스트레스를 받고 우울해한다.

◆ 자신의 것에 만족하지 못하고 다른 것을 갈망한다.

4유형 선생님이 4성향 학생을 위해서 할 일

✓ 학생의 감정을 살펴주되, 그 감정을 스스로 글로 정리하도록 안내하기

✓ 부모에게 학생의 성향을 알려주고 소통 방법을 소개하기

✓ 소소한 것일지라도 장점을 자주 칭찬해주기

✓ 우울한 감정이 반복되어서 상담을 원하면 전문가에게 상담을 의뢰하기

✓ 뛰어난 예술적 감성을 발견할 수 있도록 다양한 활동 권유하기

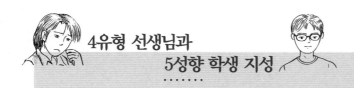
안경 속 큰 눈의 지성이가 껌뻑껌뻑 나를 쳐다보고 있다. 수업 시간이 되면 조용히 나의 말에 집중한다. 이해도 빠르고 잘 아는 눈치인데 발표는 하지 않으려 한다. 일부러 발표를 시켜보면 표정이 굳어지면서 머쓱하게 일어나 조용히 대답하곤 스르륵 앉아버린다. 그러면 '아, 싫어하는데 괜히 시켰나? 그래도 발표 능력을 키워 주고 싶은데.' 괜스레 미안해진다.

모둠 활동 중에 다른 아이들은 열심히 자기주장을 하는데 지성이는 그 모습을 그냥 관찰하거나 학습지부터 쓰고 있다. 조용히 다가가서 의견을 내는 게 어떤지 물으면, 난감한 표정으로 "네…"하고 얼버무리듯 말한다. 다른 모둠을 살핀 후 다시 잘하고 있나 가보면 지성이는 그 상황이 불편한지 어쩔 줄 몰라 한다.

어느 날 지성이가 평소보다 즐겁게 수업에 참여하고 있다. 친구들에게 자기 의견도 말하고, 자세히 들어보니 아이디어도 깊이가 있다. 평소에 관심이 많던 분야라서 그런지 열심히 한다. 말하는 목소리도 평소보다는 힘이 실려 있다. 관심이 있는 분야를 매일 공부하면 얼마나 좋을까마는… 그래도 이 순간 반짝이는 눈으로 몰입하고 있으니 정말 보기 좋다.

지성이는 대부분 쉬는 시간에 조용히 책을 읽거나 친한 친구 한두 명 정도와 작게 이야기한다. 내가 친해지고 싶어서 다가가면 당황하지만 그래도 질문을 하면 차분히 짧게 대답은 해준다. 일상이나 감정에 관해 물으면 딱히 할 말이 없는지 단답형으로 말하지만, 관심 분야를 물어보면 말이 많아진다. 그 분야를 좀 더 검색해서 알아보고 지성이랑 대화하니 지성이도 좋아한다. 가끔은 갑자기 다가와 자기가 좋아하는 곤충에 관해 이야기하고 간다. 사실 나는 곤충에 별 관심이 없지만, 지성이가 다가와서 말을 걸어주니 참 기쁘다.

지성이는 수업 시간에 말썽을 부리지도 않고 학급 생활도 잘하니 힘든 점이 없긴 하지만, 감정적 교류는 잘 하지 않는 편이라서 거리감이 느껴졌다. 그러나 에니어그램을 배우고 나서 5성향 학생은 너무 감정적으로 다가가기보다 탐구적 성향을 살려주는 것이 중요함을 알았다. 발표를 잘 하지 않고 목소리가 안 들려서 고민이었는데 지성이가 충분히 알고 있는 것에 대해 발표를 시키니 좀 더 잘하게 되었다. 당황하지 않도록 미리 준비할 시간을 주었더니 훨씬 나은 모습을 보여주었다.

4유형 선생님이 본 5성향 학생의 좋은 점

- 차분하고, 수업에 진지하게 참여한다.
- 기발한 아이디어를 내서 친구들도 호기심을 느끼게 한다.
- 관심 있는 주제에 대한 탐구심이 뛰어나 그와 관련하여 이야기를 깊이 있게 나눌 수 있다.
- 객관적인 사고력으로 사실 판단을 잘한다.

4유형 선생님이 본 5성향 학생의 힘든 점

- 교사만 아니라 친구와도 어느 정도 거리를 두며, 지적 우월감으로 상대방을 무시할 때가 있다.
- 내용을 알고 있어도, 발표가 필요할 때 잘 나서지 않는다.
- 자기가 할 것만 하고 다른 사람을 도와주지 않으며, 모둠 활동을 선호하지 않는다.
- 힘든 상황에 고립되면 결말이 날 때까지 혼자 생각만 한다.

4유형 선생님이 5성향 학생을 위해서 할 일

- ✓ 교사와 거리를 두는 학생의 모습을 수용해주기
- ✓ 발표를 어려워하는 학생에게는 관심 분야에 대해 미리 준비하도록 부드럽게 권유하기
- ✓ 어떤 활동을 할 때 활동의 이유를 명확히 알려주기
- ✓ 모둠 활동을 통해서 더 많이 성장할 수 있음을 안내하기
- ✓ 관계의 중요성을 알려주고 관심 분야가 비슷한 친구들과 관계를 맺을 수 있도록 기회 주기

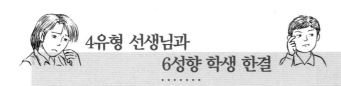

4유형 선생님과
6성향 학생 한결
·······

한결이는 차분하고 규칙을 잘 따르는 학생이다. 첫 만남 때는 약간 긴장한 것처럼 보였다. 규칙이나 숙제 등을 설명하면 한결이는 굳은 표정으로 만약 숙제가 힘들면 어떻게 해야 하는지, 규칙을 지키지 못하면 어떻게 되는지 질문하였다. 혼을 내거나 벌을 주기 위해 규칙이 있는 것이 아닌데, 계속 질문하니 내가 나쁜 사람이 되는 것 같아 마음이 불편했다. 나는 규칙을 잘 지켜서 안정적이고 따뜻한 교실이 되길 바라는데, 한결이의 질문 공세 때문에 다른 아이들까지 규칙이나 숙제에 대해 부정적으로 생각하게 될 것 같아서 걱정되었다.

그런데 의외로 한결이는 학급 규칙을 잘 따랐다. 나를 두려워하는 듯 긴장한 눈빛이 가끔 불편하지만, 종종 나에게 와서 일상을 이야기하는 모습이 싫지 않다. 시간이 지나면서 친구들이 무얼 잘못했는지 알려주기도 하고 오늘 있었던 일을 미주알고주알 이야기해주는 모습이 귀엽기도 하다. 한결이의 요구사항을 다 처리해주기는 좀 힘들지만….

한결이는 수업 시간에 종종 재치 있으면서도 다소 사회 비판적인 대답을 한다. 나 또한 무조건 긍정적이면서도 바른 정답은 재미가 없기에 학생의 그런 날카롭고 비판적인 생각과 재치가 있는 대답에 놀라우면서도 신이 난다. 내가 농담조로 대꾸해주면 한결이도 즐거워한다.

내게 좀 더 친밀감을 느끼게 된 것인지, 요즘은 내 주위를 어슬렁거린다. 갑자기 생각난 심부름을 부탁했는데 흔쾌히 하겠다고 한다. 같이 할 친구가 있으면 더 신나서 쌩하니 심부름도 가고 1인 1역 또한 열심히 한다. 학급에서 내가 실수로 놓치는 부분도 잘 알려준다. 내가 기억이 안 나는 부분이 있으면 한결이에게 묻기도 한다.

한번은 한결이가 친구들과 자꾸 다투고 수업 시간에도 산만하게 굴면서 딴지를 걸었다. 오늘따라 왜 그러지? 숙제를 못 했단다. 에니어그램을 배운 후 나는, 한결이가 잘못한 일이 생기면 불안해져서 더 예민하게 반응한다는 것을 알고 있다. 그래서 쉬는 시간에 숙제를 하라고 하고, 다 끝난 후 칭찬해주며 그럴 수도 있고 괜찮으니 다음엔 집에서 할 수 있도록 해보자고 부드럽게 이야기했다. 마음이 편안해졌는지 수업에 집중을 잘하고 눈빛도 부드러워졌다. 친구들에게도 상냥하게 대한다.

4유형 선생님이 본 6성향 학생의 좋은 점

- 신뢰하는 상대에게 호감을 표현하고 따뜻하게 말한다.
- 날카로우면서도 재치 있는 대답을 한다.
- 교사가 요구하는 방식을 잘 따르고 도움을 요청하면 잘 도와준다.
- 학습 태도가 성실하고 자신이 맡은 바를 책임감 있게 한다.

4유형 선생님이 본 6성향 학생의 힘든 점

- 불안해지면 계속 투덜대며 공격적으로 반항하거나 친구들과 시비가 붙는다.
- 장난을 좋아하는 친구들이 있으면 수업 분위기를 산만하게 한다.
- 자기 수준보다 좀 더 어려운 문제에는 도전하지 않는다.
- 교사의 방식에 잘 따라오다가도 가끔 의심하는 듯한 말을 한다.

4유형 선생님이 6성향 학생을 위해서 할 일

- ✓ 공격적이거나 투덜거리고 삐죽거리면, 아이의 불안을 알아차리고 공감해주며 괜찮다고 토닥거려주기
- ✓ 예시나 안내를 통해 좀 더 명확하고 자세히 설명해주기
- ✓ '자유롭게, 마음대로'라는 말은 오히려 혼란을 줄 수 있다는 것을 기억하기
- ✓ 무엇 때문에 두렵고 불안한지 질문하기

4유형 선생님과
7성향 학생 환희
······

언제나 기분이 좋은 환희. 오늘도 큰 목소리로 즐겁게 인사한다. "안녕하세요. 선생님!!!!" '지금 자습 시간인데 시끄럽게…' 내가 놀란 표정을 지으며 강한 눈빛을 보내니 환희는 그제야 자습 시간임을 눈치챘는지 싱긋 웃으며 자리로 들어간다. 나는 그 모습에 미소 짓는다.

수업 시간에 재미있는 주제가 나오면 환희는 신나게 발표한다. 웃기는 아이디어를 내고 엉뚱한 대답도 한다. 나도 정형화된 답은 별로 재미가 없기에 환희의 대답에 함께 맞장구친다. 이상한 발언을 할 때 나도 엉뚱하게 대꾸해주면 우리 반은 웃음바다가 된다. 그러다 갑자기 환희가 친구들에게 장난을 건다. '그래, 그 정도면 이제 집중할 수 있는 시간이 끝났지. 계속 재미있게만 수업할 순 없는데, 진지하게 끈덕지게 공부하는 것도 필요한데 걱정되네.'

"환희야, 조금만 더 집중해볼까?"
"선생님, 환희가 분필 지우개로 제 책상을 엉망으로 만들었어요!"
"뭐? 환희야, 왜 그랬니?"
"재미있을 거 같아서 그랬어요. 선생님 제가 빨리 물티슈로 닦을게요. 흐흐."

장난도 쉽게, 반성도 쉽게 하는 환희가 어이없지만 미워할 수 없는 귀여운 개구쟁이다. 친구들은 환희를 크게 혼내 달라며 항의할 때가 있는데 어떻게 해야 할지 고민이 되었다. 크게 혼낸다고 환희의 기질이 변화하지는 않을 텐데. 그래도 자신의 행동에 책임은 져야 하는데.

한번은 환희가 친구들과 장난을 치다가 다른 친구를 때려서 불려왔다. 심각한 얼굴로 혼을 내니 처음에는 가만히 있다가 곧 눈이 다른 곳으로 돌아간다. 심지어 다른 친구 얼굴을 보며 막 웃는다. 처음에는 이런 환희의 모습이 나를 무시하는 것 같아서 기분이 나쁠 때도 있었다.

에니어그램을 배우고 나니 환희도 나름대로 노력하고 있을 거라는 생각이 들었다. 자유로운 7성향이 학교의 규칙을 지키기가 얼마나 어려우랴. 연민을 갖고 대하니 환희도 나도 더 편해졌다. 환희는 감정적으로 말하기보다, 논리적으로 이유를 설명하면 전보다 나은 행동을 했다. 그럴 때마다 칭찬해주니 서로의 호감도 쌓여갔다.

4유형 선생님이 본 7성향 학생의 좋은 점

● 재미있는 활동에 즐겁게 참여하며 밝은 에너지를 발산한다.

● 관심 있는 주제로 수업할 때 빠르게 반응한다.

● 호기심이 많고 유머가 있어 수업 분위기를 즐겁게 만든다.

● 창의적인 아이디어로 수업을 풍성하게 해준다.

4유형 선생님이 본 7성향 학생의 힘든 점

◆ 차분하고 진지한 수업이 계속되면 지겨워하며 수업 분위기를 산만하고 시끄럽게 만든다.

◆ 자신이 맡은 역할을 책임감 있게 하지 않고 대충한다.

◆ 잘못에 대해 혼낼 때 진지하게 생각하지 않고 빨리 벗어나려고만 한다.

◆ 자기 입장만 생각하고 상대의 말에 진정성 없이 반응한다.

4유형 선생님이 7성향 학생을 위해서 할 일

✓ 한 가지 활동을 진지하게 오랫동안 하는 것이 쉽지 않음을 수용하기

✓ 평소에 잘한 행동을 했을 때 놓치지 말고 칭찬하기

✓ 교사와 좋은 관계를 형성하면 바람직한 행동을 더 많이 하므로, 혼내지 말고 타이르기

✓ 감정적으로 구구절절 말하지 말고, 원하는 것을 간단명료하게 말하기

✓ 적절한 보상을 해주면서 해야 할 일을 하도록 지도하기

4유형 선생님과 8성향 학생 진욱

"선생님, 이 학생 작년 5학년 짱이군요."

아직 만나지도 않았는데 미리 강렬한 인상을 갖게 하는 진욱이. 명단 속 진욱이 이름을 보며 개학 일주일 전부터 마음을 다잡는다. '강한 말에 흔들리면 안 돼.' 개학 첫날 아이들에게 규칙에 대해 안내해주었다. 수업 시간에 떠들면 안 된다. 집중해야 한다 등등. 그런데 갑자기 진욱이가 짝꿍의 의자를 뒤로 넘기는 장난을 한다.

"진욱아, 장난치지 마."

"저 장난 안 쳤어요!"

"방금 봤는데 거짓말하는 거야? 거짓말하면 안 돼."

"거짓말 안 했어요."

"친구 의자 뒤로 넘기지 마. 다친다."

나의 말에 시비조로 강하게 말하는 진욱이를 보며 화도 나고 긴장도 된다. 학생들에게 무서운 선생님이 되고 싶지는 않은데 진욱이의 행동에 나도 모르게 화가 나고 큰 소리를 내려고 한다. 그런 나의 모습을 보고 아이들이 긴장하는 것 같아 싫다. 나는 부드러운 교사가 되고 싶은데.

진욱이는 친구들 사이에서 묘한 기류를 풍기며 자신이 힘이 세다는 것을 과시한다. 친구가 지나가는데 어깨로 툭 치면서 이야기하거나 껄렁껄렁하게 의자를 흔들거리며 앉는 등의 행동을 하고 있다. 그 모습이 여간 신경 쓰이는 것이 아니다. 그러나 휘둘리면 안 되기에 애써 아닌 척, "친구 부를 땐 어깨 치지 말고 말하렴. 의자에 바른 자세로 앉을까?"라고 차분히 말했다.

서로 사이가 틀어지지 않기 위해 칭찬에도 신경 쓴다. 운동할 때 잘하면 역시 힘이 세다고 칭찬하며, 심부름을 하겠다고 나서면 믿음직하다고 다른 아이들보다는 훨씬 많이 칭찬하고 있다. 애써 노력하는 내 모습이 불편하지만, 진욱이와 좋은 관계를 만들기 위해 일 년 내내 신경 썼다.

진욱이와 적절한 경계를 유지하면서도 선생님이 너를 좋게 생각한다는 것을 계속 보여주자 진욱이가 예전보다 편해졌다. 진욱이도 일부러 떠보는 행동이나 훅 치고 들어오는 행동이 많이 줄었다. 심지어는 어느 날 교실에서 유리가 깨졌는데, "선생님, 제가 하겠습니다. 비켜서 계십시오."라고 해서 고마웠다.

그렇다고 해서 사건이 없는 건 아니었다. 다른 학교 학생들과 싸우겠다고 나서서 반성문을 쓴 일도 있었다.

"선생님은 혹시 너나 친구들이 다칠까 봐 무척 걱정했어. 평소에 네가 행동을 잘했더라도 이렇게 힘을 잘못 쓰면 모두 물거품이 될 수 있어. 그런 순간에 조금만 참으면 어떻겠니?"

순간적으로 힘을 쓰고 싶은 본능이 나오는 건 어쩔 수 없지만, 그 순간 잠깐이라도 멈출 수 있는 진욱이가 되어 가는 것에 감사하다. 앞으로도 진욱이를 격려하며 도와주려고 한다.

4유형 선생님이 본 8성향 학생의 좋은 점

- 의리가 있고, 학급에서 힘을 사용해야 하는 활동에 적극적으로 나선다.
- 강한 어조로 다른 아이들이 수업에 집중하도록 이끌 때가 있다.
- 자신이 좋아하거나 관심 있는 분야에는 열정적으로 행동한다.
- 자기 생각이나 감정에 솔직하고 꾸밈이 없다.
- 자기편인 사람들은 확실하게 보호한다.

4유형 선생님이 본 8성향 학생의 힘든 점

- 학기 초에 교사와 힘을 겨루려고 해서 학급 분위기를 흐린다.
- 생각 없이 말을 툭툭 내뱉고, 예의 없게 공격하는 투로 말한다.
- 교사에게 쉽게 반항하고, 친구들 위에 군림하려고 한다.
- 자기 마음이 불편하면 화를 크게 낸다.
- 과격하게 놀아서 다른 친구들이 다칠 수 있다.

4유형 선생님이 8성향 학생을 위해서 할 일

- ✓ 먹을 것을 좋아하니 초콜릿이나 사탕 등을 챙겨주며 호감을 표현하기
- ✓ 말이나 행동을 강하게 할 때 무심히 반응한 후, 따로 불러 이야기하기
- ✓ 학생이 열심히 할 때 칭찬하기
- ✓ 학생의 힘을 장점으로 여기고 그 힘을 좋은 곳에 쓸 수 있도록 기회를 주기
- ✓ 규칙을 지킬 수 있도록 일관성 있게 지도하기

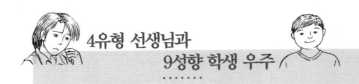

착하고 곰돌이 같은 순둥이 우주. 오늘도 느긋하게 천천히 자리에 앉는다. 우주는 서두르는 법이 없다. "우주야, 이제 끝내야지."라고 크게 말하니 화들짝 놀라 막 서두르는데 놓치는 것이 많다. 결국 빠진 부분을 내가 다 챙긴다. '에구, 저렇게 잘 챙기지 못해서 어쩌지? 이제 4학년이 되는데 잘할 수 있을까?' 챙길 게 많아도 우주가 우리 반에 있어서 고맙다. 몇몇 시끄럽고 말썽 많은 친구들과 한바탕하고 후다닥 아이들을 집으로 보내고 나면 마음이 불편할 때도 있는데, 집에 가기 전에 편안한 얼굴로 인사하는 우주를 보면 내 마음도 편안해진다. '그래, 우리 우주 같은 친구도 있지. 우리 반이 모두 말썽꾸러기는 아니지.'

어느 날, 방과 후에 숙제를 다 못한 친구들은 남아서 하고 가라고 했다. 아이들이 투덜거리기 시작한다.
"아, 학원 빨리 가야 해요."
"집에서 해올게요. 선생님."
이미 시간은 충분히 줬는데 쉬는 시간에 실컷 놀기만 하다가 이제 와서 짜증을 내니 나는 기분이 나쁘다. 하지만 저만치 멀리서 우주는 열심히 숙제를 하고 있다. 미리 하지는 못해도 불평하지 않고 묵묵히 하는 우주가 참 예쁘다. 열심히 하는 모습을 칭찬했더니 미소 짓는다.

오늘은 수업 시간이 빠듯하다. 내가 수업 활동을 너무 많이 계획했기 때문이다. 시간에 맞추려고 어쩔 수 없이 말이 빨라진다. 활동을 제시한 후 돌아다니면서 학생들을 봐주었다. 다른 아이들은 이제 반쯤 했는데 우주는 아무것도 안 하고 있다.
"우주야 뭐하니?"
"어떻게 하는 것인지 모르겠어요."
"그럼 짝꿍이나 선생님에게 물어봤어야지."
열심히 듣거나, 모르면 물어보거나 해야 하는데 가만히 있는 우주가 답답하다. 항상 내가 자세히 설명해줄 수는 없는데, 매번 잘 들었는지 확인하고 다시 설명해야 하는 게 번거롭기도 하다. 내가 설명을 잘하지 못하나 하는 마음이 든다.
에니어그램을 배운 후 학생마다 받아들이는 속도가 다름을 깨달았다. 우주에게는 단순화하여 되짚어서 설명해주는 것이 도움이 되었다. 명확한 목표가 생기고 좋은 습관이 몸에 배면 꾸준히 잘할 수 있다는 것도 알았다. 내 열정으로 한 번에 쏟아붓듯이 가르친 뒤 잘 안 된다고 실망하지 않기로 했다. 차근차근 매일 가르치다 보면 우주는 조금씩 변화할 거라 기대하게 된다. 그 믿음에 우주도 조금씩 반응하는 것 같다.

4유형 선생님이 본 9성향 학생의 좋은 점

- 착하고 순하며 교사의 말을 잘 따른다.
- 대부분 규칙을 지키고 활동에 잘 참여한다.
- 묵묵하게 자기 할 일을 하며, 모든 상황을 잘 수용한다.
- 친구 사이에서 편하고 좋은 관계를 유지한다.

4유형 선생님이 본 9성향 학생의 힘든 점

- 수업 중에 멍하게 있거나 해야 할 것을 못 듣고 놓치는 경우가 있다.
- 화를 잘 내지 않지만, 갑자기 화를 내며 폭발할 때가 있다.
- 결정해야 하거나 주장해야 하는 순간에 할 말을 잘하지 못한다.
- 새로운 것을 하거나 문제를 빠르게 해결하는 것을 힘들어한다.

4유형 선생님이 9성향 학생을 위해서 할 일

- ✓ 수업을 잘 따라오고 있는지 자주 확인하고 개별적으로 잘 챙겨주기
- ✓ 상대에게 맞추느라 놓치기 쉬운 자신의 감정과 욕구를 알아차릴 수 있도록 질문하기
- ✓ 자신의 생각을 표현할 수 있도록 다양한 기회를 주고 충분히 기다리기
- ✓ 원하는 것을 선택할 수 있게 예시를 들고 단계별로 연습하도록 지도하기
- ✓ 생활 습관이 잘 잡히지 않은 학생은 관심을 가지고 꾸준히 안내하면서 잘할 때 칭찬해주기

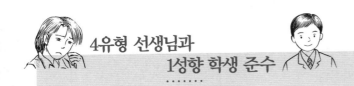

준수는 반듯한 모범생이다. 개학 첫날 바른 자세로 앉아 나를 진지하게 쳐다보던 준수는 수업 시작 전에 미리 교과서를 준비하고 필요한 준비물을 챙겨놓는다. 수업 종이 울리자 아이들이 법석을 떨면서 앉는다. 아직 준비가 안 된 학생이 있어 기다려 주었더니, 준수 표정이 굳어진다.

"선생님, 환희는 아직 교과서 안 꺼냈어요. 수업 종이 쳤는데 빨리 수업 시작하죠."

준수는 자주 아이들을 판단하며 나를 재촉한다. 줄서기, 급식실에서 조용히 하기, 책 꺼내기 등등. 내가 알아서 하고 싶은데, 어느 정도는 허용도 해주고 싶은데, 나까지 판단을 받는 느낌이다.

1교시 사회 시간에 아이들과 선거에 대해 이야기 했다. 아이들이 몹시 흥미로워했다.

"선생님, 2교시 수학 시간인데 그냥 사회 수업을 하면 안 될까요? 공약 정한 거 빨리 발표하고 싶어요."

몇몇 아이들이 사회 수업에 푹 빠져든 모습에 흐뭇해하며 반 전체에게 2교시에도 사회를 할지 의견을 물었다. 많은 학생이 바꾸길 원해서 변경하기로 했다. 준수가 짜증 난 표정으로 나에게 왔다.

"선생님, 다음 시간은 수학시간이잖아요. 그런데 왜 바꿔요? 교과서도 다 준비해놨는데. 노트에 과목도 다시 바꿔 적어야 하잖아요. 볼펜으로 썼는데."

나는 학생들의 호응도에 따라 시간표를 변경하고 싶은데 준수가 계속 신경이 쓰여 그 아이 표정이 안 좋으면 추진하기가 망설여진다.

에니어그램을 배우고 준수의 성향을 알고 나니 그 아이의 완전함을 향한 강렬한 추구를 이해하게 되었다. 규칙을 지키고 싶고 다른 사람도 규칙을 잘 지키길 원하는데 현실은 그렇지 않으니 얼마나 스트레스였을까. 그런 아이가 다른 선생님보다 훨씬 자유롭게 허용해주는 나를 만나니 모든 게 탐탁지 않았을 것이다. 준수의 성향을 수용하게 되니 스트레스를 덜 받게 되었다.

나는 준수가 규칙을 지키지 않는 친구들을 비난할 때, 옳은 것이 중요한 준수의 마음을 헤아려 주었다. 준수가 규칙을 잘 지키는 것은 큰 장점이라고 칭찬하고 다른 친구들을 위한 대안은 없을까 같이 고민해 보았다. 문제의 해결법을 찾은 준수는 훨씬 편안해하였다. 이후 준수는 훨씬 적극적으로 날 도와줬다. 시간 관리, 줄 세우기, 학급 정돈, 자료 준비 등에서 준수는 나보다 훨씬 꼼꼼하게 챙겼다.

또 준수에게 시간표대로 수업을 진행하는 것도 좋지만, 아이들이 동기부여가 되었을 때 공부하면 더 효과적이지 않을까 하고 질문했다. 그리고 평소에는 최대한 시간표를 지켰다. 그렇게 하니 준수가 좀 더 이해해주었다.

평소 준수는 본인의 높은 이상으로 인해 스스로 스트레스가 심한 편이다. 그래서 준수의 능력 및 습관을 살펴보며 충분히 잘하고 있다고 지지해주었다. 때로는 쉬는 시간에 게임이나 스트레칭으로 긴장을 풀어주었더니 훨씬 부드러워져서 다른 사람에 대한 비난도 줄어들었다.

4유형 선생님이 본 1성향 학생의 좋은 점

- 규칙을 잘 지키고 자기 할 일을 잘한다.
- 수업에 열심히 참여하고 집중을 잘한다.
- 학급에 문제가 생겼을 때 체계적이고 꼼꼼하게 해결방안을 제시한다.
- 솔선수범해서 친구들에게 모범이 된다.

4유형 선생님이 본 1성향 학생의 힘든 점

- ◆ 규칙에 너무 얽매여 있으며, 모든 학생에게 똑같은 규칙을 공정하게 적용하라고 요구한다.
- ◆ 친구들을 옳고 그름으로만 판단해서 갈등이 생긴다.
- ◆ 비판적인 의견을 자주 이야기한다.
- ◆ 내면의 기준이 높아서 자신을 힘들게 한다.

4유형 선생님이 1성향 학생을 위해서 할 일

- ✓ 교사의 자유로운 성향이 학생에게는 힘들 수 있음을 인지하고, 원칙과 기준을 지키되 변경할 때에는 이유를 설명해주기
- ✓ 공정이 필요한 상황과 포용이 필요한 상황이 있음을 알려주기
- ✓ 지금도 충분히 잘하고 있음을 칭찬하기
- ✓ 예술 활동을 통해 사고의 유연성을 길러주기
- ✓ 긴장을 풀 수 있도록 학생이 좋아하는 활동을 함께 찾아보기

3부
유형별 삶의 여정

5유형
자기보존본능

무엇을 얼마나 더 알아야 할까?

내가 원했던 교직이었고 무언가를 가르친다는 것은 흥미 있는 일이었다. 하지만 사람들과 어울리는 것보다는 혼자 있는 것을 좋아하는 내 성격상 사람들 앞에서 말하는 일을 힘들어한다는 것은 알고 있었다. 그래도 배우는 것 자체를 좋아하니까 필요한 전문 지식과 기술을 배우고 경험을 쌓다 보면 내가 겪는 어려움은 쉽게 해결될 것이라고 생각했다.

부지런히 책과 방송, 교육잡지를 찾아보았고, 관심 분야라면 자율연수라도 지역 상관없이 배우러 다녔다. 그런데 배운 것만 잘 적용하면 되리라는 기대와 달리, 하나를 배우고 적용할 때마다 또 다른 문제와 한계가 보였다. 점점 더 본질적인 답을 찾아가는 과정이라고 여기며 배움을 이어갔지만 해결되지 않는 것들은 여전했고 배운 것들을 적용하는 데도 한계를 느껴 답답하기만 했다.

그 채워지지 않는 갈급함의 여정 속에서 2011년 1월 좋은교사 자율연수로 에니어그램을 만났다.

정말 알아야 할 것은 나였구나!

강의식 연수가 아닌 대화를 통해 속마음을 나누는 방식이 내게는 낯설었다. 게다가 3일간의 연수로 배움이 끝나는 줄 알았는데, 매달 진행되는 후속 모임이 있다고 했다. 부담스럽기도 했지만 강렬한 호기심은 나를 계속 모임으로 이끌었다.

그렇게 모임에 참여한 지 6개월쯤 되었을 때 나의 진짜 유형을 깨닫게 되었다. 처음 연수에서 1유형이라고 확신했는데 내 유형이 아니었다니! '내가 알고 있던 나'와 '실제의 나'가 이렇게나 다르다는 것에 너무 혼란스럽고 힘든 시간이었다. 한편으론 진짜 내 모습을 보게 되자 지금껏 '될 수 없는 나'로 살아가고자 애써왔던 나 자신이 참으로 안쓰러웠다. 그동안 얼마나 많은 자책과 비난, 판단과 날카로운 조언을 나 자신에게 쏟아부었던가, 그러면서 또 얼마나 많이 좌절하고 괴로워하며 나를 미워했던가.

나를 있는 그대로 인정하고 보게 되자 나와 정말 다른 아이들이 눈에 들어오기 시작했다. 그동안 나는, 옳다고 생각했던 '내 유형의 기준(나만의 기준)'을 아이들에게 강요하며 그들을 통제하고 있었다. 그것을 알게 되니 마침내 그들이 얼마나 애쓰고 있는지가 보였다. 정말 미안했다.

내가 그어 놓았던 선, 이제는 넘어 가보자!

마침 '내면작업'에 초청을 받았다. 일 년간 같은 사람들과 깊이 있는 관계를 이어가는 것. 관계와 소통은 나에게 가장 어려운 과제이기에 새롭고 깊은 관계가 두려웠지만, 나의 내면을 제대로 알고 더 나아지고 싶었기에 용기를 내었다. 결과적으로 이 새로운 도전은 내 내면을 깊이 알게 해 주었고, 그동안 덮어두었던 상처도 치유하는 계기가 되었다. 또 함께 하는 사람들이 얼마나 소중하고 힘이 되는지를 느끼는 기회가 되었다.

이런 과정을 경험하면서 내가 얼마나 내 유형의 익숙한 모습대로 살려고 하는지를 깨달았다. 자신에 대해 아는 것만으로는 쳇바퀴 같은 삶에서 벗어날 수 없다. 성장하려면 결국 자기 패턴을 벗어나는 선택을 해야 했다. 내가 정해 놓은 한계 밖으로 나가서, 내가 아는 것을 실천하는 부분은 쉽지 않았다. 끊임없는 내면의 갈등과 씨름하고, 낯선 내 모습과 감정에 때론 위축되어 물러서기도 하며 멈출 때도 있다. 그렇지만 그것이 진정으로 자아를 부인하는 길이었고, 그로 인해 참된 자유와 진정한 평안을 경험할 수 있었다.

계속되는 여정

같이 작업을 했던 선생님들보다는 더디지만, 내가 가야 할 방향을 놓치지 않고 깨어 있으려고 노력한다. 만나는 아이들의 성향을 관찰하다 보면 한 명 한 명이 모두 소중하고, 당장 변화가 없더라도 그들의 잠재력에 기대감을 품게 된다. 그래서 주변 선생님들과 관심을 보이는 이웃, 학부모님께 에니어그램을 소개하고 있다. 부모나 교사가 자신이 할 수 있는 최선의 방식으로 사랑하지만 서로의 다름 때문에 소통이 되지 않아 상처를 주고받았던 마음들이 치유되고 회복되기를, 아이들의 타고난 모습이 그대로 인정받고 건강하게 자라기를 기대한다.

과거에는 그저 앉아서 배우고 알기만 하면 다 해결되리라 믿었던 나는, 이제는 몸을 움직여 부딪쳐 살아가지 않으면 그 배움은 의미가 없음을 깨닫는다. 앎에서 삶으로 실천하면서 하나님이 이끄시는 참된 삶의 열매가 있기를 소망하며 이 길을 가고 있다.

이성심(서울 강명초등학교)

5유형
사회적본능

EBS '선생님이 달라졌어요' 에서 돌아본 나

2011년 EBS '선생님이 달라졌어요'에 출연하기 까지 교사로서 여러 가지 고민이 있었다. 방송을 통해 내가 아이들과 소통하는 모습이 어떤지 새삼 알게 되었고, 그 후 내가 어떤 사람인지 좀 더 객관적으로 알고 싶어졌다. 마침 에니어그램 연수를 알게 되어 참여하게 되었다. 5유형에 대한 설명을 들으면 들을수록 유쾌하여 웃음이 절로 나왔다. 정말 내 마음을 말해 주는 것 같아서 속이 시원했다.

5유형이 머리중심이라는 설명이 확 다가왔다. 가슴으로 느끼는 것도, 몸으로 움직이는 것도 참 안되는 나 자신인 줄 진작 알았던 터였다. 나란 사람에 대해 알면 알수록 남에게 관심이 없던 내 모습이 떠올랐다. 남들이 나로 인해 불편하고 오해할 수 있는 일들이 있음을 알게 되었으며, 그런 오해를 풀 생각도 없이 인간관계를 종료해 버렸던 지난날들이 스쳐 지나갔다. 소중한 인연을 얼마나 쉽게 놓쳤는지, 그런데도 내 곁에 남아준 사람들이 얼마나 고마운지 새삼 깨닫게 되었다.

전문 강사가 되기까지

4일간 여름 연수를 마치고 나의 기본적인 성향을 알게 되었지만, 그래서 어떻게 살아야 하는지 사람들과의 관계를 어떻게 풀어야 하는지 여전히 의문으로 남았다. 아는 사람이 없는 모임에 가는 것이 긴장되는 일이었지만 알고 싶은 마음이 더 컸기 때문에 매달 1회 토요일 워크숍에 참석했다. 여러 유형의 사람들이 모여 자유롭게 이야기하는 분위기가 낯설 법도 한데, 5유형에 대해 편견 없이 바라봐 주는 것만으로도 마음이 편해졌다. 여러 유형의 이야기가 미지의 세계처럼 느껴졌고 다른 사람들의 마음에 대해 알게 되니 나로 인해 상처받은 사람들이 있겠구나 싶었다.

2013년, 매월 2회 내면작업을 하는 모임이 개설된다는 안내를 받고 고민하지 않고 신청했다. 여전히 인간관계에 대한 불편한 감정과 소통에 대한 어려움이 있었기 때문이다. 내 안의 두려움이 얼마나 벽을 만들고 있었는지 알게 되었지만, 여전히 두려움과 슬픔, 절망 등 내 안의 감정을 만나고 표현하는 것은 어려웠다. 감정과 맞닿아 있는 다른 사람들의 이야기를 들으면서 나에게도 그런 감정이 있었다는 것을 깨닫기도 했다.

머리로 이해하고 문제를 해결하면 다른 것은 문제가 되지 않았던 나의 방식이 얼마나 감정과 떨어져 있는지 알게 되었다. 모임에서 나눈 이야기, 사람들의 표정과 눈빛이 일상 속에서 문득문득 떠오르면서 나를 더 깨어나게 했다.

편안해지는 나

교사로서 다른 사람 앞에서 자신을 드러내는 일은 긴장되었지만, 에니어그램을 통해 나의 불편한 모습도 있는 그대로 수용하게 되니 한결 편해졌다. 더 나아가, 나라고 생각한 틀 속에서 지내는 것이 편안한 삶인 줄 알았는데 그 틀 너머의 삶으로 한 발 내딛는 것이 진정한 평안임을 깨닫는다. 본연의 나를 만나는 길을 찾게 된 것이다.

요즘은 일상에서 함께하는 가족들에게 소소한 안부를 묻는다. 평범한 일상을 살아가는 일에 소중함을 느낀다. 에니어그램은 이상을 추구하는 사회적 5유형에게 이상과 현실을 연결해 주는 도구 같다.

계속되는 여정

나를 편견 없이 바라보게 되니 타고난 자신의 성향대로 살 수밖에 없는 아이들에게 연민의 마음이 싹텄다. 어떤 아이에겐 '사랑해'라는 말이 더 필요하고, 또 다른 아이에게는 부드러운 스킨십이, 또 다른 아이에게는 눈에 보이는 보상이 필요하다는 것을 알게 되니 각각의 마음을 울릴 수 있는 것이 뭘까 고민하게 되었다. 아이들과 공명하게 되니 교사의 삶이 무척 의미 있게 느껴진다.

주변 사람들과 동료교사들에게 에니어그램에 대해 나누면서 자신에 대해 알아가고 가족들과의 갈등에 대해 실마리를 찾았다는 피드백을 듣기도 한다. 주변 사람들에게 도움이 되는 것을 보면서, 느리지만 꾸준히 실천하며 이 여정을 계속 걷고자 한다.

박소형(부산 부산진초등학교)

5유형
일대일본능

시작은 아들 때문

몇 년 전부터 먼저 에니어그램 공부를 시작한 친한 선생님이 자주 나에게 에니어그램 공부를 권하였다. 당시 나는 인간관계에 큰 갈등 없이 무난하게 지냈고, 이미 많은 성격유형에 대해 조금씩 접하고 그 한계를 느껴 회의적이었다. 그러다 2015년, 이제는 에니어그램을 공부해야겠다고 마음을 바꾸게 되었는데 그것은 도저히 이해할 수 없는 아들의 행동 때문이었다. 7살이 된 아들은 무섭다며 혼자서는 화장실에 가지 못했다. 유치원 친구들에게서 화장실에 귀신이 나온다는 이야기를 들은 이후부터는 더더욱 혼자 화장실 가는 것을 두려워했다. 때마침 겨울방학 때 일정이 맞아 4일 연속 에니어그램 기초 및 심화 강의를 들으며 아들의 성향뿐 아니라 나의 유형까지도 찾을 수 있었다. 아들의 성향을 알게 된 후, 아들을 대하는 내 마음이 편안해졌다. 기초·심화 강의 이후의 내면작업 모임에도 자연스럽게 참석하게 되었다. 배우는 것을 좋아하는 5유형인데다 깊이 연결되기를 좋아하는 일대일 성향을 지닌지라 소그룹으로 내면 이야기를 편안하고 진실하게 할 수 있는 분위기가 참으로 좋았다.

초기 내면 작업

초기 2년, 내면작업을 하는 동안 내가 썼던 글들을 살펴보면 나는 나를 관찰하는 것보다는 다른 유형을 알아가는 것에 더 관심이 많았던 것 같다. 교만하게도 나는 이미 나 자신을 매우 잘 알고 있다고 여겼다. 나의 단점을 극복하고 타인과 더불어 살기 위한 나만의 노하우를 나름대로 터득하여 그럭저럭 잘 살고 있다고 여긴 듯하다. 내 유형보다는 다른 유형에 대한 정보를 축적하며 알아가는 자체가 기뻤다. 새로 만나는 학급 아이들과 주변 사람들을 관찰하며 그들의 유형을 추측하는 것이 하나의 재미가 되었다. 한 달에 한 번 내면 작업 모임에서 여러 유형의 이야기를 생생히 들으면서 가족, 학생, 동료들을 생각하고 구체적으로 어떻게 대해야겠다는 결심을 하며 항상 기분 좋게 집으로 돌아갔다. 학생들이 이해되니 화가 나지 않았으며, 학생들 또한 마음을 잘 열었다. 막연했던 상대를 안다고 생각하니 위축되는 마음이 사라지고, 관계에서 더욱 자신감을 가지게 되었다. 그렇게 나는 나 자신을 들여다보는 것보다는 남을 보는데 더 바빴다.

중국에서 더 많이 발견하는 나의 모습

2017년부터 고용 휴직으로 중국에서 일하게 되었다. 학기 중에는 온라인 카페 활동과 화상 강의를 통해 에니어그램 모임을 이어갔고, 방학 때는 한국에 와서 모든 에니어그램 연수를 수강하고 내면 작업 모임에 참여하였다. 중국에 있는 동안 만날 수 없는 모임이라 더욱 귀하게 여겼다.

중국으로 가기 직전 나와 같은 5성향 딸이 거식증에 걸린 것을 알았다. 학교 일에 지나치게 몰두하며 내 성장만 신경을 쓰느라 막상 우리 집 아이들을 잘 챙기지 못한 결과였다. 감사하게도 새벽기도와 공동체의 기도 가운데 딸은 기적같이 나았다. 현재 나는 중국에서 자녀들과 학급 아이들을 균형 있게 돌보기 위해 노력하고 있다. 모든 관계에 진심을 담되 지나치지 않으려고 한다.

계속되는 여정

나는 다른 사람들이 나의 경계를 넘어오는 것을 극도로 힘들어했다. 내 삶에 대해 이래라저래라 참견하는 것을 싫어하여 그런 사람에게는 선을 긋고 거리를 두어 왔다. 하지만 이제는 생각이 조금씩 달라지고 있다. 내 학급경영방식에 대해 다른 유형의 조언을 거부하지 않고 받아들이는 것은 나로서는 크나큰 발전이다. 다른 시각을 가진 사람이 내가 미처 깨닫지 못한 부분에 대해 알려주는 것을 거부할 필요는 없다고 생각한다.

여태까지 학급 아이들을 대상으로만 에니어그램 활동을 했는데, 좀 더 반경을 넓혀 학년 전체 대상 에니어그램 동아리를 개설했다. 아이들이 자신의 성향을 발견하고 서로를 이해하는 모습에 흐뭇함을 느낀다. 방학 때는 선생님들과 학부모님을 대상으로 에니어그램 강의를 했는데 이 또한 반응이 좋아 기쁘다. 이분들이 교육 현장에서 에니어그램을 건강하게 활용하기를 바란다.

에니어그램을 배우기 전에는 지금도 나쁘지 않다고 생각했다. 도토리에서 참나무로 굳이 성장하고 싶지 않았다. 하지만 배우면 배울수록 알게 되는 내 모습을 보고 계속 이렇게 살 수는 없다고 생각했다. 성장의 과정은 아프기도 하지만, 하나님이 창조하신 본연의 모습으로 살기 위해 이 길을 계속 가야겠다.

황유연(북경 한국국제학교)

6유형
사회적본능

교사가 되고 싶었던 나

초등학교에 입학하고부터 나의 꿈은 선생님이었다. 좋은 선생님을 만날 때면 나도 그런 선생님이 되고 싶었고, 내가 보기에 별로인 선생님을 만나면 그 반대의 선생님이 되고 싶었다. 이 세상에서 가르치는 일처럼 의미 있는 일은 없는 것 같았고 주일학교 교사를 하며 나의 적성에도 알맞다고 여겼다. 선생님이 되고 나서 나는 무척 신이 났다. 물론 처음 발령받은 학교에서 일부 교사들이 승진과 성과 중심으로 사는 것에 실망하기도 했지만, 아이들을 만나는 일 자체는 너무나 좋았다. 좋은 아이들을 만나 내가 아이들에게 배우는 소중한 순간이었다. 학교에 가는 것이 즐거웠다.

처음 만난 에니어그램

학교를 두세 번 옮기는 동안 교직 사회는 많이 변해갔다. 교사는 '을'의 모습이 되어 이곳저곳에서 치이게 되었다. 나는 예전과 변한 게 없는 것 같은데 학부모 민원의 대상이 되기도 했다. 평균적인 가르침으로는 대할 수 없는 아이들이 늘어갔다. 나는 위기를 의식하고 여러 연수에 참여했다. 에니어그램도 그런 연수의 하나로 배우게 되었다. 처음에 에니어그램은 그리 매력적이지 않았다. 나의 유형이 마음에 들지 않았을뿐더러 비판받는 것처럼 느껴졌다. 그러다 정말 힘든 아이와 1년을 보낸 후 아이를 이해하고 싶어 에니어그램을 다시 찾게 되었다. 교사의 역할을 잘 감당하고 싶어 시작한 에니어그램은 그 후 나의 삶을 바꾸어 놓았다.

나를 알아가기

좋은 선생님이 되고 싶었을 뿐이다. 그러나 나는 나를 잘 몰랐다. 나를 봐야 하는데 바깥만 보고 있었다. 에니어그램은 내가 어떤 사람인지 알려주었다. 마음속 두려움을 알려주었고, 그 두려움이 실체가 아니라는 것을 알게 되었다. 나는 다른 사람의 시선에 많이 좌우되었다. 책잡히는 삶을 살지 않으려고, 남에게 폐를 끼치지 않으려고 할수록 나는 더 경직된 사람이 되었다. 아이들이나 환경을 탓하며 이 모든 공격에서 나를 보호하려고 방어하느라 진실한 삶을 살 수 없었다.

이제는 나를 두려움 속에 그냥 두는 일을 하나씩 해보고 있다. 그대로 두어도 잘못되지 않았다. 생각보다 안전한 세상에 살고 있다는 것을 작은 경험들 속에서 깨닫고 있다. 타인의 시선보다는 그 순간순간을 누리고 현명하게 선택하며 살아가고 싶다.

에니어그램으로 변화되기

우리 반 아이들이 처음엔 한 덩어리로 보였다. 자녀를 낳고 키우면서 우리 반 아이들이 소중한 존재라는 것은 알게 되었지만, 아이들을 각자의 특성에 맞게 대하는 것이 어려웠다. 다르게 대하는 순간 평등이 무너질 것 같았고 무언가 잘못될 것 같은 두려움을 느꼈다. 그러나 에니어그램을 통해 각각의 성향마다 대하는 방식이 달라야 함을 알게 되었을 때 새로운 문이 열렸다.

감정의 소통을 요구하는 아이에게 나의 마음을 나누어주어도 나는 소진되지 않고 새로운 기쁨이 샘솟았다. 힘을 부리는 아이를 향해 너그럽게 웃어주니 아이는 고집을 멈추었다. 자신을 특별하게 대해 달라고 요구하는 아이에게 작은 차이를 인정해 주자 아이는 날아올랐다. 어느새 교실에서 나는 아이들을 향해 웃고 있었다. 오랫동안 잃었던 웃음을 되찾은 것이다.

실체가 없는 두려움은 6유형인 나에게 일상이다. 작은 신호에도 온갖 안 좋은 일을 상상하며 움직이지 못할 때가 많았다. 그러나 지금은 길을 따라 그저 한 걸음씩 걸어가고 있다. 길이 보이지 않을 때도 겁먹지 않고 한걸음 옮기면 하나님이 그다음을 이끌어주심을 삶에서 체험한다. 그리고 이 길을 혼자 가지 않고 함께하는 동역자들이 있기에 든든하다. 주어진 환경 속에서 아등바등 살아가고 새로운 일을 시도하지 못하던 내가 학교에서 동아리 모임을 만들고 선생님들에게 에니어그램을 전하게 되었다. 가정의 어려운 상황에도 겁먹지 않고 결국은 인도하시는 하나님을 의지하여 여유롭게 대처하고 있다. 6유형의 신념에서 벗어나는 자유를 가끔 누리고 있다. 이제 그런 날이 더 자주 오리라 기대하며 나에게 하던 끝없는 질문을 멈추는 연습을 하는 중이다.

박지선(남양주 장내초등학교)

6유형
사회적본능

첫 만남, 꿩 대신 닭

출산 후 육아를 위해 고등학교를 떠나 중학교로 복직하던 해, 나는 교직 생활 최대의 위기를 맞았다. 아이가 어려 아직도 엄마의 손길이 끊임없이 필요한 상황에서, 남편과 주위 선생님들의 도움으로 1년을 겨우 버텼다. 이듬해 공허한 마음을 보상받고자, 한 달간의 영국 연수 프로그램을 신청하였다. 그러나 팀 구성이 끝나고 출발을 3주 남겨 둔 시점에 여러 가지 이유로 포기원을 내면서 연수는 없었던 일이 되어 버렸고, 아쉬운 마음에 나는 2014 기독교사대회에 참가하였다. 에니어그램이라는 단어조차 들어본 적이 없었지만 한참 육아로 힘든 시기라 아이 키우는 데 도움을 받을까 싶어 '우리 아이 속마음' 강의를 신청하였다. 꿩 대신 닭이라는 심정이었는데 그해 여름이 내 인생의 전환점이 되었다.

나의 민낯을 대면했던 시간

강의를 들으며 나는 육아보다 나에 대해 자꾸만 질문을 던지게 되었다. 도대체 나는 누구인가? 어떤 사람인가? 성인이 되어 가정을 이루고 직장을 다니고 있었지만, 살아왔던 세월이 무색하게도 나는 나를 모르고 있었다. 그런데 에니어그램은 세상의 꽃들이 종류마다 이름과 특징이 다르듯, 나에게도 남과 다른 나만의 고유한 모습이 있고 사람마다 다양한 동기가 있음을 알려주었다. 더 공부하고 싶은 생각이 강하게 들었고, 이어지는 '나와 만나는 에니어그램' 자율연수를 신청하였다. 한번 갈 때마다 왕복 4시간 넘게 버스와 지하철을 타야 했고, 교통비와 모임회비에 아이 돌봄 비용까지 들었지만, 문제가 되지 않았다. 자율연수 3일간 껍데기를 벗은 나를 만났다. 여러 가지 이야기를 나누며 온갖 생각이 다 들어서 힘들었지만 귀한 시간이었다.

내면 모임에 나가기 시작

연수는 끝이 아니라 시작이었다. 나의 내면은 '수술하려고 열어 놓은 상태'와 같았다. 그해 9월부터 내면 모임에 나가기 시작했으니 꽤 긴 시간이 흘렀다. 짧지 않은 그 시간 동안 내 삶의 외적인 환경은 크게 바뀐 것이 없지만, 나의 내면은 분명히 처음 에니어그램을 만났던 순간과는 많이 달라졌다고 생각한다. 나에 대한 탐색이 이어졌고, 세 가지 본능을 배우면서 균형을 잡기 위한 노력이 시작되었다. 모임을 마칠 때 코치님이 종종 던지시는 "그러면, 이제 무엇을 하시겠습니까?"라는 질문은, 늘 '배움'이 '현재의 삶'과 연결되도록 하는 도전이었다. 평소라면 하지 않았을 선택을 의식적으로 하고, 실천하고자 발걸음을 뗄 수 있게 되었으며, 그 모든 과정에서 내 힘으로 할 수 없는 것이 너무나 많았기에 하나님께 도움을 구할 수밖에 없었다.

여전히 파도 타는 삶, 그러나…

처음 배우기 시작했을 때 나의 관심은 온통 '나'였다. 그러나 배움이 진행되면서 상대에 관심이 생겼다. 무엇보다도 가족들을 더 많이 이해하게 되었다. 그뿐만 아니라, 학생들 하나하나가 눈에 들어오면서 조금씩 다른 방식으로 학생들과 대화할 수 있게 되니 나에게는 놀라운 일이 아닐 수 없다. 내 코가 석 자라서 시작한 공부였는데 에니어그램 강사가 된 것 또한 참으로 감사한 일이다.

〈에니어그램 Made Easy〉 책에는 행복한 표정으로 파도를 타고 있는 6유형의 삽화가 나온다. 서핑보드를 꼭 끌어안고 두려움에 떨며 파도가 멈추기만을 바라던 나는, 이제야 그림 속 6유형처럼 원래 바다는 파도가 치는 곳임을 깨닫게 되었고 두려움 없이 파도타기를 배우고 싶다는 소망을 갖게 되었다. 더구나 바다를 지으신 분이 나를 알고 계시니, 더는 내 마음이 만들어 낸 두려움에 휘둘리지 않으리라는 다짐도 해본다. 살아있는 동안에는 나의 온갖 생각과 감정으로 여전히 불안해하고 걱정하는 순간이 많겠지만, 내가 누구이며 어디로 가고 있는지를 알게 된 지금, 나는 분명 모든 상황에서 전보다 많이 편안하고 행복한 상태이다.

권현숙(충주공업고등학교)

6유형
일대일본능

음… 나쁘지 않아.

교사라는 안정된 직업을 가지고 교실 안에서 내나름의 신념대로 학생들과 수업을 하는 학교생활이 나쁘지 않았다. 내가 생각하는 이상적인 학교 생활의 모습을 머릿속으로 그리고 적절하게 학생들을 내가 원하는 학생의 모습으로 지도할 수 있었고 그 결과는 대체로 만족스러웠다.

'기독교사로서 학생들에게 뭔가 감동을 주어야 하는데……' 라는 의무감이 가끔 올라오긴 했지만, 그렇게 하려면 좀 더 경력이 쌓이고 인품이나 덕망을 갖춘 후에 가능할 것 같았다.

'아직은 아니야. 난 준비되지 않았어.'

불편함이 느껴질 때마다 내 능력치를 높이기 위해 나와 학생들에게 도움이 될 만한 것들을 배우고 순간순간 열정을 쏟는 것으로 잊으려 했다.

불편했구나!
그런데 불편해도 괜찮아.

한 주의 시작을 앞둔 일요일 밤에는 잠을 이루지 못하는 경우가 많았다. 속마음을 들여다보니 놀랍게도 다음 날 학교에 가는 것 때문이었다.

막상 학교에 가면 즐거웠다. 나를 지지해 주는 동료 교사들도 있고 업무도 괜찮고 학생들과의 수업도 나쁘지 않았다. 그런데 왜 나는 이렇게 학교에 부담을 느끼는 것일까?

에니어그램을 통해, 나는 세상을 안전하지 않다고 느끼고 온갖 위협 속에서 대처하기 위해 강한 모습을 보이며 나의 약한 부분을 보강하는 패턴 속에서 살아왔다는 것을 알게 되었다. 다른 사람들 앞에서 자신만만해 보이고 당당해 보이는 이면에서 나는 두려움과 싸우고 있었다. 무의식적으로 학생, 학부모, 가끔은 동료까지도 비우호적인 대상 또는 적으로 간주하고 있었다. 정말 놀랍기도 하고 한편으로는 슬프기도 했다.

'나, 불편했구나! 괜히 위축되거나 방어할 필요 없어. 굳이 꿋꿋한 모습 보일 필요 없어. 강해 보이지 않아도 괜찮아. 불편해도 괜찮아.'

내가 가지고 있는 불편한 감정을 인정하고 나니 여유가 생겼다. 오히려 위로를 받았다.

불편함 속으로 들어가기

철저하게 준비된, 멋지고 강한 모습을 보이는 것이 교사의 권위를 지키는 방법이라고 생각했다. 그러나 지금은 이전과 다른 방법으로 학생들에게 다가갈 수 있는지 한 번 더 생각해 보게 된다. 전에는 내가 통제할 수 없을 것 같은 상황에서 두려움이 올라올 때 방어기제를 사용하여 문제를 해결하려고 했다면, 지금은 의식적으로 건강한 다른 선택을 조금씩 하고 있다. 나의 부족한 부분과 감정을 이야기하고 도움을 요청하니 학생들이 다가온다. 마음이 편해지고 오히려 학생들과 가까워짐을 느낀다.

힘든 학생들을 대할 때, 전에는 그 학생의 행동과 결과로 판단했다면 지금은 그 학생이 무엇 때문에 내게 불편한지 생각해 보고 학생의 성향을 헤아려 본다. 여전히 내 맘에 들지 않는 부분이 있지만 이해가 되고, 이해되기에 예전처럼 그렇게 화가 나지는 않는다. 연민이 올라와 안타깝게 느끼고 기도를 하기도 한다.

학생들의 감정을 읽고 다가가기 불편했던 내가, 관계에 관심을 가지게 되었다. 전에는 우리 반 전체를 하나로 놓고 봤다면, 이제는 학생 한 명 한 명이 눈에 들어온다. 학생들을 알기 위해 오래 자세히 보아야 하고 그에 들인 시간과 에너지가 의미 있음을 알게 되었다. 보면 볼수록 아이 자체로 귀하고 소중하며 사랑스럽다는 것이 새록새록 다가온다. 참 감사하다.

여전히 학교생활 속에서 불편할 때가 있다. 전에는 자연스럽게 행동했던 것들에 대해 다시 생각하고 내 성격 패턴과 다른 선택을 한다. 때로 이 선택은 내 몸에 안 맞는 옷을 입은 것처럼 불편하기도 하고, 많은 에너지를 소모하기도 한다. 성격 패턴에 따른 행동이 잘 보일 때도 있지만 어떤 때에는 한참 후에 보이기도 한다. 그리고 아직도 여전히 내가 보지 못한 것들이 있음을 안다. 그럴지만 내게 보이는 만큼, 내가 할 수 있는 만큼 하는 것이 '현재, 여기에'의 의미라는 것을 이제는 알고 있다.

'What would Jesus do?' 이전엔 나에게 어마어마하고 거창했던 이 질문이 이제는 매 순간 구체적으로 다가온다. 그러기에 불편하지만, 그 속으로 들어갈 용기가 생긴다.

송혜영(광명 연서초등학교)

7유형
사회적 본능

내 가슴에는 왜 이렇게 큰 바람이 지나가는 걸까?

나는 좋은 교사가 되고 싶어서 다양한 연수와 많은 모임에 참여하며 배운 것을 교실에서 적용하려고 애썼다. 1년 내내 학급에서 이벤트를 열고 학생들에게 친구 같은 교사로 소통하는 시간을 보냈다. 그렇게 4년을 보내면서 즐거운 일도 많았지만 어떤 학생들은 선을 넘는 경우도 있었고 일부 교사들에게 너만 유별나게 열심히 하냐는 눈총을 받기도 했다. 마음이 너무 씁쓸했다. 그래서 다음 학교에서는 친근하지만 존경받는 교사가 되겠다고 다짐했다.

두 번째 학교에서는 1년에 330일 이상 학교에서 야근을 했다. 학생들에게 최대한 예의를 다했고, 야근을 하면서도 좋은 수업을 위해 많은 준비를 했다. 학생들과 동료 모두 나를 인정해 주고 퇴근 후에는 동료들과 함께 즐거운 시간을 보냈다. 그런데 문득 군중 속의 외로움을 느끼고, 가슴이 텅 비어 바람이 지나가는 것 같은 허무한 생각이 들었다. 그 느낌이 너무 싫어서 그럴 때마다 빈 곳을 채우고자 더 열심히 일을 했다. 하지만 허무함의 정체를 알지 못한 채 주어진 일만 열심히 하고 무언가를 배우면서 시간을 흘려 보냈다.

많은 연수를 전전하다 드디어 에니어그램을 만나다.

허전한 마음을 채우기 위해 방학마다 많은 연수로 일정을 꽉 채웠는데 학생들을 이해하기 위해서 성격 유형에 관한 연수도 이것저것 들었다. '각자의 성향에 맞게 성장시키는 도구는 없을까?'라는 고민을 하던 중 에니어그램 연수를 재미있게 듣고 내가 2유형이라고 생각했다. 그런데 그 연수만으로는 학생들의 유형을 파악할 수 없었고 배운 것을 적용할 수 없었다. 그래서 다른 연수를 찾다가 2010년 〈좋은교사〉에서 에니어그램 심화 연수를 듣게 되었다. 둥글게 앉아서 질문하고 대답하는 낯선 형식의 강의였는데 다른 사람의 이야기를 듣는 것이 재미있었다. 들으면서 내가 7유형일 수도 있겠다고 생각했다.

다음 해, 학생들을 지도하면서 많은 어려움을 겪었다. 경찰서에 자주 들락거리는 학생을 끝까지 졸업시키고자 이리저리 뛰어다녔고, 학년이 끝날 때쯤에는 심적으로나 육체적으로 너무 힘들어 깊은 절망과 좌절감을 맛보았다. 뼛속 깊이 무력감을 느끼며, 나랑 잘 맞는다고 생각했던 교사라는 직업에 회의를 느꼈다. 게다가 지친 몸으로 퇴근한 후에 세 살 딸과 한 살 아들을 돌볼 여력이 없어서 아이들을 볼 때마다 너무 미안하고 눈물이 났다. 결국 휴직을 했다.

휴직하는 그 해부터 본격적으로 에니어그램을 배울 수 있었다. 코치님께서 자신을 좀 더 심층적으로 볼 수 있는 내면 작업을 권유하셨다. 지쳐있는 내 마음을 회복시킬 마지막 희망이라 생각했다.

결국 문제는 나였구나!

내면 작업이 시작되고 6개월이 지나서 내가 7유형이라는 것을 깨닫게 되었다. 그제서야 지난 인생이 실에 구슬이 꿰어지듯 명쾌하게 이해됐다. 전에는 우리 반 아이들에게 좌절감을 느끼고 원망했지만, 배울수록 그 또한 나의 문제였음을 깨닫게 됐다. 그 아이들도 하나하나 저마다 존재 이유가 있고 스스로의 속도가 있는 것을 알지 못하고 '나의 기준과 나의 때를 가지고 그 아이들을 바라보고 있었구나.' 하는 생각에 많이 부끄러웠다. 무엇보다 그동안 한 번도 제대로 들여다보지 못한 나라는 존재를 바라보게 되면서 주님께서 나를 지으신 이유에 대해서 조금씩 알게 됐다.

이제는 잠시 멈춰서 내 안을 가꾸어보자!

에니어그램을 통해 나를 있는 그대로 수용하게 되자, 삶의 태도가 달라졌다. 이전에는 문제와 상황에 집중하며 살았는데 이제는 내가 어떤 마음으로 바라보고 반응하는지가 더 중요하다는 것을 알게 됐다. 에니어그램을 공부하고 나서 돌아간 학교 현장은 6년 전보다 더 어려웠다. 아이들의 말투나 행동, 그리고 부모님들의 모습까지도. 그러나 그 아이들을 귀하게 여기고 진심으로 예뻐했다. 6년 전과는 달리 학교에 가는 것이 참 즐거웠다. 또 이전에는 이상적인 엄마의 역할에 얽매여 힘들게 살았는데 이제는 있는 그대로의 내 모습대로 아이들을 돌보며 편안해졌다.

7유형인 내가 내면을 보는 것은 쉬운 일이 아니다. 아픈 마음이 들 때 도망가고 싶어서 내 마음과 마주하는 것이 어렵다. 그렇지만 세상 밖을 바라보면서 그곳에 있는 것으로 나를 채우려 하는 것을 멈추고 하나님 안에서 그 답을 찾고자 한다. 이제는 바깥에 있는 어떤 것으로도 나를 채울 수 없고 내 안의 큰 공허감도 메울 수 없다는 것을 알았다. 오늘도 기도로 세워 또 한 걸음을 걸어가고자 한다.

김명선(화성 동학중학교)

7유형
일대일본능

강렬했던 첫 만남

에니어그램 기본연수를 접한 동료 교사에게 내용을 전해 들으며 흥미가 생긴 나는 그해 여름 기독교사대회에서 에니어그램 강의를 들었다. 7유형에 대한 설명은 99% 내 이야기였다. 항상 다음 스텝을 생각한다는 것, 임기응변에 강하고 재미를 추구한다는 점, 이것저것 많이 시도하지만, 끝을 보지 못하고 중간에 그만둔다는 점 등 내 인생을 관통해 온 키워드들이 귀에 쏙쏙 들어왔고, 특히 7유형이 자신을 멋지게 생각한다는 설명을 들을 때는 무릎을 치며 웃었다. 그렇지 않아도 평소에 주변 사람들에게 '나 너무 괜찮지? 야~ 진짜나 멋지지 않아?'라고 이야기를 많이 했는데 누가 내 생각 속에 들어갔다 나온 것 같았다. 나를 명확하게 잘 설명해 놓은 에니어그램에 강하게 끌렸고, 언제나 그랬듯 더 배우고 싶은 열정이 확 일어났다.

반전의 내면 작업

이듬해인 2013년, 한 달에 두 번 내면 작업에 참여하게 되었다. 대중교통으로 왕복 7시간이 걸리는 곳에 살았고, 아이들이 어렸기에 모임에 참여하는 부분이 쉽지 않은 상황이었다. 하지만 에니어그램에 매료되어 배우고자 하는 열정이 더 컸고, 하고 싶은 것에는 에너지가 생기기에 피곤한 줄 모르고 1년여의 내면 작업에 참여할 수 있었다. 내가 가장 살아있다고 느끼는 몰입의 시간이었다.

처음에는 전형적인 7유형으로서의 내 모습에 매우 만족하던 터라 '7유형이 이렇다니, 앞으로도 이렇게 쭉 살면 되겠구나…'라는 마음이었다. 그런데 7유형이 넘어서야 할 과제가 '미래를 꿈꾸는 것을 내려놓고 현재에 머물라'는 것이 아닌가. 흥미진진한 것을 상상하고 계획하며 활기차고 긍정적인 것이 나의 장점인 줄 알았는데 이것을 넘어서야 한다니. 이때부터 쉽지 않은 내면의 씨름이 시작되었다. 이 씨름을 겪으면서 내가 하고 싶은 것을 포기하는 것이 얼마나 어려운 사람인지, 다른 사람을 힘들게 하지 않는다고 생각하던 것이 착각이었음을, 인생을 밝고 아름답게만 보는 것이 회피였음을 알게 되었다.

필요충분조건

이후 지금까지 에니어그램을 계속 공부하면서 편한 패턴대로 살던 것에서 나와서 다른 건강한 선택을 하려고 노력하게 되며, 나와 타인을 이해하는 폭이 넓어지면서 생기는 자유를 느끼고 있다. 한두 번 강의를 듣는다고 실제적인 변화가 일어나는 것은 아니었다. 정기적으로 모임에 참석해 다른 유형의 사람들이 자신에 대해 이야기하는 것을 구체적으로 들으며 그들과 같은 유형인 내 가족, 학생, 동료들을 이해하게 되었다. 또한 성숙해지기 위한 나의 노력과 깨달음, 시행착오를 솔직하게 나누며 변화의 동력을 얻을 수 있었다. '혼자'보다는 모임에서 '함께' 실제적인 이야기를 하며 배우는 것이 필요한 이유이다.

도돌이표?

어느 순간 여지없이 패턴대로 반응하며 다시 제자리로 돌아온 듯 사는 나에게 실망할 때가 있다. 오랜 시간 생각과 몸에 밴 것이 쉽게 바뀌지 않는다. 상대가 왜 그러는지 알면서도 예상치 못한 감정적인 반응에 대화를 중단해 버릴 때가 있고, 재미있는 드라마를 한 편 더, 한 편 더 하면서 며칠 동안 몰아볼 때가 있다. 의지를 발휘해 결심을 내어도 흐지부지되면 도돌이표를 만난 것 같았다.

평범한 것이 싫어 남과 다른 인생을 산다는 신념을 내려놓기는, 내 존재를 부인하는 것 같은 고통이었다. 어느 순간 불쑥 올라오는 이 허상을 붙들고 있는 나 자신을 보는 것도 고통이었다. 결국 진정한 변화는 내 힘으로 할 수 있는 것이 아님을 철저하게 깨닫고 움켜쥐고 있던 내 삶의 키를 하나님께 내어드릴 수밖에 없었다. 그렇게 살다 보면 어느 순간 도돌이표가 아닌 나선형 계단을 걷고 있는 나를 발견하게 된다.

그 한 사람

함께 공부하는 선생님들을 보면서 '내 자녀의 선생님이 이분들이라면 안심이 되겠구나. 학생에게는 또 얼마나 복된 만남일까!' 생각하며 나 역시 그런 교사이길 바란다. 에니어그램을 배우기 전에는 학생들에게도 내 성향대로만 대했는데 이제 각 학생의 성향과 상황에 맞게 세심하게 이야기하려 한다.

또한 이해되지 않는 상대 때문에 괴로운 사람, 나와 너무도 다른 자녀를 바라보며 양육으로 고민하는 사람들과 에니어그램을 이야기할 수 있으면 좋겠다. 나 자신과 미래를 바라보고 사느라 정작 내 옆의 사람과 그들의 문제에 관심을 주지 못했던 나였지만, 이제는 마음으로 누군가의 이야기를 진정성 있게 들어주는 그 한 사람이 되고 싶다.

박지애(KIS International School in Shenzhen)

9유형
자기보존본능

나는 왜 이 모양이지?

나는 평범한 가정에서 얌전히 평탄한 인생길을 걸어 교직에 들어왔다. 그런데 교직에 들어서면서부터 내 인생에서 가장 심각한 고민과 갈등이 시작되었다. 배우는 걸 좋아하지 않는 학생들이 즐겁게 수업에 참여하도록 동기를 불어넣는 일은 억지를 강요하는 느낌이었다. 내 수업만 잘 들으면 성적이 팍팍 오른다고 장담할 수도 없었고, 현란한 말솜씨를 부려 화려한 쇼를 할 능력도 없었다. 그래도 공부를 하게 해야 하는데... 가르치는 일에 이렇게 자신이 없고 보람도 없는데 교사를 계속해야 하나?

그나마 담임을 할 때는 조금이나마 보람이 있었다. 함께하는 것의 즐거움을 알려주기 위해 여러 학급행사를 진행하고, 모둠활동과 1인 1역을 하도록 했다. 하지만 내 방식을 잘 따르지 않는 학생들에게 동기를 부여하여 활력 있게 추진하는 부분은 여전히 힘들었다. 알아서 잘해주는 학생은 극소수였다. 시대가 바뀌어 사회성이 떨어지는 학생들은 더 많아졌고, 과연 내가 추구해온 가치를 계속해서 붙들어도 되는지 고민하기도 했다.

수업과 담임, 업무 등 학교 일은 온통 힘들게 느껴졌다. 겉으로는 아무 내색 없이 수업하고 학생들을 대했지만, 집에 돌아가면 이 일이 과연 내 평생 직업으로 삼을 만한 일이 맞는지, 이제라도 다른 길을 찾아야 하는 것이 아닌지 고민하며 우울과 무기력에 휩싸였다. 그래서 다양한 취미 활동, 대학원 공부를 통해 즐거움을 찾으려 했다.

나는 객관적으로 보면 여전히 괜찮은 삶을 살고 있었다. 하지만 사실은 괜찮지 않았다. 교직이 나와 맞지 않는다고 생각해서 돌이켜 보니, 어려서부터 교사 외에는 다른 직업을 떠올려 본 적이 없었다. 학창 시절에는 공부 잘한다는 말을 듣고 자랐지만, 막상 내가 다른 일을 한다면 뭘 할 수 있을까? 더구나 내가 정말 뭘 잘하는지, 뭘 좋아하는지도 모른다는 것을 깨달았다. 왜 나는 이 모양이지?

에니어그램을 통한 위로와 앎

교직에 대한 극심한 회의와 내 자신에 대한 좌절이 깊어갈 때, 좋은교사 연수 홍보문에서 '나와 만나는 에니어그램'이라는 연수를 보고 바로 신청했다. 정말로 나 자신을 만나고 싶었다. 나는 왜 이런지 해답을 얻고 싶었다. 처음에는 사람을 유형화할 수 있을까, 사람이 꼭 유형대로 사는 건 아니지 않을까 등 의문이 많았고 나 자신이 어떤 사람인지에 대해서도 헤맸지만, 연수가 끝날 때 내가 9유형이라는 것을 깨닫는 동시에 많은 의문이 순식간에 풀렸다.

나는 9유형의 전형적인 생각에 빠져서 살았을 뿐이었다. 수업을 통해 주고 싶었던 것, 학생들을 통제하려고 했던 것, 담임으로서 강조했던 가치, 보람을 느끼지 못했던 것 등은 모두 9유형의 전형적인 행동 방식에서 비롯된 것이었다. 그 속에서 좌절하고 갈등한 것도 9유형의 틀에 갇혀 살았기 때문이지, 나에게 문제가 있었던 것이 아니었다. 교직이 내 소명이 아닌 걸까 고민하던 나는 다시 교사로 살아갈 힘을 얻게 되었다.

게다가 나뿐만 아니라 다른 사람들도 모두 자기 성격의 굴레에 갇혀서 참된 본성에 가까이 가지 못한다는 사실도 알게 되었다. 그동안의 나는 '사람이 다 그렇지.' 하면서 겉으로는 남을 수용하는 태도를 보였지만 여전히 속으로는 남을 판단하고 포기했다. 하지만 이제는 진짜 연민의 마음이 생겨나기 시작했다. 하나님을 믿으면서도 일상 속에서 구체적으로 어떻게 깨어 있어야 하는지 알 수 없었던 나는 이제 조금씩 성화의 길을 찾아 걷게 된 것이다.

충만한 삶을 향한 여정

에니어그램을 삶에 적용하는 것은, 단지 내 주변 사람들을 이해하는 것으로 끝나지 않는다. 불편한 상황을 마주하여 자신의 숨겨진 내면을 돌아보면서 마음에 들지 않는 나까지 수용하고, 그 상황에서 더욱 현명한 선택을 하는 단계까지 나아가야 한다.

에니어그램을 나침반으로 삼아 진정한 본성을 찾아가는 여행은 긴 시간이 필요하고, 나는 이제 막 출발했을 뿐이다. 아직 내가 마음에 들지 않을 때가 많은 걸 보면 나 자신을 충분히 수용하지도 못했다. 타인을 진정으로 이해하지 못하면서 이해했다고 착각할 때도 많다. 그럴더라도 이 길을 걸어갔던 수많은 선배처럼 나도 언젠가 9유형의 진정한 본성대로 살길 바란다. 그렇게 되면 나는 불편한 상태를 묻어버리는 게 아니라, 그 순간에 바로 깨닫고 상대에게 건강하게 표현하면서 갈등을 꺼리지 않고 해결할 수 있을 것이다. 모든 존재와 연결되어 나의 가치를 발휘하고, 특히 나 자신과 잘 연결되어 사는 충만한 삶. 그 삶을 위해 나는 기도하면서 매일 조금씩, 천천히 나아가고 있다.

강소향(서울 도선고등학교)

9유형
사회적본능

에니어그램과의 만남

함께 근무하던 선생님을 통해 에니어그램을 처음
알게 되었고, 2015년 1월 겨울 방학에 학교 선생
님들과 에니어그램 기초연수를 받았다. 본격적으
로 에니어그램을 공부하게 된 것은 2017년이었
다. 공감, 배려, 인내... 나는 아주 잘한다고 생각
했다. 나는 상대를 이해하고 기다려주며 화내지
않고 누구에게나 편안한 사람이었다. 그런데 모
두에게 가능한 것이 유독 남편에게는 잘 안 되었
다. '남편과의 관계가 나아질 수 있을까?' 기대하
며 남편과 함께 에니어그램 기초연수를 다시 받았
다. 연수 후 남편은 '나는 여기까지...'라고 선언했
고, 나는 좀 더 에니어그램을 공부하고 싶었다. 연
수 후 내면작업을 권유받았고, 무작정 가야겠다는
생각으로 첫 모임에 참석했다.

에니어그램을 통해 나를 이해하다

교문을 들어서면 개인사는 잊고 학교 일에 집중했
다. 마치 셔터를 내리는 것처럼. 집에서 힘든 일이
있어도 학교는 즐거울 수 있었다. 내게 힘든 일이
있다는 것을 아무도 눈치채지 못했다. 이런 나를
스스로 대견하게 여겼고 장점이라고 여겼다. 이런
패턴은 부정적일 때도 작용했다. 남편과 갈등이
있을 때, 내 안의 평안을 찾고자 상황을 분리했고
남편에 대한 무관심으로 그 고통에서 벗어나고자
했다. 이것은 남편을 더 힘들고 외롭게 만드는 일
이었다. 나는 내가 살아야 했기에 이런 패턴을 삶
속에서 끊임없이 반복했다. 에니어그램을 공부하
며 이것이 9유형의 '분리'라는 것을 알게 되었다.
개인사를 학교로 가져가는 일은 없지만, 학교 일
을 집으로 가져오는 건 다반사였다. 가족을 챙기
는 것보다 학교 일이 우선이었다. 수업이 재미있
고 아이들의 반응이 좋을 때나 학교 일이 잘될 때
는 집안일도 즐거웠다. 학교 일에 과도한 에너지
를 쓰다 보니 집에 오면 침대에 쓰러졌다. 일단 자
고 일어나야 집안일이든 학교 일이든 할 수 있었
다. 내면 작업을 하면서 이렇게 사회적 본능을 과
도하게 쓰는 순간을 알아차리고 건강하게 에너지
를 분배하고자 노력했다.

긴 겨울방학을 별로 좋아하지 않았다. 방학이 되면 하루, 이틀, 사흘은 침대에서 뒹구는 것이 좋았다. 드라마를 보거나 책을 읽거나. 그러나 이 상황이 길어지면 무기력에 빠져 헤어 나오기 힘들었다. 밥도 안 먹고 드라마만 줄곧 보기도 했다. 내일은 이러지 말아야지 했지만, 다음 날도 같았다. 결국, 에라 모르겠다! 될 대로 돼라! 그냥 놓아버렸다. 개학 전날, 방학을 그렇게 보낸 자신을 원망하며 개학을 맞았다. 그러나 에니어그램을 배우고 나서는 방학 동안 몸이 힘든 것을 살피며 학기 중에 어떻게 살았는지 돌아보았다.

'아, 내가 힘들었구나. 힘들지 않은 척했지만 힘들었구나. 그래 쉬자!'

쉬는 나를 질책하지 않고 스스로 토닥여 주니 마음 편하게 쉴 수 있었다.

나는 내 안의 감정을 잘 알아채지 못했다. 갈등 상황에서도 침묵으로 일관하며 신의 선물이라는 망각에 기대어 기억 어딘가로 묻어버렸다. 9유형의 '나태'가 행동적 게으름이 아닌 자신의 감정과 욕구에 대한 게으름이라는 것을 알게 되었다. 에니어그램을 배우고 갈등 상황 속에서 나의 감정이 어땠는지 살펴보며 글로 정리하려고 노력했다. 그리고 상대와 갈등 관계가 될 수 있지만, 용기 내어 상대에게 마음을 전했다.

에니어그램과 함께 가고자 하는 길

지금까지 내면 작업과 에니어그램 연수를 통해 내가 알지 못했던 나의 내면을 살펴보고 진정한 나를 찾는 여행을 하고 있다. 내면 작업은 내 삶의 힐링이 되었다. 행복한 척하며 살았는데 있는 그대로의 나를 보여줘도 이해받을 수 있는 시간이어서 좋았다. 돌아오는 발걸음이 한결 가벼웠다. 그래서 언제나 에니어그램 연수가 내 삶의 1순위였다. 한 달을 살아갈 수 있는 에너지를 얻는 시간이었다. 일상에서 영락없이 나의 패턴으로 돌아오기 일쑤였지만 그래도 나의 패턴을 알아차리는 순간이 많아졌다.

세상을 살아가기 위해 중요한 것이 '관계'라고 생각한다. 에니어그램은 나를 알고 상대를 있는 그대로 인정하는 데 유용한 도구다. 가족, 제자, 교사가 에니어그램으로 건강하게 갈등을 해결하고 서로를 이해하기 바란다. 도토리가 아닌 참나무가 되기 위한 여정은 힘들겠지만, 에니어그램과 함께 어제보다 깨어난 '나'로 살려고 노력하며 인생에 거친 파도가 와도 지혜롭게 넘길 줄 아는 사람이 되고 싶다.

이송희(안산 선부고등학교)

9유형
일대일본능

에니어그램과 만남

초임 교사일 때 학생 생활 지도에 탁월한 선배 교사들을 보며 혼자 되뇌던 말이 있었다. '나도 나이가 들면 학생들을 통솔하는 능력이 자연스럽게 생기겠지? 아, 어서 나이가 들어 학생들 문제에 초연해지고 싶다.' 하지만 20년 경력이 되어도 해마다 학생들 간의 관계에 대한 문제를 푸는 게 어렵고, 특별한 성향의 학생이 반에 있으면 마음이 힘들어지는 경험을 자주 했다. 누구나 그렇다고 말해 주는 동료 교사의 위로도 학급경영의 다양한 방법도 한계가 있었다. 나이가 들어가면서 비슷한 감정, 사건, 상황이 반복해서 찾아오는 것을 알아챘다. 마치 데자뷰 같은 상황이 돌아오고 비슷한 결과가 나타나는 것을 보며 제자리를 걷는 듯한 답답함을 느끼던 중, 2014년 연수를 통해 에니어그램과 만났다.

에니어그램은 흥미진진했고 내가 9유형이란 걸 알아내기는 어렵지 않았다. 가끔 뿌연 안개 같은 상태를 겪는 일, 이 생각 저 생각으로 지금 하는 일의 목표를 잊곤 하는 것, 결정을 내리지 못하고 학급경영의 경계를 세우기 어려워하는 점, 관계를 맺을 때 상대에게 자동으로 맞추는 9유형의 특성은 오래도록 성찰한 내 모습과 일치했다. 일단 마음이 열리면 꾸준하고 한결같은 나는 그때부터 에니어그램 공부를 계속 이어오고 있다.

나와의 만남

한 달에 한 번 내면 작업을 통해 진정한 나와의 만남이 시작되었다. 에니어그램을 공부하면서 내가 가장 놀랐던 사실은 사람들마다 생각의 틀이 다르다는 것이다. 같은 상황에서 나와 전혀 다른 생각과 행동이 나왔다. 함께 공부하는 선생님들이 들려주는 다양한 내면의 소리를 들을 수 있었던 경험은 참 소중했다. 가족이나 친구, 동료들과 나눌 수 없었던 내면의 이야기를 나누며 점점 더 용기를 내어 나의 내면을 깊이 들여다볼 수 있었다.

내 욕구를 무시한 채 오랜 시간 견디는 삶의 패턴, 좋아하는 사람의 의견을 가감 없이 내 것으로 받아들이고 따라가는 관계 패턴, 감정을 살피지 않고 돌보지 않아 생긴 분노와 슬픔을 직면하는 과정은 힘들었지만 보람 있었다.

새로운 나와의 만남

9유형의 패턴을 알고 벗어나려고 하는 노력은, 일상에서 지금까지와는 다른 선택을 하게 했고 나의 삶은 변하기 시작했다. 우선 동료들과 있을 때 자동으로 타인에게 맞추려 하는 것을 알아채고 나에게 질문하기 시작했다. '내가 원하는 것은 무엇이지?' 적극적으로 내 욕구를 인식하는 훈련은 의외로 내 몸과 마음을 편안하게 했다. 능력 밖의 일에 대해서 욕심내지 않게 된 것도 참 좋았다. 또 갈등을 덮지 않고 세세하게 들여다보며 풀어나가는 과정은 고통스러웠지만 일을 매듭지어가는 길이었다. 이전에 느꼈던 답답함이 줄어들고 힘을 내어 나의 문제를 해결해 가는 내가 뿌듯하고 자랑스러웠다.

나는 일대일 본능을 많이 쓴다. 그래서 내 마음에 꽂힌 사람이나 일이 있으면 그것에만 집중하여 다른 것을 못 보는 경우가 많다. 학급에서 갈등이 생기면 한쪽에 치중하여 객관적인 시각을 잃을 때도 있다. 나를 알게 된 후, 갈등이 있으면 공개하여 동료 교사와 함께 의논하려고 의식적으로 노력한다. 팀의 분위기를 해치지 않을까 조심스러워하는 패턴의 고리를 끊어, 내 사례에 집중되는 것을 감수하고 적극적으로 중심에 들어가는 모험을 시도하는 것이다.

9유형은 겉으로는 평화로워 보이지만 내면에선 맞춰지지 않는 작은 퍼즐들을 나름대로 맞추느라 많은 에너지를 쓰고 있다. 이제는 조화와 평화에 집착하는 패턴을 내려놓고 작은 실천을 채워가며 순간순간 느끼는 감정과 만나는 시도를 한다. 지금까지와는 다른 건강한 선택을 할 수 있는 힘이 생겨 참 감사하다.

앞으로 가야 할 길

각 유형의 참된 본성이 발휘될 때 존재로서의 가치가 빛나고 나와 타인이 행복해질 수 있다. 내가 가르치는 아이들의 외모가 각각 다르듯 속마음의 모양도 각각 다르다. 타고난 모습을 있는 그대로 존중할 때 아이들은 자기 색깔대로 살아갈 수 있다. 남은 교직 생활 동안 아이들 각자의 성향을 존중하면서 건강하게 성장하도록 돕고 싶다. 아울러 동료 교사들에게 에니어그램을 소개하여 나처럼 자신을 발견하도록 안내하고 싶다.

내가 9유형이므로 당연히 9성향의 아이들과 선생님들이 잘 보인다. 9유형은 수용력이 큰데 그것이 장점이 될 수도, 단점이 될 수도 있다. 자신을 잊고 남들을 수용하는 패턴으로 살면 분노가 쌓이지만, 패턴에서 깨어난 9유형 교사는 훌륭한 중재자, 상담가, 안정된 지도자가 될 수 있다. 특히 9유형 선생님을 위로하고 응원하며, 따뜻한 9유형 선생님들이 힘을 내어 우리 교육의 중심에 서길 바란다.

김성환(광명 구름산초등학교)

1유형
사회적본능

더 완벽한 교사

교사가 된 이후, 교사가 아닌 삶을 생각해 본 적이 없다. 나를 거쳐 간 아이들은 나를 좋아했고 어떤 힘든 아이들도 나에게는 그리 문제 되지 않았다. 나의 뛰어난 직감과 자신감은 아이들을 다루기에 충분했고, 나는 언제나 아이들에게 있어서는 '카리스마 짱!'이었다. 아이들은 내 손끝에서 나름 무한히 성장해갔기에 나는 스스로 꽤 완벽한 교사라는 자부심이 있었다.

2014년 에니어그램을 처음 만났을 때, 아이들의 성향별로 해결책을 주며 맞춤형으로 아이들을 교육하기에는 에니어그램이 딱 좋은 도구라고 여겼다. 나는 더, 더, 더 완벽한 교사가 되고 싶었다. 그런데 에니어그램은 학생을 알기 이전에 나에 대해 알고 끝없이 나 자신을 탐색하며 성장하기를 먼저 요구했다.

내가 확인한 완벽함

에니어그램 내면작업을 하며 '내가 생각한 교사로서의 완벽함이 진정한 완벽함인가?'라는 질문을 하게 되었다. 학교 현장에서 아이들을 최상의 수준으로 끌어올리려고 최선을 다해 애쓴 것은 사실이다. "최고의 선생님이었어요.", "제 인생의 참스승입니다." 그런 찬사로 보답은 받았지만, 그것이 완벽이라는 기준에서 볼 때는 큰 의미가 없었다. 왜냐하면, 그 최상의 기준이 나의 기준이었기 때문이다.

에니어그램을 알기 전에도 다행히 내가 옳다고 생각하는 그 교육적 방식이 아이들에게 잘 수용되긴 했지만, 나의 방식이 모두 옳고 완벽했던 것은 아니었다. 사실적이고 논리적인 아이들의 이유를 더 들어야 했고, 감정적으로 호소하는 아이들의 정서적 상태를 더 수용해야 했다. 그때 에니어그램을 알았다면 성향이 다른 아이들을 좀 더 존중하고 이해하며 배려했을 것이라는 안타까움을 버릴 수가 없다. 동료들에게도 마찬가지였다. 완전하지 않으면 만족하지 못하는 내 기준에서의 완벽함은 동료들을 그대로 봐주기가 어려웠다. 사람들은 그런 나를 엄격하고 깐깐하다며 힘들어했다.

에니어그램을 알면 알수록, 넘치는 자신감으로 교육 현장에 서 있었던 내 모습이 부끄러워졌다. 언제나 옳고 확신에 차서 완벽한 교사가 되고자 할수록 완벽함에서 멀어졌다는 사실이 마음 아팠다. 완전한 분이신 절대자 앞에서 내가 완벽할 수 없다는 것을 알기는 알았지만, 에니어그램을 배울수록 완벽이라는 언어가 나의 언어가 아니라는 사실을 인정해야 했다. 내 성격 패턴에서 비롯되어 완벽을 추구하는 동안 내 영혼은 긴장한 상태로 쉼이 없었음을 알았다. 그래서 한편, 안심했다. 완벽할 수 없기에 완벽이라는 것에 더 목말라하지 않아도 된다는 사실에. 완벽할 수 없는 나, 그 민낯을 보면서 있는 그대로의 나로 순순히 받아들일 때 다가오는 평온함을 경험할 수 있었다. 내가 확인한 완벽함은 '내가 불완전하기에 아이들도 세상도 내가 완벽하게 할 책임을 모두 질 필요는 없다.'는 것이다. 그토록 무겁게 내가 지고 있던 책임의 짐이 가벼워지면서 부드럽고 편안한 상태를 경험했다. 불완전함의 선물이었다. 감사했다.

나는 '완벽한 교사'가 아니다. 그 무엇이 아니어도 되는, '존재 자체로 의미 있는 존재로서의 나!' 그분이다. 에니어그램은 알수록 깊다. 깊이 볼수록 서글프고, 서글플수록 은혜를 구하고 그 은혜를 구할 수 있는 존재, 그것이 '나'라는 것을 고백하게 된다.

내 잔이 넘치는 삶

분명히 나에게는 변화와 성장이 있었다. 그래서 조금은 나를 수용하며 상대를 어떤 관점으로 보고 이해해야 하는지를 알게 되었다. 그러나 아는 것이 곧 실재는 아니다. 이제 나는 완벽을 중요시하는 내 패턴을 알아차리기는 하지만, 매 순간 건강한 선택을 하며 사는 것이 쉽지 않다. 여전히 나는 많은 부분에서 완벽함, 옳음이 중요하다. 그로 인해 내 패턴대로 넘어지는 부분에서는 자주 넘어진다. 불완전하고 옳지 않은 것으로 만족함이 없고 짜증이 나며 화가 나서 평정심을 잃는다. 그러나 적어도 이제는 그것이 무엇보다 내가 넘어서야 할 나의 패턴이라는 것을 알고 있다. 화살을 쏘아대기 전에 멈추어 수용하고 용납하는 내면의 방을 만들고 있다. 하지만 아직 갈 길이 멀고 또 멀다. 그래서 깨어서 건강한 선택이 필요하다.

'용기를 다해서 지금 생각하고 깨어 살지 않으면, 나중에는 사는 대로 생각하게 된다.' -폴 발레리-
불완전한 세상에서 내가 용기를 다해서 살아가야 하는 삶은 완벽한 교사, 완벽한 삶이 아니라 진정한 내가 되는 삶이다. 의식적으로 참된 본성을 추구하며 참 자아를 소망하게 된다. 완벽히 맞추려는 자의 눈금을 버리고 나 자신을 수용하며 사람들에게 너그럽고 관대하며 평온함과 기쁨으로 내 잔이 넘치는 삶을 갈망하며.

김호순(충남 서산 꿈의 학교)

2유형
자기보존본능

에니어그램과의 만남

사람을 좋아하고, 상대방을 배려하는 몸에 밴 습관, 이런 내 성격이 어떻게 발달했는지는 중요하지 않았다. 현재 어떤 사람과 어떻게 좋은 관계를 맺고 있는지가 중요했다. 내 욕구는 거의 없는 사람처럼 상대방을 배려했고 그런 모습 때문에 주변의 인정을 받았다. 학창 시절 뿐만 아니라 교직 생활에서도 나의 배려심은 진가를 발휘했다. 주변 사람으로부터의 칭찬과 찬사를 '나'라고 인지했다. 나는 어떤 문제도 없는 사람처럼 살았다. 그러다가 두 번째 학교로 이동 후 내 능력에 버거운 학생들을 만나게 되었고 자존감이 조금씩 무너졌다. 학생 지도의 어려움은 다른 피난처를 찾게 했고, 그 과정에서 에니어그램이라는 도구를 만났다.

사실 그전에도 에니어그램을 배울 기회가 있었는데 여러 번 흘려보냈었다. 연수에 참여하면서 새롭게 알게 된 2유형 '도와주는 사람'이라는 나의 유형은 참 마음에 들고 좋았다. 학교와 가정에서 배운 내용을 활용해 더 좋은 사람으로 평가받고 싶다는 생각으로 연수를 마무리했다.

배우면 배울수록 느끼는 불편함

내가 정말 괜찮은 사람이라고 생각했는데, 내면 모임에 참석할수록 꼭꼭 숨겨 놓았던 예쁘지 않은 나의 모습과 자꾸만 마주하게 되었다. 나는 항상 밝고 사랑스러운 이미지로만 보이려고 욕구를 눌러가며 살아왔다. 평소 다른 사람들이 이기적이고 상대를 배려하지 않으면서 제 욕구만 챙긴다고 싫어했는데, 나도 다르지 않았다. 누구보다 더 배려심 많고 선행을 베푸는 사람이라고 생각하던 '나'라는 존재는 '허상'이고 '교만'임을 깨닫는 과정이었다. 많이 아팠고, 그 아픔의 과정을 지나오면서 스스로에게 고생했다 토닥토닥 안아주며 나 자신을 위로하는 시간을 보냈다. 배려 받고 칭찬받고 싶어서 내 욕구를 눌러가며 관계에 집중했던 나 자신을 처음으로 제대로 배려해주고 칭찬해 준 소중한 경험의 순간이었다.

변화한 나의 삶

에니어그램을 배운 나는, 상대방에게 어울리는 색깔의 옷을 입으면서 자신을 숨긴 채 관계 맺었던 과거에서 벗어나 지금은 편안하게 내 색깔의 옷을 입고 사람들과 만난다.

두 번째 학교에서 겪었던 학생들과의 어려움뿐만 아니라 현재 근무하는 학교에서도 다른 어려움이 있다. 각 유형의 특징을 생각하며 어떻게 학생과 동료를 이해할까 생각해 본다. 에니어그램을 매 순간 활용하지는 않지만 배운 시간이 점차 길어지면서, 행동이 조금씩 건강하게 반응하고 있음을 경험한다. 그리고 정말 어렵고 힘든 순간에는 더욱 의식적으로 배운 내용을 활용하려고 한다. 내면 감정이 깊고 독특했던 학생과 이야기할 때는 그 학생의 독특함과 느끼는 감정의 깊이를 가늠하며 조심스럽게 대화를 나누었고, 힘을 부리고 과시하는 학생을 지도할 때도 밖으로 표현된 모습보다 내면의 연약함을 살피려고 노력했다. 또한 사람들에게 관심과 애정을 받기 위해 노력하던 나의 필요를 살피고, 가정을 돌보는 데 에너지를 사용했다. 이런 노력의 시간 속에 나의 삶은 안정되었고, 편안함을 느끼게 되었다.

이제 불편함을 불편하다고 표현할 용기가 있고, 내 인생을 주님 안에서 살고자 하는 힘이 있음을 안다. 나를 직면하는 어려운 시간을 겪고 난 후, 그동안 몰랐던 자유로움을 맛볼 수 있었다. 에니어그램은 타인을 돌보느라 돌보지 못한 나를 돌보고 위로하는 유익한 도구이며, 삶에 새로운 에너지를 만들어 주는 귀한 도구이다. 이 변화의 여정에 함께 가는 선생님들께 감사하고, 이 소중한 경험을 내 주변 사람들과 건강하게 나누길 간절히 소망한다.

이지혜(광명 소하고등학교)

2유형
사회적본능

첫 만남은 기독교사대회

에니어그램을 처음 만난 것은 2010 기독교사대회였다. 각 사람의 성격유형을 알아간다는 것에 흥미를 느껴 강의를 신청했고, 예상대로 재미있었다. 같이 듣는 사람들과 얘기하며 자신의 유형을 찾고 배워가는 것이 즐거웠다. 내 어린 시절의 행동이나 나 스스로에 대해 깨닫는 바도 많았다. 나는 다른 사람들이 나에게 무슨 말을 하는지, 어떻게 나를 생각하는지가 너무나 중요했다. 학창시절, 친구들보다 상대적으로 잘 살지 못하는 우리집을 보여주기 싫어서 친한 몇 명 외에는 친구를 집에 데려온 적도 없었다. 엄마는 내가 항상 가족보다 친구들에게 더 잘한다고 섭섭해하셨다. 친구와 전화 통화는 다정하게 하면서 가족들한테는 살갑지 못하다는 것이다. 밖에서 에너지를 다 쓰고 들어오는 내 성격 패턴을 그대로 보여주는 모습이다.

조금씩 달라지는 나

기독교사대회가 끝나고 심화 공부를 권유받았고 나는 거기에 기꺼이 응해 매달 모임에 나가기 시작했다. 나는 무슨 일이든 아는 사람과 함께하는 것을 편하게 생각하는데, 에니어그램 공부는 혼자 낯선 곳에 가는 것을 감수하고라도 해야겠다는 마음이 들었다. 그만큼 나를 끌어 당기는 일이었기 때문이다.

모임에서 나는 다양한 사람들의 이야기를 많이 들었다. 유형별로 다른 원칙과 신념 때문에 생기는 갈등과 일상 속 진솔한 이야기를 들으며, 사람이 이렇게나 다른가 하는 생각을 했다. 하지만 여전히 에너지가 다른 사람에게 쏠리는 나 자신을 붙잡으며, 먼저 나의 모습을 보는 것에 집중했다. 2014년에는 내면 작업에 참여했고, 이것은 나의 상처와 내면 깊은 곳까지 건드리는 기회가 되었다.

시간이 흐르고 기독교사대회에서 강사로 섬기는 기회가 생겼다. 공동 강사였지만 내가 처음 에니어그램을 배웠던 그 자리에 강사로 서다니 감개무량했고, 또 나 자신의 부족함을 알기에 겁도 났다. 조마조마한 마음이었고 내가 답할 수 없는 질문을 누군가 할까 봐 두렵기도 했다. 그러나 남의 시선은 중요하지 않다는 것을 깨달았다. 당연히 모든 유형에 대해 모든 걸 알 수도, 답할 수도 없다. 우리는 그저 각자 서로의 다름을 인정하고 존중하며 같이 성장해 나아가면 될 뿐이다. 이 모든 과정을 거쳐 전문 강사가 되었다.

성화의 여정

자신의 필요와 감정을 잘 보지 못하거나 억압하는 것이 2유형의 모순이자 부족한 점임을 알게 되자, 나에게 집중하는 시간을 가지고 혼자 할 수 있는 것 중에 만족과 즐거움을 주는 활동을 하라는 충고를 받아들였다. 몇 년간 첼로를 배우고 있는데 아직도 서툴고 거친 소리가 나지만 악보와 음악에 오롯이 집중하며 혼자 끙끙대며 연습하는 그 시간이 나에게는 치유이자 나를 사랑하는 시간이다. 혼자서 산책하는 시간도 그렇다. 저녁에 탄천을 따라 자연 속에서 걸으며 하루를 정리한다. 마음이 차분히 가라앉고 창의적인 생각이 번뜩 일어나기도 하는 마법과도 같은 시간이다. 문자나 카톡이 오지 않았는지 누가 인스타그램에서 하트를 누르거나 새로운 소식을 올렸는지 궁금해하고 사람에 대해 계속 관심을 쏟는 2유형이기에, 이렇게 혼자만 있는 시간이 더욱 필요하다. 요즘에는 학교에서 텃밭을 가꾸면서 흙과 식물, 햇빛 속에서 무한한 자유로움과 초보 농부의 보람을 충만하게 맛보고 있다.

또한, 2유형이 교사로서 가진 장점이 많다는 것을 느꼈기에 나는 교사로 일할 수 있는 것을 다시 감사하게 되었다. 나에게 배운 학생이 변화되고 성장하는 것을 보는 것이 무엇보다 큰 기쁨이다. 학생들의 필요를 알아 채워주고 도와주며 그들의 삶을 더 건강하게 만드는 이 일이 참으로 내 옷같이 딱 맞는 일이다. 그러나 나에게는 근원적인 한계가 있다. 매일의 삶에서 나의 불퉁거리는 자아가 솟아올라 휘젓는다. 상황을 수용하고 유연하게 자신과 주변을 보기보다는 지나치게 애쓰며 버티고 있는 나 자신을 본다. 내가 쳇바퀴 돌 듯 계속 걸려 넘어지는 지점은 '나를 돌보지 못하는 것'이다. 삶이 힘들면 힘들수록 더욱 열심히 더 밝게 사는 나는 긍정의 에너지를 쓴다고 생각하지만 사실 그렇게 소모되고 방전되어간다. 그나마 그런 모습을 스스로 인식하면서 성장의 방향으로 나아가고 있다는 것에 작은 위안을 얻는다. 자꾸 넘어지는 모습도 나임을 인정하면서 진정으로 나를 사랑하는 단계까지 나아가고 싶다. 그렇게 더디게라도 그리스도의 장성한 분량까지 충만하게 자라가기를 소망한다.

신상아(성남 보평고등학교)

3유형
자기보존본능

에니어그램을 만나기 전

대학교 때 내 별명은 약속의 여왕이었다. 친구들이 나와 약속을 잡으려면 1주일 전에는 말해야 한다고 했다. 바쁜 스케줄과 그 스케줄대로 다 해내는 것이 내가 살아있는 기분을 느끼게 해 주었다. 그러나 교사가 된 후 교실에서 마주한 아이들은 나와 너무 다른 아이들이었다. 학습 의욕이 없거나 게으르고, 교사에게 냉소적인 아이들이 생각보다 많았다. 그들에게 내가 좋은 영향력을 끼칠 여지가 적어 보였다. 서로 부딪치지 않는 것만도 다행이라는 생각도 들었다. 1년에 단 몇 명만이라도 그들에게 내가 의미 있는 타인으로서 좋은 영향을 끼칠 수 있다면, 교직생활은 성공하는 것이라 생각하니 한결 마음이 편해졌다.

그래서 수학 교사로서의 교과수업 운영에 더 신경썼다. 교사가 되기 전에는 이렇게 많은 학생이 수학을 어려워하고 포기하는 줄 미처 몰랐다. 기초학습부진 학생이 많은 것도 전혀 예상하지 못했다. 교수학습 방법 개선에 많은 관심을 쏟은 끝에 아이들의 실력 향상이 눈에 보이는 결과로 나타났고, 아이들이 좋아하는 모습을 보면서 나는 좋은 교사라고 스스로 만족하며 지냈다.

에니어그램을 배우면서

내가 에니어그램을 만나게 된 것은 학교보다는 가족 안의 갈등을 풀고 싶어서였다. 대부분 내 뜻대로 안 되는 일이 없이 살던 나에게 가족은 도저히 내 힘으로 안 되는 영역이었다. 내가 당연하게 여기는 것을 남편은 전혀 당연히 여기지 않았다. 왜 나처럼 살지 않는지 도무지 이해할 수가 없었다. 에니어그램 연수와 모임에 참여하면서 각 유형 선생님들의 생생한 이야기를 통해 비로소 조금씩 남편의 마음을 보게 되었다. 나나 남편이나 다 자기 내면의 동기로 사는 것일 뿐, 내가 뛰어난 것이 아님을 깨닫게 되었다. 심봉사가 눈을 뜨는 기분이었다. 절대 이해할 수 없었던 남편이 조금씩 이해되고 동기를 알게 되니, 활화산 같았던 내 마음이 서서히 식어가며 평정을 되찾기 시작했다.

학교에서 만나는 학생들과 동료의 유형도 눈에 들어오기 시작했다. 사람들을 일하는 관계로만 대하고 그 내면에는 관심이 없었는데 막상 보이기 시작하니 외면하고 싶었다. 교과 지도와 달리 상담은, 사용하는 에너지에 비해 성과가 없지 않은가! 그러던 차에 해외에서 근무하게 되면서 모임 참석이 어려워지고 에니어그램에 대해서도 희미해져 갔다.

2020년 전 세계적인 코로나19 팬데믹 상황에서 에니어그램 모임도 온라인 으로 하게 되자 해외에 있는 내게도 다시 모임에 참여하는 기회가 주어졌다. 오랜 세월 꾸준히 에니어그램을 공부하며 글자가 아닌 삶으로 살아내는 선생님들을 보며, 나도 그 성숙의 길에 동참해야겠다는 마음이 새롭게 들었다.

에니어그램을 배운 후

다시 각 유형을 공부하면서 이제는 학생들의 성향이 좀 더 보이고, 돕고자 하는 마음이 생겨난다. '쟤는 왜 저러고 산대?'하는 태도가 아니라 그냥 아이들을 있는 그대로 봐주고 수용해주려고 하는 마음을 가지게 된 것만으로도 관계가 편해졌다. 예전에는 학생들과의 관계에서 내가 편하기 위해 에니어그램을 했다면, 이제는 아이들을 위해서 에니어그램을 활용하고 싶다. 사람과 사람의 마음은 서로 통하는 것 같다. 아이들도 내 진심을 아는 듯 하다. 내가 아이들을 대하는 태도가 달라지니 같은 말을 해도 삐지거나 오해하는 일이 적다.

동료 교사의 성향을 알게 되니 서운할 일이 적어지고 이해의 폭이 넓어졌다. 서로 잘할 수 있는 업무가 어떤 건지도 눈에 보여 분담하기도 좋았다. 에니어그램을 공부한 다른 선생님과 함께 아이들을 지도할 때, 미처 내가 보지 못한 아이의 장점과 성향을 발견해주어 도움도 받았다. 모든 선생님이 배우지 않더라도 마음과 뜻이 맞는 몇몇 선생님들과 함께 에니어그램을 배우고 나누는 것은 충분히 의미가 있다.

또한 자녀의 성향을 존중하여 양육하려고 많이 노력하게 되었다. 에니어그램을 배우지 않았다면 내 성향대로 닦달하고 밀어붙여서 자녀와 관계가 많이 힘들어졌을지 모른다. 자녀를 있는 모습 그대로 봐주려고 하는 것만으로도 자녀들은 부모 품을 그리 벗어나지 않는 것 같다.

내가 지금까지 에니어그램을 적용하며 살아온 길보다 앞으로 걸어갈 길에 더욱 변화와 성숙이 있을 것으로 기대한다. 혼자서는 힘들다. 함께 이 길을 가는 선생님과 공동체 안에서 지속해갈 것이다.

이은영(북경 한국국제학교)

4유형
자기보존본능

에니어그램을 배우기 전

높은 이상을 꿈꾸던 나는, 교사가 내 길이 맞는지 고민하고 머뭇거렸다. 다른 길을 가고 싶었으나 임용고시에 합격하고 나니 이왕이면 좋은 교사가 되고 싶었다. 그럭저럭 밥벌이하는 교사가 아니라 따뜻하게 아이들을 이끌어주고 꿈이 자라게 하며 감동을 주는 선생님이 되고 싶었다. 감옥 같은 교실이 아니라 자유와 희망, 기쁨, 따뜻한 존중이 있는 교실이 되길 바랐다.

그러나 나의 이상과 달리 교실에서는 그것이 쉽지 않았다. 자유를 주었더니 공부는 하지 않고, 시끄러워졌다. 학생을 존중하였더니 질서가 무너졌다. 나의 이상은 현실에서는 이상해졌다. 나는 교실에서 기쁨이 없었고 불안과 낙담이 계속되었다. 내가 생각하는 이상을 실천하기 위한 세부적인 내용과 실천 방법을 잘 몰랐다. 추구하는 것이 실제 상황에서는 꼬이기도 하고 명확하지 않았으며 길을 잃어갔다. 수업 준비를 할 때 이것저것 다 고려하다 보니 너무 오래 걸리거나, 결과물이 생기지 않기도 했다. 좋은 수업 방법과 학급경영 방법을 열렬히 시도하였으나 잘 되면 잠시 기뻤고 잘 안 된다는 느낌이 들 때는 힘들고 자존감이 떨어지며 우울해졌다.

갈수록 힘듦의 구덩이에 빠져드는 것 같았다. 감정을 추스르고 다시 힘을 얻기까지 많은 시간과 에너지가 소모되었다. 힘든 마음이 이어지면서 교사를 그만두어야 하나 계속 고민했다. 이 힘듦이 끊이지 않고 지속될까봐 두려웠다.

에니어그램을 배운 초기

2012년에 내 고민에 대한 답을 얻고자 에니어그램을 배우게 되었다. 나는 4유형임을 알게 되었다. 아홉 가지 유형들을 배우게 되고 내 고민을 털어놓으면서 내가 가지고 있는 신념, 패턴들을 객관적으로 바라보게 되었다. 내가 움켜쥐고 있던 것들, 옥죄고 있던 것들을 조금씩 내려놓게 되었다. 힘든 감정이 올라오면 모임의 선생님들과 이야기를 나누면서 해결책을 찾았다. 글을 쓰면서 가만히 감정과 생각을 정리하기도 하였다. 그러다 보면 상황을 객관적으로 바라보게 되고 마음이 가벼워져서 다른 건강한 선택을 하기가 쉬워졌다.

2년이 흐른 후

2년 정도 에니어그램 내면 작업을 계속했다. 그 과정에서 감정에 매몰되지 않고 다른 건강한 선택을 하게 되는 시간이 점차 빨라졌다. 교실에서 학생들의 성향이 보이니 상처받을 일도 줄어들었다. 예전에는 내 생각과 기준으로 학생들을 바라보다 보니 자주 상처를 받았었다. 아이들이 각자 자기만의 신념으로 산다는 것을 알게 되니 이해가 되고 귀여워졌다. 화를 내고 까불어도 그것을 나와 연관 지어 생각하지 않고 그 아이도 자기 성격 때문에 얼마나 힘들까 하는 생각이 들면서 연민이 생겼다. 아이들 때문에 긴장하고 두려워하는 것이 아니라 미소가 지어졌다.

처음에는 '넌 이런 걸 고쳐야 해.'라는 마음으로 학생들을 대했다. 그러나 성격 패턴에서 벗어나는 일은, 일생을 통해 이루어나가야 하는 과제라는 것을 깨닫자 아이들도 좀 더 여유를 가지고 바라보게 되었다. 이제는 학교 가서 아이들 얼굴 보는 것이 즐겁다. 아이들의 색다름과 다양한 감정, 모습이 생동감 있고 재미있다. 아이들에게 공감하는 것뿐만 아니라 현명한 조언도 할 수 있게 되었다.

좀 더 자유로워진 이후

나는 이상을 추구하며 산다. 이제는 그 이상을 구체화하는 훈련을 하고 있다. 이상에 대한 열망이 클수록 현실에 대한 좌절감이 커지고 마음이 많이 힘들어진다. 나는 높은 이상에만 머물지 않고 그것을 실현할 수 있는 구체적 방법을 적어 보기로 했다. 가능한 것, 불가능한 것을 확인하고 불가능한 것은 버리기로 선택했다. 가능한 것은 그대로 실천해 본 후, 과정과 결과를 보면서 수정, 변경했다. 이런 작업을 계속하니 이상을 실현할 수 있게 되어 마음이 푸근해졌다. 나 자신에게 뿌듯해지고 자신감이 커졌다. 내가 할 수 없는 것을 바라보며 슬퍼하지 않게 되었다. 나를 긍정적으로 보고 칭찬하기가 좀 더 쉬워졌다.

이제는 교사가 내게 주신 귀한 사명이라 여겨져서 참 감사하고 즐겁다. 학교 가는 발걸음이 가볍고, 기대되며 신이 난다. 앞으로도 학생들을 존재 자체로 아름답고 귀하게 여겨주며 삶을 배우고 가르치고 싶다.

윤은희(대구 산격초등학교)

4유형
사회적본능

감정의 파도가 이는
바다를 가진 아이, 교사 되다

어렸을 때의 나는 다양한 감정을 깊이 느끼는 아이였다. 그래서였을까, 아름답고 풍부한 감정을 불러일으키는 책과 영화, 그림 등에 곧잘 매료되었다. 글과 그림은 내가 느낀 것들을 풀어내고 표현하는 도구가 되었다. 풍부한 감수성은 창의적이고 표현력이 필요한 작업에 도움이 되었지만, 때론 깊은 우울감과 죄책감으로 연결되는 부정적인 영향도 주었다. 나의 내면에 여러 가지 감정의 파도가 이는 바다가 있는 게 아닐까 하고 생각했다. 그만큼 삶에 끼치는 갖가지 감정의 영향은 컸다. 막연히 예술가가 되어 자유롭게 살고 싶다는 꿈을 꾸며 자랐다.

'학교'라는 규제와 틀이 싫어서 교사는 절대로 되지 않겠다던 나였지만 부모님의 권유로 교대에 입학했다. 교대의 커리큘럼에 만족하지 못한 채 꾸역꾸역 4년을 보내고 발령을 받은 첫 학교의 아이들은 드셌다. 어리숙한 신규 선생님의 빡빡한 직장 생활은 그렇게 시작되었다. 직장으로서의 학교는 더 숨이 막히는 듯했고, 점점 힘들고 부정적인 감정들로 나를 옭아맸다.

우울감에 깊이 들어가면 쉽게 헤어 나오지 못하고 자기비하에 빠지는 일이 반복되었다. 바깥 상황의 어려움을 이겨내지 못하고 고스란히 내면의 고통으로 가져와 끙끙대며 앓았다. 공허함과 절망감 같은 감정들과 하나가 되어 어두운 터널에 갇힌 것 같은 나날이 계속됐다.

내 안의 무언가가 고장이 나거나 잘못된 건 아닐까? 정신의학과에 가서 도움을 받아봐야 하는 건 아닐까? 이런 나의 실체를 알면 사람들이 좋아하지 않겠지? 이런 생각들은 다른 이에게 도움을 구하기보다 사람들로부터 나를 고립시키고, 교직이 아닌 다른 길에 대한 미련으로 이어지기도 했다. 그래도 나름대로 자기계발서를 읽거나 다채로운 연수를 찾아다니며 고통을 이겨낼 방법을 알기 위해 애를 썼다.

나와 같은 사람들도
있다는 것에 대한 위안

다양한 성격유형에 관심이 많아서 강의를 들어보기도 했는데, 나의 주된 특성을 설명하기에는 부족함이 많았다. 그러다가 2011년 좋은교사 단체를 통해 '에니어그램 연수'를 만났다. 4유형에 대한 모든 설명이 나와 들어맞았다. 자신의 감정을 충분히 느끼기를 원하며 인생의 의미를 찾고자 고민하던 내 모습이 4유형의 특성에 고스란히 적혀

있는 것을 보고 꽉 막혔던 마음이 소화제를 먹은 것처럼 시원해졌다.

이후 계속 에니어그램을 공부하면서 그동안 나에게 던졌던 수많은 고민과 질문의 답을 찾은 것 같아 후련했고 한편으로는 위로를 받았다. 같은 유형들은 비슷한 것을 고민하고 갈등을 겪는다는 걸 알게 되니 다른 4유형 사람들에게 연대감이 들었다.

나에 대한 공부

후속 모임을 통해 내 유형을 더 자세히 들여다보게 되었지만, 유형을 아는 것만으로 하루아침에 내면이 바뀌고 삶이 변하지는 않았다. 여전히 감정이 일과 가정, 대인관계에 영향을 미치지 않도록 애를 써야 했고, 동굴에 들어가 아무것도 하기 싫어질 때마다 나를 달래야 했다. 머리로 아는 것이 마음을 움직이고 삶으로 변화되기까지는 꽤 시간이 걸렸다. 감정에 치여 내 안에 매몰되려 할 때마다 멈추어 알아차리고 빠져 나오는 연습이 필요했다. 앞으로도 계속해야 할 마음의 훈련이라는 생각이 든다. 매번 똑같이 걸려 넘어지던 잘못된 패턴이 아닌, 더 나은 좋은 선택을 하기 위해 에니어그램 모임에서 나와 다른 사람에 대한 공부를 이어가고 있다.

용기를 내어 꿈의 날개를 펼치고

감정을 강하게 느끼는 건 여전하지만, 왔다가 지나갈 감정들에 너무 연연하지 않으려고 한다. 나를 인정하며 타인을 이해하고 난 후, 주변 사람들과의 관계도, 우리 반 아이들과의 관계도 많이 편안해졌다. 무엇보다 편안한 것은 나에 대한 태도가 아닐까 싶다. 자신에게 너무 차가웠던 마음이 녹아, 나를 다독이고 삶을 유연하게 바라볼 수 있게 되어서 감사하다. 있는 그대로의 나와 타인을 인정하고 각각의 장점을 보려는 노력을 계속하고 있다. 그 노력이 창의적이고 의미 있는 열매를 맺어, 다른 이들에게 선한 영향을 줄 수 있기를 기대한다.

학교에서도 나의 개성과 강점을 살린 학급운영과 수업을 어떻게 실현해 나갈까에 초점을 맞추니, 학교생활에서 재미와 생동감을 느낀다. 이전에는 학교라는 곳은 꿈을 꾸기에는 갇혀있고 답답한 곳이라고 생각했지만, 이제는 꿈의 날개를 조금씩 펼쳐보려 한다. 높은 이상에 따라 상상만 하다가 그치는 꿈이 아니라, 감정의 파도에 묻어버리는 꿈이 아니라, 현실에서 동료들과 아이들과 더욱 자연스럽게 연대하며 함께 성장해 나가는 꿈을.

전부연(인천 중산초등학교)

에니어그램으로 보는 교사 속마음

성장하고 싶은 교사를 위한 안내서

2021년 4월 15일 1판 1쇄
2023년 6월 30일 1판 3쇄

감수	한병복
지은이	강소향, 김호순, 박소형, 신상아, 이성심 외
그림	여찬호
편집인	신지향
펴낸이	한성준·현승호
펴낸곳	좋은교사운동 출판부

등록	제 2000-34호
주소	서울특별시 관악구 남부순환로218길 36, 4층
전화	02-876-4078
팩스	02-879-2496
홈페이지	www.goodteacher.org
이메일	admin@goodteacher.org

© 강소향, 김호순, 박소형, 신상아, 이성심 외, 2021
ISBN 978-89-91617-63-6 (03370)
값 18,000원